Jan Wagner

Der glückliche Augenblick

Beiläufige Prosa

Hanser Berlin

1. Auflage 2021

ISBN 978-3-446-26943-9
© 2021 Hanser Berlin in der
Carl Hanser Verlag GmbH & Co. KG, München
Umschlag: Anzinger und Rasp, München
Motiv: © BSIP/ Kontributor
Satz: Sandra Hacke, Dachau
Druck und Bindung: CPI books GmbH, Leck
Printed in Germany

Inhalt

Unterm Sprachskalpell 7
Versuch über Pässe 18
Mit gelben Quitten hänget 40
Belladonna, Digitalis 43
Der glückliche Augenblick 44
Rosenknospen und Kamelknochen 67
Wuddwudd, hupphupp, upupup 79
ephesusghasele 88
Vom Tau der reichen Sprache 90
Ein zarter Balg 103
ovid: *erysichthon* 108
Aus dem Munde des Altertums 113
Ruf der Eule 127
Ein Prosapferd für Max Jacob 132
Lob des Spreewals 138
Das offene Geheimnis 142
Hinterm Schilfpalast 145
Mucken 162
Drache, Phönix, Einhorn 168
Der Rausch und die Herrlichkeit 201
Weltenformeln 226
Im Königreich der Dinge 250
Götter und Landstreicher 276
Pietro Aretino:
    Dimmi, o Farnese, mio padre coscritto 298

Unterm Sprachskalpell

Dankesrede zum Georg-Büchner-Preis

»Verse kann ich keine machen«, schreibt Georg Büchner einem Freund ins Album – aber einen Reim macht er sich durchaus auf allerlei, auf Recht und Rebellion, auf Macht und Knechtschaft, auf die Geschichte und das Geschick, das Schicksal, dem keiner von uns entkommen kann – jedenfalls nicht dem, das die Nachwelt für uns verfügt, die noch die kleinsten Details, die Nichtigkeiten einer Biografie in ein stimmiges Gemälde zu überführen versteht. In der Rückschau gibt es ja keinen Zufall, und ich gestehe, dass es auch mir nicht unbedeutend erscheint, ich es im Gegenteil höchst reizvoll finde, dass das Manuskript des *Hessischen Landboten*, welches Büchner im Sommer 1834 zu Fuß von Gießen nach Butzbach trägt, dann von Butzbach weiter zur Umsturzdruckerei nach Offenbach, ausgerechnet in einer Botanisiertrommel versteckt wird, einem jener zylindrischen Blechgefäße, die der naturinteressierte Sammler für den Transport von Pflanzen nutzte, von Blüten und Stängeln, Früchten und Blättern, dass also die handschriftliche Urfassung dieses Dokuments, das die hessische Obrigkeit später als das gefährlichste und subversivste Flugblatt bezeichnen wird, vielleicht mit einem Borkenkäfer, der sich hineinverirrt hat, oder mit etwas Schleierkraut geschmuggelt wird, dass vielleicht ein Blättchen jenes hartnäckigen Doldenblütlers *Aegopodium podagraria* an den Worten haftete und während der zehn riskanten Stunden Fußweg von Butzbach nach Offenbach diese beiden Blätter einander im Dunkel einer Botanisiertrommel Gesellschaft leisteten.

Welch ein seltsames Wort: Flugblatt. Auch die cumäische Sibylle des Vergil schrieb ja ihre Prophezeiungen auf Palmblätter, doch sorgte bei ihr ein Wind dafür, dass die Blätter wirklich ins Wirbeln gerieten. Büchners Flugblatt aber verteilte sich keineswegs durch die Luft, nicht *by airmail*, nicht einmal via Brieftaube, sondern wurde mühsam ausgelegt und von Hand zu Hand gereicht. Es verbreitete sich nicht im Fluge, vielmehr mit unendlicher Langsamkeit, wurde geschrieben, umgeschrieben, von Ort zu Ort getragen über Tage und Wochen hinweg, mit einer Langsamkeit, die teils der Vorsicht und teils den technischen Möglichkeiten der Zeit geschuldet war. Nachrichten, auch Flugblätter, bewegten sich mit bewundernswerter Trägheit und Geduld fort, sechs Jahrzehnte vor der drahtlosen Übermittlung elektrischer Impulse durch Marconi, dreißig Jahre bevor Philipp Reis mit dem Satz »Das Pferd frisst keinen Gurkensalat« das Telefon testete, nur drei Jahre bevor der Morsetelegraf erfunden wurde. Der *Hessische Landbote* geht zu Fuß. Und auch Büchner läuft viel, wie er als Kind schon gelaufen sein muss, um Schmetterlinge zu fangen, die seine ersten Flugblätter, Flugblüten sind, eine Luftpost, die er sorgfältig mit Nadeln aufspießt in den Schmetterlingskästen – für die ihm die Mutter Gardinchen genäht hat –, zweifellos mit dem Wunsch des Forschers, sie dadurch zu verstehen, in ihnen lesen zu können, wie Woyzeck später in Pilzen und Schwämmen zu lesen begehrt und Lenz am Himmel Hieroglyphen zu entziffern glaubt.

Lässt sich denn Leben verstehen, indem man den leblosen Leib betrachtet? Dass sich Schädeldecken aufbrechen und Gedanken aus den Hirnfasern zerren ließen – vielleicht glaubt Büchner dies noch, als er den Vater als Heranwachsender ins anatomische Theater von Darmstadt begleitet und als er sich später die Wartezeit zwischen Abitur und Studienbeginn mit anatomischen Studien verkürzt. Er wird die kalten Gesichter betrachtet und sich gefragt haben, welches Leben einst darin steckte, welche Wünsche und Ängste, und vielleicht geht das Bild der Maske, das überall im Werk auftaucht, auf diese Begegnungen mit den Toten zurück, mit ihren erstarrten, maskenhaften Zügen, entstand im anatomischen Theater der Wunsch, hinter die Masken schauen zu können, die später Collot den Widersachern abreißen will, was, wie Danton antwortet, die Gesichter mitgehen lassen dürfte; die Masken, die, so sagt es Dantons Gefährte Camille, doch nur den Blick freigäben auf den »uralten, zahnlosen, unverwüstlichen Schafskopf«. Und man betrachte Valerio, der, aufgefordert, sich zu erkennen zu geben, langsam eine Maske nach der anderen abnimmt: »Wahrhaftig«, sagt er, »ich bekomme Angst, ich könnte mich so ganz auseinanderschälen und blättern«, was wie ein Echo der Sätze klingt, mit denen er etliche Seiten zuvor die Kleinstaaterei beschrieben hatte, das Land, das einer Zwiebel gleiche, »nichts als Schalen, oder wie ineinandergesteckte Schachteln, in der größten sind nichts als Schachteln und in der kleinsten ist gar nichts.« Ist da am Ende wirklich nichts? Und nähme man Büchner all die Masken ab, die des Dramatikers, des Aufwieglers, des Melancholikers, des Liebenden und Wissenschaftlers, was fände man, abgesehen von dem, was jeder einzelne in ihm zu finden wünscht? Vielleicht das, was in uns hurt und mordet und lügt und was uns, wie Woyzeck, »von Sinnen bringt«?

Büchner indes läuft und läuft. Lenz geht übers Gebirge, Büchner geht durch die Vogesen, den Schwarzwald, den Jura, er zieht von Gießen nach Butzbach nach Offenbach, wandert von Darmstadt nach Straßburg nach Zürich. Wann, fragt man sich, überkommt ihn zum ersten Mal das Gefühl, dass er sich, während er so läuft, über nichts als die allerdünnste Kruste bewegt, unter der ein Loch gähnt, wie ein Bürger in *Dantons Tod* sagt, dass, in Woyzecks Worten, »hohl, hörst du? Alles hohl da unten« ist? Vielleicht als er erneut der Route des *Landboten* folgt, eilig, um die Aufrührer von der Verhaftung des Freundes Minnigerode in Kenntnis zu setzen; und sicher auch, als er nach Monaten der Ungewissheit nach Straßburg flieht. Dass er zuvor in nur fünf Wochen *Dantons Tod* zu Papier gebracht hat, das Gegenteil eines Flugblatts, weil es nicht eindeutig, auffordernd, zielgerichtet ist, sondern voller Skepsis und Zweifel und Melancholie, nicht die Sprache als ein Mittel zum Zweck nutzt, muss auch mit der Erfahrung des Abgründigen unter jedem Schritt zu tun haben, mit der zehrenden Angst vor Verhaftung, dem Gefühl der Schuld am Schicksal der Gefährten. Keine Abwendung von der Politik und der Geschichte, das nicht, sehr wohl aber eine Hinwendung zur Literatur, nicht zu Versen, aber zur Dichtung, wie die Historiendramen Shakespeares es sind, dessen Einfluss ja überall sichtbar ist, in der hamlethaften Schwermut und Zögerlichkeit Dantons, in der Opheliengestalt der Lucile, in den Kutschergesprächen. Keine Antwort, sondern eine kunstvolle Suite von Fragen, nach dem richtigen Handeln, der Angst vor dem Scheitern und dem Tod, nicht zuletzt auch nach jener alten Schuld, die stets zurückkehrt und der man, wie Danton sagt, nie entkommt, weil man ja etwas ist, nicht nichts, weil alles durch das eigene bloße Dasein, durch Handeln oder Nichthandeln Schuld auf sich lädt. Man glaubt, Büchner nicht nur in Danton zu hören, sondern auch in Camille, dem Schreibenden, vielleicht sogar, mit Schaudern, in der kalten und effektiven Rhetorik Robespierres, diesem Tugendsassa und Schreckensmann, einem Tyrannen, der keusche Träume gehabt haben muss – auch wenn Büchner in einem Brief bekennt, »kein Guillotinenmesser« zu sein, sein Robespierre hingegen gerade durch die herumzuckenden Guillotinenmesser seiner Finger unvergesslich wird.

Büchner muss in Straßburg monatelang nach Fisch gestunken haben. Er seziert Hechte, Barsche, Maifische, Lachse und Frösche, vor allem aber die Flussbarbe, jenen Karpfenfisch mit den markanten Barteln, der bis zu acht Kilo schwer und einen halben Meter lang wird und den Büchner Tag für Tag frisch von den Fischern an Rhein, Ill und Breusch erwerben konnte. Wirklich, er muss durchdringend nach Barbe gerochen haben, während er die Lenz-Novelle schrieb, vielleicht von der Barbe zu Woyzecks Barbier geriet, muss Fisch verströmt haben, wenn er Minna zwischen Tür und Angel verstohlen einen Verlobtenkuss gab, wenn er am Abend mit den Freunden in der Weinstube zusammenkam, um über Politik zu reden, bei einem Glas Riesling, schlaksig und schmal, wie er uns beschrieben wird, bei ein paar Kirschen oder einem Stück Quiche, kein Gierschlund, aber mit knirschendem, knurrendem Magen nach den langen Stunden des Präparierens. Noch nachts muss ihn eine Fischnote umgeben haben, wenn er dann seine Beobachtungen über das *Nervensystem der Barben* notierte, das es tagsüber freizulegen galt, präzise, mit Lupe und Skalpell, den Fisch beim Sezieren unter Wasser haltend, kurzsichtig und mit seiner hohen Stirn, und stets mit frischen Exemplaren, weil nur bei diesen »die weiße Farbe der Nervenfasern noch kräftig von der Farbe des Fleischs absticht«.

Büchner hatte Erfahrung im Präparieren, war nicht nur Gast des Naturalienkabinetts in Darmstadt gewesen, sondern hatte schon früh, vor den väterlichen Anatomiestunden, Präparierkurse bei dessen Leiter Johann Jakob Keup besucht. In Straßburg dann waren die Donnerstage vorlesungsfrei, dafür die anatomischen Sammlungen geöffnet, konnte man vor den Amphibien und Fischen in Weingeist und Formaldehyd verharren, vor den hohen Glaszylindern mit ihren Präparaten, einer neben dem anderen, eine wahre stumme Präparateorgel.

Noch bei den Vorträgen, die Büchner in Zürich hielt, demonstrierte er an eigenhändig erstellten Präparaten seine Thesen, und es ist denkbar, dass sich Büchner die Typhusinfektion, die zum allzu frühen Tod führte, durch eine Verletzung beim Sezieren zuzog. In seiner Dissertation jedenfalls ging es nicht zuletzt darum, die Beziehungen zwischen Hirn- und Rückenmarksnerven klären zu helfen, und es ist bemerkenswert, dass just diese Schnittstelle genau dies auch für Monsieur Joseph-Ignace Guillotin war, eben: eine Schnittstelle im Rückenmark und der Halswirbelsäule des Delinquenten, die schnell und effektiv zu durchtrennen war. Sodass Büchner an seinen Barben jenes rätselhafte Geflecht erforschte, das uns sehen, fühlen, hören lässt, uns überhaupt erst mit der Welt um uns herum verbindet, und dessen schnelle und, so zumindest das hehre Ziel Monsieur Guillotins, humane Kappung abertausende während der Französischen Revolution aus ebendieser Welt hinausbeförderte. Die Köpfe in den Körben auf der Place de la Concorde mögen ein letztes Mal so erstaunt geguckt haben wie die Barben in den Netzen der Fischer von Straßburg und in den Sezierwannen Georg Büchners.

»Verse kann ich keine machen«, schreibt Büchner, und wirklich sind ja außer ein paar Kindheitsversuchen keinerlei Gedichte erhalten, auch in den Dramen verzichtet er auf den Blankvers, und in *Leonce und Lena* grunzt der Hofpoet um die Gesellschaft herum »wie ein bekümmertes Meerschweinchen«, was doch eher despektierlich klingt. Andererseits: Wie viele Lieder streut Büchner in die dramatischen Szenen ein, wie oft Passagen aus *Des Knaben Wunderhorn*, mitunter leicht verfremdet, die Handlung kommentierend oder unterlaufend, wie oft lässt er seine Gestalten ihrem Geschick mit Strophen Ausdruck verleihen. Auch ist das Wort »Vers« Büchner gut genug für ein Wortspiel, wenn er Danton zum Lustspieldichter

Fabre d'Eglantine sagen lässt, er werde als Toter doch weiterhin hervorbringen, was er ein Leben lang produziert habe, »des vers« nämlich, V-E-R-S, im Französischen der Plural des Wurms, eben jene Würmer, mit denen auch Danton selbst, wie man ihm zuruft, bald Unzucht treiben könne – Wortspiele sind das, die auch Shakespeare begeistert hätten, und wer weiß, ob nicht alldem sogar Hamlet zugrunde liegt, der die Theorie aufstellt, man könne mit dem Wurm fischen, der von einem König gegessen hat, und von dem Fisch essen, womöglich einer Barbe, der den Wurm verzehrte, und so zeigen, wie ein König seinen Weg durch den Darm eines Bettlers nimmt. Übrigens lässt Büchner Verse als Trost durchaus zu – denn Lenz sagt sich in der heftigsten Angst Gedichte auf, bis er wieder ruhig ist, und beide, Camille und Danton, greifen am Abend vor der Hinrichtung zu Versen, um nicht verrückt zu werden. Bei Camille sind es, er nennt sogar den Titel, die *Nachtgedanken*, die *Night Thoughts* des englischen Dichters Edward Young, in denen der Mensch als »der Herrlichkeit ein Erbe und des Staubes« erscheint, wovon Büchner vor allem den Staub lässt (»Du bist geschaffe Staub, Sand, Dreck«, brüllt der Marktschreier im *Woyzeck*), und, so fährt Young fort, der Mensch beides ist, »unendlich und Insekt! Ein Wurm! ein Gott!«. Einen Gott schließt Büchner nie aus, aber der Wurm ist gewiss.

Dass Büchner dabei noch lachen kann, auch wenn es ein schwermütiges Lachen ist, dass er auch so auffällig oft lachen lässt, den Lenz, den Valerio, den Danton, und allen Narren freundlich gesinnt ist – es nimmt für ihn ein. »Es ist wahr, ich lache oft«, schreibt Büchner, »aber ich lache nicht darüber, *wie* Jemand ein Mensch, sondern nur darüber, *daß* er ein Mensch ist, wofür er ohnehin nichts kann, und lache dabei über mich selbst, der ich sein Schicksal teile. Die Leute nennen das Spott, sie vertragen es nicht, daß man sich als Narr produziert und sie duzt; sie sind Verächter, Spötter und Hochmütige, weil sie die Narrheit nur *außer sich* suchen.« Wirklich, was hätte er für Verse gemacht, wenn er Verse gemacht hätte, mit seinem galligen Humor und dieser offenkundigen Lust am Sprachspiel und am kühnen Bild: Da werden ohne Schwielen an den Fingern die Wangen der hübschen Dame Verwesung gestreichelt, wird man am Ende der Bettlerin Erde in den Schoß geworfen wie ein durchgelaufener Schuh; da ist die Erde so nass und klein, dass man sie hinter den Ofen setzen will, muss der Kopf gerade auf den Schultern getragen werden wie ein Kindersarg; die Sonnenstrahlen wiegen sich an den Grashalmen wie müde Libellen, Käfer summen wie gesprungene Glocken, Augen sind so schwarz, als schaute man in einen Ziehbrunnen, und es wird empört gefragt, warum »Sie, Geehrtester, das Maul so weit« aufreißen, »daß Sie einem ein Loch in die Aussicht machen«. Herrlich ist das, und damit wäre man noch gar nicht bei den brillanten Beleidigungen und den Obszönitäten, die ja vorführen, dass Dichtung immer auch ein Spiel ist – wenn auch eines, das mit Präzision betrieben wird. Allein zu beobachten, auf wie raffinierte Weise im *Woyzeck* das Messer wandert als Motiv, in Redewendungen wie nebenbei immer wieder auftaucht, in Herzen und Augen sticht, bevor dann wirklich, unterm blutigen Mondeisen, der Mord geschieht!

Büchner derweil steht im Anatomiesaal in Straßburg, und auch er hält über seinen Präparaten ein Messer, kein Guillotinenmesser, nicht das Messer eines Mörders, sondern das Skalpell in der Hand, ganz so, male ich mir aus, wie sein Anatomielehrer Ernst Alexander Lauth es in seinem Werk *Allgemeine Regeln, die bei'm Zergliedern zu beobachten sind* geraten hatte: »Es genüge folglich, rücksichtlich der Scalpelle und der Pincette, zu bemerken, daß man sie so ziemlich wie eine Schreibfeder […] hält.« Und umgekehrt stelle ich mir vor, dass der Präzisionskünstler Büchner die Schreibfeder des Nachts in der nach Fisch duftenden Schreibhand führt wie, ja: ein Skalpell. Jedenfalls sind all die Absätze und Szenen und Dialoge so fein herausgearbeitet nicht nur aus *Danton* und *Woyzeck*, sondern aus unser aller Natur, kunstvoll freigelegt wie das Nervenkostüm einer Barbe, wie ein Hechtskelett. Das Wunder aber ist, dass dennoch alles ganz und gar lebendig ist, bei jedem Lesen erneut, als blitzten die Schuppen silbern vor uns auf, als wären da die Kälte und die Angst des präparierten Fisches plötzlich wieder spürbar in der Hand.

Und so beginnen auch die Toten der Geschichte unterm Sprachskalpell erneut zu leben. Büchner ist Woyzeck und ist Marie, wird zu Danton und Julie, indem er deren Masken leiht, sie zu denken wagt mit all ihren Widersprüchen, er ist Oberlin und Lenz, dessen Gabe wir auch bei Büchner vermuten dürfen – »dachte er an eine fremde Person, oder stellte er sie sich lebhaft vor, so war es ihm, als würde er sie selbst«.

Dieses Gestaltwandeln, dieses Schlüpfen in Rollen, ist eine Möglichkeit, die auch das Gedicht bietet. »Ich bin ein Stein«: Es stimmt, dass es nur im Gedicht möglich ist, dies nicht nur zu äußern, sondern auch vollkommen glaubhaft zu machen, im Vertrag mit dem Leser diesen sagen zu lassen: Ich akzeptiere, dass hier ein Stein spricht, und bin sogar bereit zu erkunden, inwiefern ich selbst Stein bin und wie es sein mag, aus der Perspektive eines Steins in die Welt zu blicken. In gleicher Weise würde ein lyrisches Masken-Ich zum Kumpan des Freibeuters Störtebeker, der auf die Hinrichtung wartet, spräche es als Feldkoch bei der Schlacht von Austerlitz, als in den Wahnsinn gleitender Missionar, als Kind im Brunnen, als Dachshund. Alles und jeder hat einen Platz verdient, nichts ist zu gering – so sieht es Büchner, der seinen Camille gegen alles allzu Exquisite, Entrückte wettern und eine Hinwendung zur »erbärmlichen Wirklichkeit« fordern lässt, zu den Menschen, gewiss, aber auch zur »Schöpfung, die glühend, brausend und leuchtend, um und in ihnen, sich jeden Augenblick neu gebiert«. Es ist nicht zuletzt diese offenkundige Liebe zu den Dingen, zur Welt, die zu Büchner hinzieht, dessen Lenz als literarisches Sujet sogar einen Hundsstall vorschlägt, Hauptsache, Leben sei darin, und der hinzufügt, dass man nur Aug und Ohren dafür haben müsse – Sprache, Dichtung als kunstvolle Verlängerung des Nervensystems in die Natur und in die Geschichte hinein. Büchner ist, als Ohren- und Augenmensch, tatsächlich mit allen Sinnen und Nerven in der Welt, packt präzise, aber leidenschaftlich und mit beiden Händen nach dem prallen Leben, und die Hände dürfen riechen danach, sie dürfen sogar stinken.

Ich mache Verse, ja, ich mache kaum etwas anderes als Verse, und dass Sie, meine Damen und Herren, mir dafür so viel Zuspruch schenken, diesen Preis im Namen Georg Büchners zuerkannt haben, hat mich erst stumm sein lassen wie eine Flussbarbe, dann beglückt und schließlich ermutigt. Ich mache Verse, die nicht im Reim aufgehen, obwohl sie mit dem Reim spielen, die aber das Spiel mit Klängen und Formen nicht als Kinderei begreifen, sondern als kreative Reibung, als einen Akt des Lockerns und Lösens erstarrter Zusammenhänge, es ist ein freies, meinetwegen: ein närrisches Spiel, das kein lyrischer Wohlfahrtsausschuss verbieten dürfte und könnte. Ich mache Verse aus der Überzeugung heraus, dass noch das Geringste zum Gedicht werden kann und, hat man Auge und Ohr, ein Gedicht die komplexesten Dinge in sich birgt, die Schönheiten wie die Dunkelheiten unmittelbar und sinnlich erfahrbar macht und dabei weder der Welt noch der Gegenwart den Rücken kehrt, selbst wenn es die Schlagzeile meidet, dass, wenn nur alle sprachlichen Möglichkeiten ausgeschöpft werden, es gleichgültig ist, ob ein Hundsstall oder eine historische Figur am Anfang stand, weil das gelungene Gedicht unwiderstehlich dazu einlädt, die Welt neu zu sehen und damit neu zu denken. Und ich gestehe, dass in meinen Augen ein Gedicht dieser Art durchaus zu einem fliegenden Blatt wird, das nicht sibyllinisch sein muss, zu einem Blatt, das allerdings Raum, Zeit und größte Gegensätze schnell wie der Wind und auf wenig mehr als zwei Zeilen zu überwinden vermag, sogar zu einem Flugblatt wird, das dazu ermuntert, es ihm gleichzutun, das Gedicht also als größtmögliche Freiheit auf engstem Raum zu begreifen, weil es sagt: Gestatte dir selbst, was auch ich mir Tag für Tag, Zeile für Zeile herausnehme. Nicht so unmittelbar und Hals über Kopf, Kopf vom Hals die herrschenden Verhältnisse umwerfend wie ein Danton aus Fleisch und Blut, auch nicht wie Büchners kunstvoller, prachtvoller Danton aus Worten, aber doch geradezu umstürzlerisch auf seine bescheidene Art, herausfordernd, die gedanklichen und sprachlichen Räume verändernd und erweiternd, könnte im Gedicht dann auch, sagen wir, ein Borkenkäfer sein, vorausgesetzt, er findet zur richtigen Zeit und in einem glücklichen Moment in die geeignete Botanisiertrommel, ein Borkenkäfer, nicht mehr, oder, meinetwegen, irgendein Unkraut.

Versuch über Pässe

Briefe an Nikola Madzirov

I

Lieber Nikola,
bei unserer letzten Begegnung, Du wirst Dich erinnern, saßen wir in einem lauschigen Biergarten im Westen Berlins, irgendwo zwischen Nollendorfplatz und Landwehrkanal, und genossen einen der letzten prachtvollen Tage des Sommers, ganz so wie die Wespen, die ihr nahendes Ende schon ahnten und wie angeschlagene Samurai um unsere Gläser torkelten. Wir waren zu dritt, denn ein gemeinsamer Freund aus China, der jedoch schon lange nicht mehr in seiner Heimat lebt, saß mit uns am Tisch, und irgendwie, wohl aus aktuellem Anlass, weil einer von uns dreien bei einem Konsulat vorstellig zu werden hatte, begann unser Gespräch sich ums Reisen zu drehen, um die Beschaffung von Visa und sonstigen Dokumenten, und ich gestand, welchen Zauber seit jeher die Einträge in Reisepässen auf mich ausgeübt hatten, schon jene im ersatzweise ausgestellten Kinderpass mit dem labberigen gelblichen Papier und dieser kleinen mintgrünen Gebührenmarke in der Ecke, auf der man den Kopf des Freiherrn von Stein erkannte. Ich war, Du hast es sicher bemerkt, kurz davor, meiner Begeisterung die Zügel schießen zu lassen: Für diese seltsame Bürokratenmagie der Stempel in all den Pässen, die man jemals besessen hat, für die Vermerke, die Formen und Farben und Sprachen, die nüchternen grauen Vierecke einer frühen Spanienreise im Jahre 1983, die allerdings durch ein Wort wie »fronteras« und die

Zusätze »entrada« und »salida« an Feuer gewannen, dem Amtlichen einen Hauch Flamenco beizumischen schienen; für die peniblen Rechtecke und Ovale, diese seltsame Geometrielehre des Grenzverkehrs, mal meerblau, mal teerschwarz, mal blasser und gelegentlich kaum noch lesbar, hier für einen Rhombus von Beamtenhand, der wie ein Kinderdrachen an der krakeligen Unterschrift zerrt und den es über die Seite hinwegzufliegen drängt, dort für ein winziges gleichschenkeliges Dreieck, das 1978 irgendein »Immigration Officer«, ich vermute: aus England, in die untere linke Ecke gesetzt hat, ein überaus korrekt aufgeschlagenes kleines Pfadfinderzelt nach dem Musterbuch Baden-Powells; auf einer anderen Seite, in einem späteren Pass, ein Alpha, ein Epsilon, ein Rho, die, aber ja, auf einen griechischen Flughafen hinauslaufen, und das Feld dieser attischen Einreiseerlaubnis ist so wohlproportioniert wie der Grundriss eines Tempels, steht selbst seit Jahrzehnten beharrlich da wie ein solcher en miniature, ruht auf den Säulen seiner griechischen Buchstaben. Auch ein Visum für die Vereinigten Staaten gibt es, auf den Seiten vor ihm und nach ihm umschwirrt von zahlreichen kleineren Stempeln der Deutschen Demokratischen Republik, die faltergleich zwischen Dunkelblau und Violett changieren, was entweder auf extravagante zweifarbige Stempelkissen oder auf qualitativ minderwertige Tinte schließen lässt, Stempeln von den Grenzübergängen Zarrentin und Staaken, von Griebnitzsee und Stolpe, vom Bahnhof Friedrichstraße und vom Brandenburger Tor. Dabei sind es, je näher das Ausstellungsdatum der Pässe ans Heute rückt, immer weniger europäische Länder, die auftauchen. Ein Stempel des Grenzübergangs Zgorzelec anlässlich einer weihnachtlichen Reise nach Polen, dann hier und da Einreisegenehmigungen aus Übersee, aus Australien und Kolumbien, aus Indien und Nicaragua, gelegentlich ein Stempel für Bosnien-Herzegowina, für Israel oder für die Ukraine sowie ein frostfarbener Visumsaufkleber aus Belarus. Es ist wirklich erstaunlich zu sehen, wie der letzte stempelbare Pass trotz zunehmender Reisetätigkeit durch ein nunmehr grenzenloses Europa der Unionsstaaten geradezu unberührt wirkt, fast gänzlich frei ist von Farben, Formen, Kürzeln, Daten – und das, obwohl ich mich regelmäßig in Amsterdam und Kopenhagen, Dublin und London, Barcelona und Athen aufgehalten habe. Und ebendeshalb, weil all diese Grenzüberschreitungen unsichtbar geworden sind, viele Grenzen ja keine mehr sind, bremste ich mich in just dem Augenblick, als ich am Biergartentisch zu schwärmen beginnen wollte – denn mir schwante, dass Du und unser chinesischer Freund dieses amtliche Dokument, den Reisepass, mit weniger Begeisterung, weit nüchterner, skeptischer betrachten könntet, dass die Stempel, die Bewilligungen, die Visa nur für mich verhätschelten Westeuropäer nostalgischen Zauber und die Anmutung von Fremde und Abenteuer haben, für so viele andere hingegen und, wer weiß, vielleicht auch für Euch weniger Freiheit denn Restriktion, ja Willkür bedeuten. Wirklich, lieber Nikola: Wenn wir beide gebeten würden, eine »Ode auf den Reisepass« zu verfassen, einen »Versuch über Pässe« – wir würden wohl zwangsläufig zu grundverschiedenen Ergebnissen kommen, jedes Detail aus einem ganz anderen Blickwinkel betrachten müssen, das misstrauische oder mürrische Mustern hinter der Glasscheibe, die haarige Hand, die das Dokument entgegennimmt, die Beamtin, die im Reisepass blättert, kurz aufschaut, blättert, sodann den unregelmäßigen Doppelschlag des Stempels zwischen Stempelkissen und Pass, während die Schlange langsam weiterrückt, und wieder, und wieder, und wieder, ta—*tam*, wie das Humpeln eines Holzbeinigen auf dem Oberdeck.

Wie leicht es ist, sich an unwahrscheinlichste Freiheiten zu gewöhnen, sie als selbstverständlich zu erachten. Mit welchem Recht könnte man auf Leute herabblicken, die, jünger noch als man selbst, nie ein Europa mit Grenzen erlebt haben und das Fehlen jeder Kontrolle als Normalität empfinden? Eine europäische Union (ich sage ausdrücklich nicht: Europa) ohne Schlagbäume – welch ein Wunder das angesichts der Geschichte unseres Kontinents ist, muss man sich wohl immer wieder bewusst machen, darf sich dabei auch ruhig in den Arm kneifen. Ein heute Zwanzigjähriger hat nie in der Autoschlange am Brenner darauf gewartet, nach Italien weiterfahren zu dürfen, hat nie sein Schulfranzösisch bemühen und kurz hinter Offenburg ein paar Worte mit dem elsässischen Grenzbeamten wechseln müssen, um den Rhein zu überqueren, ganz zu schweigen von der deutsch-deutschen Grenze, die unüberwindbar und nicht wegdenkbar war und doch irgendwann zu bröckeln begann. An eben jenem Zarrentiner Übergang, der noch als Stempel in meinem Pass überdauert, hatte ich kurz zuvor bei meinem um zehn Jahre älteren und furchtlosen Schwager im Auto gesessen. Unvergessen, wie er den säuerlichen Uniformierten, der uns mit der erhobenen linken Hand zu halten befahl und die Rechte großkaiserlich in die Jacke geschoben hatte, mit einem jovialen »Guten Morgen, Napoleon« begrüßte, was uns Stunden des Wartens sowie größtmögliche Aufmerksamkeit und Gewissenhaftigkeit bei der Demontage unseres Wagens bescherte.

Seltsam, dieses deutsche und fast nicht mehr gebrauchte, völlig aus der Mode gekommene Wort »Schlagbaum«, für das es auch im Mazedonischen eine Entsprechung geben muss, das im Französischen schlicht »barrière« und im Italienischen »barriera« heißt, im Englischen auch »turnpike«, wobei das »pike«, das ja auch »Hecht« bedeuten kann, nicht mit dem Fisch verwechselt werden darf; es handelt sich also nicht um einen zu wendenden oder sich windenden Hecht, sondern um einen Spieß oder zugespitzten Pfahl, »pike«, der sich beiseitedrehen oder anheben lässt. Das genau ist auch der Sinn des deutschen Worts, wobei die erste Silbe sich vom mittelhochdeutschen Verb »slahen« herleitet und hier so viel wie »zuschlagen, sich herabsenken, schließen« heißt. Natürlich findet man den Schlagbaum auch im Wörterbuch der Brüder Grimm, diesem unentbehrlichen Werk, in dem auf abertausenden von Seiten die Geschichte und der Reichtum der deutschen Sprache bewahrt wird, das aber zugleich die Wandlungsfähigkeit dieser Sprache zeigt, auch die Einflüsse anderer Sprachen kenntlich macht, die Bereicherung und den steten Wandel, dem jede Sprache unterworfen ist und der sie doch erst lebendig macht, ob es sich um Anleihen aus dem Lateinischen, Französischen oder Niederländischen handelt. Wie immer bringt der Grimm schöne Beispiele, zitiert aus Schillers *Wilhelm Tell*, führt Hebbel an und Musäus, der die Liebe wunderbarerweise über den Schlagbaum hinwegspringen lässt wie über einen bloßen Strohhalm. Aber die Gewalt des Wortes »slahen« ist schon noch spürbar, die physische Drohung des Erschlagenwerdens, und das Wörterbuch merkt an, dass der Schlagbaum noch eine zweite Sache bezeichnet, nämlich auch *»eine falle für raubthiere« sein kann, »ein schwerer baumstamm, der auf einer stütze ruht und den darunter durchpassierenden thieren auf den rücken schlägt und sie zermalmt«*, Füchse zum Beispiel oder Dachse. Die Versehrungen, die eine Begegnung mit dem Schlagbaum nach sich ziehen kann, klingen so auch in der sich senkenden Schranke noch an. Und wirklich: Welche Gefahren mit dem Überschreiten von Grenzen verbunden sind, ob sie nun unsichtbar in einem Meer verlaufen oder sich als Zaun manifestieren, können wir Abend für Abend in den Nachrichten sehen.

Wir schreiben einander ja Briefe zu einer Zeit, da Nationalismus und Engstirnigkeit plötzlich so en vogue scheinen wie lange nicht mehr, da auch in meinem Land eine Partei an Zulauf gewinnt, in deren Anfangsbuchstaben schon ein Schlagbaum querliegt und aus deren Reihen vor kurzem unter anderem gefordert wurde, das Wort »völkisch« wieder in den Alltagsgebrauch zu überführen. Nur wenige Tage vor Beginn dieser Diskussion hatte ich, weil seit Wochen und Monaten derart belastete Wörter von interessierter Seite wiederholt werden und Eingang finden in die politischen Debatten, ins Feuilleton und ganz ohne Zweifel auch in die privaten Gespräche an den Küchen- und den Stammtischen, abermals Victor Klemperers *LTI* gelesen, seine Betrachtungen der *Lingua Tertii Imperii*, der »Sprache des Dritten Reiches«. »›Volk‹ wird jetzt beim Reden und Schreiben so oft verwandt wie Salz beim Essen«, beobachtet Klemperer 1933, »an alles gibt man eine Prise Volk: Volksfest, Volksgenosse, Volksgemeinschaft, volksnah, volksfremd, volksentstammt ...« Ich weiß nicht, wie sehr der Name Victor Klemperers außerhalb Deutschlands ein Begriff ist, lieber Nikola – er war Professor für Sprach- und Literaturwissenschaft in Dresden, wurde 1935 wegen seiner jüdischen Herkunft gezwungen, die Universität zu verlassen, und überlebte nur dank seiner nichtjüdischen Ehefrau, die sich weigerte, sich von ihrem Mann scheiden zu lassen, und die alle folgenden Schikanen und Demütigungen mit ihm durchzustehen bereit war. Vielleicht sind seine berühmten Tagebücher, in denen er diese zwölf lebensbedrohlichen Jahre beschreibt, sogar ins Mazedonische übersetzt worden? In seinen Texten zur *LTI* jedenfalls setzt sich Klemperer damit auseinander, welcher Art die Sprache war, die solche Taten vorzubereiten imstande war. »Und wenn nun«, fragt er, »die gebildete Sprache aus giftigen Elementen gebildet oder zur Trägerin von Giftstoffen gemacht worden ist? Worte können sein wie winzige Arsendosen: sie werden unbemerkt verschluckt, sie scheinen keine Wirkung zu tun, und nach einiger Zeit ist die Giftwirkung doch da.« Schwer vorstellbar, dass nicht auch heute der Hass und die Verachtung, die in die Wörter getröpfelt werden, ihren Ausdruck in hässlichen und verachtenswerten Taten finden. Die Brandanschläge jedenfalls sind so alltäglich geworden, dass sie fast nicht mehr zu zählen sind. Bei einem der letzten, ausgerechnet in Berlin, hatte der Täter vor dem Anreißen des Streichholzes die Aufforderung »Go to Home« auf die Wand der Flüchtlingsunterkunft geschmiert – im Grunde natürlich ein wunderbarer *germanism* und bizarr in seinem Willen, weltläufig, jedenfalls international verständlich zu wirken. Kann man von einem Brandstifter verlangen, korrektes Englisch zu verwenden? Und darf man über seinen Fehler lachen? Sollte man vielleicht darüber lachen, damit einem das Lachen nicht vergeht?

Dass Worte weit mehr als eine simple Bedeutung, den Hinweis auf einen Sachverhalt oder Ding enthalten – wer wüsste das besser als Lyriker, die ja für gewöhnlich wenige Wörter benutzen, dafür jedoch mit allen Bedeutungsebenen dieser Wörter spielen, mit den Klängen und Anklängen, den Brüchen und Brücken, die der Etymologie nachforschen, die geschichtlichen Ebenen des Wortes freizulegen versuchen, all die verborgenen Echokammern, deren Metier also das Abwägen, Feineinstellen, die Nuance ist. Freuden und Schwierigkeiten ohne Ende, die sich noch multiplizieren, wenn man Gedichte übersetzt, ein Gedicht von einer in die andere Sprache trägt, ihm sprachliche Grenzen zu überwinden hilft und dafür sorgt, dass ein fremdsprachiges Gedicht in der eigenen Muttersprache heimisch wird. Eine unserer ersten Begegnungen fand in Deiner Heimat statt, im mazedonischen Struga, und ich habe sehr deutlich vor Augen, wie wir eines warmen Abends zu sechst, mit nahezu allen jüngeren Teilnehmern des gerade dort stattfindenden Poesiefestivals, am gewaltigen Ohridsee saßen und die Sonne untergehen sahen, als irgendjemand, vielleicht warst sogar Du es, beiläufig erwähnte, er übersetze gerade die Gedichte des israelischen Dichters Jehuda Amichai – worauf eine Dichterin einwarf, sie ebenfalls, und ein Dritter sich einmischte, und plötzlich wurden Gedichte Amichais, den, wie sich herausstellte, alle gleichermaßen bewunderten, auf Mazedonisch, Deutsch, Englisch und Ukrainisch zitiert, dass es eine vielstimmige Freude war. Auf der anderen Seite des Sees, in der Ferne, begann Albanien, doch saßen wir natürlich auch wenig mehr als einen herkuleischen Steinwurf entfernt von Griechenland, wo Hölderlin seinen *Hyperion* als Eremit leben und auf sein Leben zurückblicken lässt, das er, übrigens in Briefen, wie mir jetzt einfällt, seinem Freund in Deutschland schildert: »O Bellarmin! wo ein Volk das Schöne liebt, wo es den Genius in seinen Künstlern ehrt, da weht, wie Lebensluft, ein allgemeiner Geist, da öffnet sich der scheue Sinn, der Eigendünkel schmilzt, und fromm und groß sind alle Herzen und Helden gebiert die Begeisterung. Die Heimat aller Menschen ist bei solchem Volk' und gerne mag der Fremde sich verweilen.« Fast wie ein Kommentar zur Stunde liest sich das, auch wenn man von Helden heute kaum noch reden wollen wird, die besser im Epos oder einer vergangenen Epoche aufgehoben sind. Als ich vor kurzem bei polnischen Freunden zu Besuch war und sie mir nachmittags ihre Stadt zeigten, begannen wir, was natürlich reiner Zufall war, auf dem »Platz der Helden«, spazierten über den »Platz der Freiheit« bis hin zum »Platz der Freundschaft«, wo unser Stadtrundgang endete, und so hatten wir ganz nebenbei einen Gang durch die europäische Geschichte und die Entwicklung unseres Kontinents unternommen, bis hin zum glücklichen Ende. So schien es mir jedenfalls an diesem Tag.

Dabei habe ich wirklich allzu leicht leben, reisen, reden und schreiben, denn Krieg und Diktatur blieben mir erspart, und aufgewachsen bin ich in einer der seltenen glücklichen, windstillen Phasen der Historie. Ein Grund mehr vielleicht, das Reisen nicht nur als Vergnügen, sondern auch als Verpflichtung zu begreifen – zum Lernen, zum Wertschätzen. Und so lehrreich wie heilsam ist es ja, aus der Distanz auf Europa zurückzuschauen, von den nachts wie Leuchtalgen funkelnden Hängen Medellíns oder vom riesigen Shanghai, in dem allein ein Drittel der deutschen Gesamtbevölkerung Platz fände. Am liebsten aber reiste man natürlich mit Seamus Heaney, den Du sicherlich genauso verehrst wie ich, in die »Republik des Gewissens«. Ihr hat er ein langes, wunderbares Gedicht gewidmet, »From the Republic of Conscience«, in dem nach der Landung ein Brachhuhn zu hören ist, der alte Mann am Schalter verblüffenderweise Fotos von den Ahnen des Reisenden aus dem Mantel zieht, die Dame vom Zoll darum bittet, die traditionellen irischen Zaubersprüche gegen Stummheit und gegen den bösen Blick zu hören. Der dritte und letzte Teil des Gedichts klingt so:

> I came back from that frugal republic
> with my two arms the one length, the customs woman
> having insisted my allowance was myself.
>
> The old man rose and gazed into my face
> and said that was official recognition
> that I was now a dual citizen.
>
> He therefore desired me when I got home
> to consider myself a representative
> and to speak on their behalf in my own tongue.

> Their embassies, he said, were everywhere
> but operated independently
> and no ambassador would ever be relieved.

Da »relieve« ja beides bedeuten kann, »ablösen«, aber auch »erleichtern«, ahnt man: Dieses Amt ist durchaus eine Bürde. Noch schwieriger aber dürfte es sein, fürchte ich, sich überhaupt erst als Botschafter dieser erstaunlichen und notwendigen Republik zu qualifizieren. Man müsste vielleicht damit anfangen, selber Formeln gegen die Stummheit zu finden, auch die eigene, sich dem bösen Blick zu verweigern.

Nicht zuletzt zeigt ein Gedicht wie dieses natürlich, dass die herrlichsten, unvergesslichsten Reisen im Kopf stattfinden. Und für die benötigt man nicht einmal einen Pass.

Sei herzlichst gegrüßt
Dein Jan

II

Lieber Nikola,
sosehr ich das betrübliche Thema im ersten Brief vermieden habe, will ich nun doch noch einmal leise über Großbritanniens Abschied jammern – auch deshalb, weil vielerorts jenes niederschmetternde britische Referendum vom Juni bereits als Selbstverständlichkeit, als schicksalhafte Gegebenheit gesehen und schulterzuckend akzeptiert wird, ich hingegen immer noch einen Stich verspüre, wenn mir wieder einmal bewusst wird, dass die schöne Insel sich plötzlich um ein paar hundert gefühlte Seemeilen von uns anderen Europäern entfernt hat, dass sie weit in den Atlantik hinaustreibt und unser Kontinent

ein bisschen einsamer erscheint; auch will ich mich nicht zu jenen gesellen, die mit kaum verhohlener Häme die ersten üblen Vorzeichen begrüßen und den wirtschaftlichen Niedergang des Königreiches herbeisehnen, um sagen zu können: Seht her, das habt ihr davon. Nein, mir ist einfach nur traurig zumute, auch wenn es ja wahr ist, dass ich nie in Großbritannien gelebt habe, lediglich auf der anderen Seite der Irischen See, in Dublin nämlich, dass es sich also, denke ich darüber nach, vor allem um eine literarische Liebe handelt, um die eines Lesers und Übersetzers. Für mich setzt sich die britische Landschaft aus dem London von Charles Dickens, dem Yorkshire von Ted Hughes und dem Wales von Dylan Thomas zusammen, sie erhebt sich aus dem Lake District der Romantiker Wordsworth und Coleridge, wohin ich es nie geschafft habe, doch vielleicht, wer weiß, macht die Tatsache, dass ich eher poetische denn wirkliche Landschaften durchstreift habe, diese tiefe Zuneigung nur umso beständiger. Vor wenigen Tagen erst war ich in Winchester, im wirklichen Winchester, meine ich, in der Grafschaft Hampshire südlich von London zu Gast, und schon bei der Ankunft am Flughafen Heathrow, beim ersten Gewahrwerden englischer Dialekte und während der ganzen folgenden Bahnfahrt stieg etwas Wehmut ins Herz. Wie erst musste es den Freunden in Winchester gehen, den alten und den neu gewonnenen, von denen nicht ein einziger für den Austritt votiert hatte, die allesamt noch immer unter Schock zu stehen schienen, es nicht wahrhaben wollten. Das Thema ließ uns den ganzen Abend nicht los und begleitete uns über die Tage hinweg.

Auch Winchester ist, das weißt Du so gut wie ich, lieber Nikola, in literarischer Hinsicht nicht unbedeutend. Keats hat hier eine Zeit lang gelebt (Keats, der angesichts seines kurzen Lebens und seines allzu frühen Todes fast als Verkörperung von »fragility«, von Zerbrechlichkeit und Flüchtigkeit gelten könnte – »Here lies one whose name was writ in water«, lautet die berühmte und berührende Inschrift auf seinem römischen Grabstein unter Pinien), und auch Jane Austen hat in Winchester ihre letzten Jahre verbracht. Sie wohnte in einem Haus unweit der imposanten Kathedrale, in der noch heute ihr Grab zu betrachten ist, eine Platte im Boden, die sich von einem zu eiligen Besucher übersehen ließe und in der Austens Romankunst mit keiner Silbe erwähnt wird. Ich pilgerte früh am Sonntagmorgen dorthin, noch vor dem ersten Gottesdienst, und der Küster war so freundlich, mir trotz der noch unbesetzten Kasse Einlass zu gewähren, sodass ich ganz allein mit den Gräbern, mit dem jungen Licht in den Buntglasfenstern und den steinernen Heiligen im gewaltigsten aller englischen Kirchenschiffe stand.

Dass Winchester ausgerechnet die Stadt von Keats und Austen ist, war auch deshalb nicht unpassend, weil ich beider Namen mit meiner vorangegangenen Reise nach England verband, einer Reise nach Cambridge nämlich, wo ich anderthalb Jahre zuvor das Fitzwilliam Museum besucht und unter dem bordeauxroten Samt einer Vitrine vollkommen unvermutet zwei Handschriften entdeckt hatte. Eine davon war erschütternderweise das Blatt Papier, auf dem Keats, offenbar wirklich in einem Durchgang und ohne größere Korrekturen, mit nur wenigen Streichungen, seine *Ode to a Nightingale* niedergeschrieben hatte, unter einem Baum sitzend und dem Gesang ebenjenes Vogels lauschend. Der andere Bogen war um einiges größer und, wie die zahlreichen Knickspuren zeigten, offenbar so oft gefaltet worden, bis er als winziges, viellagiges Papierpaket mit Wachs versiegelt werden konnte. Es handelte sich um einen Brief Jane Austens an ihre Schwester, verfasst während einer Rast auf einer Kutschfahrt durch England, ein langer, überbordender Brief mit einer insektenhaft zarten Handschrift, in dem, soweit ich sie zu entziffern vermochte, mit Eloquenz und Ausdauer lediglich zwei Themen verhandelt wurden – Austens Hut und die Tatsache, dass er die mühevolle Reise bislang ohne Fleck und Delle überstanden hatte, sowie das ausgezeichnete Roastbeef, das man während der besagten Pause verzehrte und dessen Qualität und Beschaffenheit mit vielen Worten beschrieben und gepriesen wurde. Kurzum: Es war ein herrliches Beispiel für die altehrwürdige Kunst des Briefeschreibens, die wir ja mit unserem kleinen Austausch wieder aufzugreifen versuchen – und der man sich vielleicht ganz allgemein wieder mit mehr Verve widmen sollte, tritt doch der Briefeschreiber, ganz wie der Dichter, einen Schritt zurück von der rasenden Hast und den weitereilenden Massen und hält für einen Augenblick die Zeit an, betrachtet, reflektiert, resümiert und wählt seine Worte mit so viel Bedacht, dass sogar das Flüchtigste Gewicht und Dauer erhält, selbst Hutmoden und Roastbeef zu Trägern einer Botschaft werden, weil sich dem Empfänger durch sie und ihre Beschreibung etwas mitteilt vom flüchtigen Moment und vom Gemüt des Absenders. Sollten wir nicht alle wieder mehr Briefe quer durch Europa schicken, mittels solcher Augenblickskapseln, über die Grenzen hin- und zurückgetragen, das Verständnis füreinander und das Wissen umeinander derart vertiefen, dass ein Missverstehen kaum noch möglich wäre? Und wer weiß, ob nicht die Entwicklung so oder so, nach all den technischen Fortschritten, in einer gewaltigen, ironischen Kreisbewegung schon bald zurückführt zu einem längst vergessenen Nachrichtenwesen, zu den Brieftauben, deren leere Türme in ganz Europa – ich denke etwa an die schönen gemauerten *pigeonniers* im Süden Frankreichs – sich dann erneut mit Leben füllen? Selbst urzeitlich wirkende Techniken sind ja in Wahrheit gerade mal ein paar Jahre alt, und so sollte man aus der Mode gekommene Verfahren vielleicht nicht voreilig verlachen und vergessen. Ich jedenfalls habe vor ein paar Wochen, denn sicher ist sicher, meine alte Remington-Schreibmaschine aus der Kammer geholt und zum letzten verbliebenen Reparateur Berlins gebracht, einem älteren Herrn im Stadtteil Kreuzberg, dessen kleine Werkstatt voller Olivettis und Underwoods, Triumph-Adlers und Optimas steht, lauter gewichtige, eiserne, schweigende Geräte, die den gesamten Raum mit der bleiernen Schwere eines Lokschuppens füllen. Noch könne er mir ein paar Farbbänder anbieten, noch ließen sie sich bestellen, murmelte er durch seinen gewaltigen Schnurrbart und versprach, die verhärtete und unbrauchbar gewordene Gummiwalze schleunigst durch eine frisch gegossene zu ersetzen.

Und während er meine Remington entstaubte, die Mechanik und die Tausendfüßlertastatur mit Liebe und einem profunden Wissen neu justierte, war ich bereits von Winchester zum riesigen Flughafen Heathrow zurückgekehrt und fest entschlossen, noch eine Dose von jenem hervorragenden Earl Grey zu erwerben, eine Dose Schwarztee als Souvenir aus dem noch nicht ganz abtrünnig gewordenen Königreich, erhältlich in einem speziellen und mir schon bekannten Geschäft, das sich allerdings, wie ich wusste, in Terminal 4 und nicht wie ich in Terminal 1 befand. Zum Glück hatte man mir mitgeteilt, dass der hochmoderne Flughafenzug mich trotz der äußerst knappen Zeit sicher zum Teegeschäft und wieder zurück zu meinem Abfluggate bringen werde – nur stellte sich heraus, als ich beschwingt mit meinem Tee aus dem Laden trat, dass nicht ein einziger Wegweiser den Weg zurück zu meinem Abflugterminal wies, dass der hochmoderne Zug vielmehr nur in eine einzige Richtung zu reisen erlaubte und man mit dem Betreten seiner Waggons alle Brücken hinter sich abbrach. Ein Flughafenangestellter, der ein Herz aus Gold hatte, doch ebenso ratlos war wie ich (»It's my first day here, so sorry«), suchte mit mir nach möglichen Fuß- und Schleichwegen, erwog sogar, mir seine wertvolle Schlüsselkarte zu leihen, um mich auf unterirdischen Pfaden rechtzeitig zu meinem Flugzeug zu bringen, womit sein erster Arbeitstag jedoch auch sein letzter geworden wäre – und so blieb nur, den eingeschlagenen Weg weiterzugehen, den Flughafen ganz zu verlassen und noch einmal mit der leidigen Kontroll- und Filzprozedur zu beginnen, in der Gewissheit, dass ich das Flugzeug angesichts der langen Schlangen nicht mehr erreichen und mein Koffer ohne mich nach Berlin zurückfliegen würde. Aber, oh, Albion! – wie durch ein Wunder öffnete mir mein Päckchen Tee, das ich als eine Reliquie vor mir hertrug, alle Schranken, teilte der Earl Grey die Massen, nickte man anerkennend, sobald ich die Packung hob und zu erklären versuchte, warum ich ein zweites Mal durch die Sicherheitsschleusen eilte, lächelte, sagte: »Oh, you've bought some tea, haven't you?« und »Just go ahead, that's a very fine one you've got there«, gingen alle Türen wie von Zauberhand auf, und das zu meinem Glück *just in time*.

Man spricht so oft abschätzig von Flughäfen, bezeichnet sie als kalt und glatt und bar jeder Identität, als reine, limbushafte Nichtorte – dabei offenbarte sich mir in ihnen mehr als einmal die ganze Schönheit Europas mit seinen nationalen und regionalen Eigenheiten. Ich rede dabei noch gar nicht von der sprachlichen Vielfalt, der sich an jedem europäischen Großflughafen lauschen lässt – neben jener immerwährenden, universalen, blutdrucksenkenden Saxofonmusik im Hintergrund. Ich denke weniger an den erstaunlichen, überraschenden Einbruch des Literarischen in die banale Wirklichkeit, als ich hörte, wie am Pariser Flughafen Charles de Gaulle plötzlich ein Monsieur Godot ausgerufen und gebeten wurde, sich am Schalter zu melden, was mich um ein Haar auf den Weiterflug nach Südamerika verzichten ließ, denke schon eher an die Sicherheitsbeamten in Tegel, die kaum auf die Durchleuchtung des Handgepäcks zu achten schienen, die vielmehr, offenbar alle Besitzer eines Schrebergartens der Kolonien »Freundschaft« und »Gute Zeit«, gestenreich, lautstark und überaus dialektal mit »icke« und »ditte« in den Austausch von Ratschlägen zur Pflege und Zucht von Strauchtomaten vertieft waren. Vor allem aber kommt mir jene Situation am Flughafen von Toulouse in den Sinn, nachdem ich Freunde in ihrem Landhaus bei Verfeil-sur-Seye besucht und gemeinsam mit ihnen einen zu Recht gerühmten Käseladen aufgesucht hatte, sodass in meinem Handgepäck vier prachtvolle Stücke von Reblochon, Époisses, Vieux-boulogne und Pont-l'Évêque ruhten, dazu ein Roquefort sowie ein normannischer Camembert. »Öffnen Sie bitte Ihre Tasche, Monsieur«, sagte der kahlköpfige Beamte an der Sicherheitskontrolle, der streng war, aber doch weit weniger streng als mein Käse. »Parbleu!«, rief er aus und zuckte zurück, »das können Sie unmöglich mit an Bord nehmen«, worauf ich die Situation erklärte und auf den hohen Wert und die überragende Qualität meiner Einkäufe hinwies. »Lassen Sie mal sehen«, sagte er, schon freundlicher, und nahm alle sechs Stücke aus meiner Tasche heraus, während sich schon zwei weitere Beamte, ein junger und ein älterer, molliger, neugierig zu uns gestellt hatten, um zu sehen, was um Himmels willen da vor sich ging. Und nun wechselte der Reblochon von der Hand des Kahlen in die Hand des Molligen, nahm der Junge erst den Époisses und dann den Vieux-boulogne, um an ihnen zu schnuppern, bevor er den Époisses an den Kahlen und den Vieux-boulogne an den Molligen weiterreichte, der unterdessen am Pont-l'Évêque herumdrückte und »très bon, très bon« murmelte; der kahlköpfige Beamte wog seinerseits den Roquefort in der Linken und den normannischen Camembert in der

Rechten und ließ den Camembert zum molligen und den Roquefort zum jungen Beamten weiterwandern, der noch mit geschlossenen Augen den Duft des Reblochon tief in sich aufnahm; der Mollige wickelte inzwischen den Vieux-boulogne aus und der Kahle führte den Époisses zur Nase und rief so voller Inbrunst »Mon dieu!«, dass die anderen Reisenden sich nach uns umzudrehen begannen, und der Mollige schürzte anerkennend die Unterlippe und hob den normannischen Camembert ins gleißende Licht der Neonröhren, während der Junge den Kahlen bat, ein weiteres Mal am Époisses riechen zu dürfen und im Gegenzug den Reblochon anbot; der Kahle schnalzte mit der Zunge, schien den Vieux-boulogne mit dem Roquefort oder den Camembert mit dem Reblochon zu vergleichen, der Mollige gab seufzend den Pont-l'Évêque an den Jungen weiter und der Junge rollte mit den Augen und rief »mais c'est formidable« und drängte schwer atmend dem Kahlen den normannischen Camembert auf, bis Reblochon und Époisses vielfach die Hände gewechselt hatten, alles zu einer einzigen, streng duftenden Choreografie geworden war, zu einem Käseballett, bis der Vieux-boulogne und der Pont-l'Évêque alle drei Repräsentanten des französischen Staates zu spitzen Schreien des Entzückens hingerissen, in eine wahre Käseekstase hineingetrieben hatten, bis schließlich der Kahle, der Mollige und der Junge mit Reblochon, Époisses, Vieux-boulogne, Pont-l'Évêque, Roquefort und normannischem Camembert in den bebenden Händen, mit vor Glück leuchtenden Augen, seltsam entrückt verstummten. »Monsieur«, sagte der Grenzbeamte entschlossen und gab mir meine Tasche zurück, »Sie fliegen« – und wie ich flog, lieber Nikola, von Europa nach Europa.

Ich grüße Dich herzlich
Dein Jan

III

Lieber Nikola,
ich schreibe Dir kurz vor Weihnachten und kurz nach dem Anschlag auf Berlin, die Stadt, in der wir beide leben, Du seit kurzem, ich seit nunmehr über zwanzig Jahren. Was soll man sagen? Vielleicht, denke ich, muss man in Zukunft versuchen, noch ein bisschen freundlicher zu sein, all dem Grauenerregenden zum Trotz, sollte man sich bemühen, dem ganz und gar Unsäglichen mit beharrlicher Offenheit und Zugewandtheit zu begegnen. Wenn ich durch die Berliner Straßen gehe, mit den öffentlichen Verkehrsmitteln fahre, so scheint mir, dass ebendiese Mischung aus Trotz und Freundlichkeit, ein Sichbesinnen auf Nachsicht und Güte von sehr vielen Mitmenschen als das Mittel der Wahl empfunden wird. In Neukölln trägt ein junger Mann einer älteren türkischen Dame ihren rot-braun karierten Hackenporsche eine Treppe hinunter. In der U-Bahn bieten gleich drei ausgekochte Neuköllner Tattoo-Gören der jungen Mutter, der eine Flasche Milch im Rucksack ausgelaufen ist, ein Päckchen mit Papiertaschentüchern an. Gerüchte von lächelnden Busfahrern machen die Runde. Und gestern Nacht auf der Geburtstagsfeier eines Freundes sangen achtzig Gäste ohne zu murren und mit leuchtenden Augen Leonard Cohens »Hallelujah«. Mir selbst geht derweil ohne Unterlass Peter Rühmkorfs Zeile »Bleib erschütterbar und widersteh« im Kopf herum.

Es war, blickt man auf all die politischen und gesellschaftlichen Entwicklungen zurück, wahrlich kein gesegnetes Jahr; nein, man muss schon sehr gründlich suchen, um einen Glanz, etwas Erfreuliches auszumachen. All das wird zweifellos in die kommenden Gedichte Eingang finden – auch in solche, die den direkten Kommentar zu aktuellen Geschehnissen vermeiden, und ich gebe gern zu, dass ich das Gedicht, das eine Antwort geben will, einen Rat zu wissen behauptet, das auf einen Anlass und einen politischen Umstand gemünzte Gedicht, immer mit Skepsis betrachtet habe, sosehr auch mir die großen und gelungenen politischen Gedichte vertraut sind, die es in allen Sprachen und zu allen Zeiten gegeben hat. Ein Gedicht ist kein Leitartikel, doch bedeutet das keinesfalls, dass es weltabgewandt wäre, seiner Zeit ganz bewusst den Rücken kehrte. »Der Dichter ist ein hochempfindliches Instrument, dazu geschaffen, alles zu registrieren, was ihn intellektuell interessiert oder emotional berührt. Wenn ihn beispielsweise ein Gaszähler berührt oder, sagen wir, marxistische Dialektik ihn interessiert, dann soll all das in seine Lyrik einfließen. Er wird seiner Bestimmung als Dichter gerecht, wenn er diese Dinge unverfälscht und mit so viel Musikalität, wie ihm möglich oder dem Thema angemessen ist, registriert«, sagte Louis MacNeice, der nordirische Dichter, den ich während meiner Zeit in Dublin las und übersetzte, in einem Gespräch. Als dieses empfindliche Instrument, das er ist, wird ein Dichter alles um sich herum aufnehmen, die Schönheiten wie die Schäbigkeiten, die Niedertracht und die Größe, all die Schrecken, die wir Tag für Tag in der Zeitung zur Kenntnis nehmen müssen, doch verarbeitet ein Gedicht all das auf gänzlich andere Art und Weise als ein Kommentar. Ein Gedicht über Waldbeeren muss mitnichten einem Rückzug in Waldeseinsamkeit gleichkommen; es signalisiert lediglich, dass dem Kleinen und Unscheinbaren zugetraut wird, das große Ganze in sich zu bergen, es im sinnlichen Detail zu verankern. Ein gelungenes Gedicht über, sagen wir, ein Glas Wasser wird dem Glas Wasser mit allen Sinnen gerecht zu werden versuchen, es mit allen poetischen Mitteln und Geduld zu erkunden wissen, doch zwangsläufig immer über das Glas Wasser hinausgehen – sodass ein Gedicht über ein Glas Wasser mehr von unserer Zeit und ihrer Zerrissenheit, mehr von unseren Ängsten und Hoffnungen enthalten kann als eine noch so gelungene und lesenswerte politische Analyse, die es, als hochkonzentrierte bildliche und gedankliche Essenz, überdauern wird, um Jahre oder gar Jahrhunderte später einem Leser als Schlüssel zu seiner Zeit zu erscheinen.

Verzeih die Abschweifungen, lieber Nikola, und lass mich stattdessen anmerken, dass das ablaufende Jahr auch jenes war, in dem meine angeheiratete schwäbische Großmutter ihr Haus, in dem sie über Jahrzehnte gewohnt und zu sommerlichen Geburtstagsrunden mit Kaffee und Bienenstich geladen hatte, verließ und in ein Pflegeheim zog, an dem sie, eine beruhigende Meldung immerhin dies, Gefallen findet. Man hatte zuvor ihren Keller ausgeräumt und hunderte, aberhunderte von Weckgläsern beseitigen müssen, war doch das Einmachen und Gelieren von Obst und Gemüse eine der Konstanten im Leben der Großmutter – Apfelmus und Rhabarberkompott, Gurken in Essig und mit Senfkörnern und Dill, eingelegte Mirabellen und Johannisbeergelee, Brombeermarmelade und marinierte Pilze, alles akkurat versehen mit Etiketten und Jahrgangsvermerk, mit Schnörkelchen und Blümchen, auf jedem bauchigen Glas ein sorgfältig mit der Hand beschrifteter Aufkleber, wobei die meisten Schätze ihr Verfallsdatum wohl schon vor Äonen überschritten hatten und ungenießbar geworden waren. Ich selbst habe diese sagenhaften Gewölbe nie betreten, doch stelle ich mir den Keller unter diesem schwäbischen Großmutterhaus als ein riesiges, als ein schier unermessliches Archiv von geradezu Borges'schen Dimensionen vor, als ein weitläufiges Labyrinth aus Eingewecktem und voller mysteriöser Kanopenkrüge. Und es ist ja so, jedenfalls möchte ich das glauben, dass die Großmutter neben und mit all den Pfirsichen und Pflaumen, den sauren Kürbissen und dem Spitzkohl, auch Jahr um Jahr mit Geduld und Umsicht konserviert hat, mit jedem Glas ein Stück ihrer eigenen Geschichte und ein Stück deutscher Zeitgeschichte in die unendlichen Regale im Schummerlicht ihres Kellers gestellt hat: Die Jahre nach der Flucht, nach dem Kriegsende, die Geburt der ersten Tochter, die Hochzeit und den Tod des Ehemannes, die ersten Schritte der Enkel. Luftdicht abgeschlossen und nur für wahre Kenner herauszuschmecken: Brandts Kniefall in Warschau, das Aufbegehren der 1968er, der Bau der Mauer und ein Stockwerk höher und viele Regale später der Fall der Mauer; der Deutsche Herbst wird eine verblüffende Schärfe im Nachschmecken gehabt haben, die friedliche Revolution ein Arom, das man noch lange am Gaumen spürte, die radioaktive Wolke Tschernobyls wird matt und giftig im Quittengelee des Jahres 1986 geleuchtet haben. Und das Jahr, das nun zu Ende geht? Es hätte, vermute ich, die Farbe von Schwarzen Johannisbeeren und Kirschen und wäre doch ohne jede Süße. Man muss auf die nächste Saison und eine hellere, schönere Ernte hoffen – Dir jedenfalls wünsche ich ein gesundes und gutes neues Jahr, erschütterbar, aber nicht fragil.

Ich grüße dich herzlich
Dein Jan

IV

versuch über pässe
für Nikola Madzirov

der pass des unkrauts ist das unkraut,
ein kirschkern, über die grenze gespuckt,
darf wurzeln schlagen.

und wir, aus allen vier himmeln gefallen,
zerknittert, wie soeben geschlüpft
in der ankunftshalle, am arm, im jackett
die schalenreste der zeitung von gestern;

weiter vorne, am ende der schlange,
wandert ein großes einbein umher,
der holzstumpf eines stempels zwischen kissen
und blatt, ta-*tam*, ta-*tam*.

die wolke schmuggelt den regen,
der maulwurf sein schwarz.

dort landen sie auf der hand des beamten,
große falter in rot und blau und grün,
sitzen auf ihrer haarigen bleichen blüte
und öffnen die flügel.

der pass des unkrauts ist das unkraut,
der pass des rauchs ist der rauch.

Mit gelben Quitten hänget

Kleine Hölderlin-Etüde mit Obst

Gleich neben dem Tübinger Turm, wo Hölderlin in der Obhut des Schreiners Zimmer, eines jener stillen Helden der Poesiegeschichte, so viele Jahre verbrachte, just dort, im kleinen Garten am Neckar, wächst ein Quittenbaum. Es war ein Glück, dass die Turmhüterin, die bei einem Besuch vor einigen Jahren Dienst tat, nicht nur einen Teller mit Früchten bereitgestellt hatte, die Hölderlins Zimmer im ersten Stock mit ihrem Duft erfüllten, sondern auch so freundlich war, mich eine dieser prachtvollen Tübinger Scardanelliquitten pflücken zu lassen, die mich dann auf der langen Fahrt zurück nach Berlin begleitete und berauschte.

Seit diesem Spätsommertag sehe ich mich gezwungen, die Quitte, schönste der Früchte, mit Hölderlins Versen zu verbinden, ja, ich meine gar, ein zartes Quittenarom wahrnehmen zu können, sobald ich ihn erneut lese. Dass ich mit meinem heimlichen Quittentick keineswegs allein war, wurde mir klar, als ich durch einen Zufall auf einen späten Tagebucheintrag Ernst Jüngers stieß: »Angeregt durch die Fahrt um den Bodensee«, notiert er dort, »las ich wieder einmal *Hälfte des Lebens*, Hölderlins Gedicht. *Mit gelben Birnen hänget/ Und voll mit wilden Rosen/ Das Land in den See.* Frühere Hölderlin-Ausgaben brachten bis in unser Jahrhundert hinein *Blumen* statt *Birnen*, einem Irrtum Gustav Schwabs folgend. Ich hatte, wie ich es oft gesehen habe, an Quitten gedacht.« So weit Jünger, mit dem mich ausgesprochen wenig verbindet, offenbar aber doch dies eine: ein Faible für eine wunderbar störrische Frucht, deren Süße erst erobert werden will – sowie die Neigung, dieses auf Hölderlins Poesie zu projizieren.

Die schlichte Wahrheit ist allerdings, dass, wenn ich es richtig sehe, in keiner Elegie, in keiner der Oden und Hymnen Hölderlins die Quitte genannt wird. An Hölderlins Rhein mag alles »trunken von Weinen und Obst« sein, es werden zum Gastmahl »Beeren und Honig und Obst« gereicht, »und weithinglänzend stehn,/ Gereiftester Früchte voll« in der »Friedensfeier« die Tische – aber keine Quitte. Neben den berühmteren Birnen dürfen die Trauben leuchten, tauchen Pomeranze, Pfirsiche, Kirschen, sogar Granat- und Feigenbaum auf, aber nicht einmal in den Versen, die das südliche Frankreich heraufbeschwören, auch nicht in einem der vielen späten Herbstgedichte, wo doch »Früchte sich mit frohem Glanz vereinen«, erscheint die königliche Quitte. Der Obstbaum reicht nur »freundlich den Apfel herunter«, ihren gewöhnlicheren Verwandten. Immerhin wird die »Frucht der Hesperiden«, werden die berühmten goldenen Äpfel des Mythos also, die von einigen Forschern als Quitten interpretiert wurden, mehrfach genannt.

Vor allem aber muss der Leser, der Hölderlin und Quitte gleichermaßen verehrt, angesichts dieser goldenen mediterranen Äpfel daran denken, dass die Quitte gelegentlich auch als »kretischer Apfel« bezeichnet wird, mehr noch: Das so wohlklingende wie rätselhafte Wort »Quitte« lässt sich herleiten von Kydonía, dem antiken Namen der heute als Chania bekannten Stadt auf der größten aller griechischen Inseln. Dass »Kreta steht und Salamis grünt, umdämmert von Lorbeern,/ Rings von Strahlen umblüht«, singt ja Hölderlin in seinem Gedicht an den »Archipelagus«, und wirklich ist man, geleitet erst vom Duft und dann vom Namen der Quitte, jäh im Herzen des Werkes angelangt, in jener idealen Landschaft, die Hölderlin nie mit eigenen Augen sah, die er vielmehr erst ganz aus Sprache erschuf, für sich und für uns, sind wir, der Etymologie sei Dank, von Tübingen bis zu den »schönen Inseln Ioniens« gereist, wo »unter kräftger Sonne die Traube reift«, wo ein »Granatbaum, purpurner Äpfel voll« und sogar ein »Limonenwald« wachsen und niemals vergehen. Irgendwo hier muss auch eine Quitte versteckt sein, diese heimliche Zentralfrucht in Hölderlins Werk, Kernobst und Obstkern, streng und hart und doch von einer unvergleichlichen Süße, wenn man sich ihrer denn als würdig erweist.

Man muss sich, es stimmt, mit ihr befassen, darf nicht lockerlassen, muss sie zu nehmen wissen, sie zunächst entkernen, ihr den Saft entlocken, sie geduldig kochen. Oder aber, wie ich es damals tat, nachdem sie so lange wie möglich auf meinem Schreibtisch gethront hatte, sehr behutsam im Ofen garen, mehrere Stunden lang, sodass ich mich immer wieder vorbeugen, vor dem Herd und damit vor ihr verbeugen musste, Dichterfrucht, Hölderlinquitte, bis das ganze Haus nach ihr duftete, sie schließlich mit einem Klacks Mascarpone verspeist wurde.

Belladonna, Digitalis

(Autenriethsche Klinik Tübingen. Protokoll)

Gibt Alias an; »Doldelin«?
Labil, da ledig, Onanist,
Lang indes Idiot, balla-
Balla seit Indigo-Land.
Debil, nationaldaslig:
Lobt Ilias, dann Gilead,
Gold-Naiaden, Itis, ball-
Ladig Atlas, Niobe, lind
Als Bild Antigone, Dali-
La, Dido, Sibille. Nagt an
Dill, an Angst, Diabolie.
Leidbad, Anti-Gallions-
Atilla, Sinngold. Dabei
Galant, Adonisbild, Lie-
Bes-Tand in Lila, Dialog-
Adios in Balladen, gilt
Als genial. Bald Diotin-
A-Ode, Aladinstil, Bling-
Stanniol *ad lib*, adlige
Singlitanei, bald *do la
Si do*, Tandala-Liebling,
Lalali-Ondine, gibt das
Iota Allgnade ins Bild:
Labsal Tod, innig Ideal.

Der glückliche Augenblick

Über Lyrik und Fotografie

Wenn für jedes geknipste Urlaubsfoto dieser Welt eine Gedichtzeile gelesen würde, müsste sich kein Lyriker mehr fragen lassen, warum um Himmels willen er sich einer solch brotlosen Profession verschrieben habe; niemand müsste sich die üblichen Stellungnahmen von Literaturveranstaltern anhören, man wisse schon, die Lyrik, kein leichtes Feld, aber man könne es dennoch einmal versuchen, am Tag darauf komme dafür der gefeierte Blut-und-Leichen-Thrillerautor aus Norwegen.

Die ungeheure Popularität der Fotografie allein vermag jedoch nicht zu erklären, warum auch so viele Dichter sich zu ihr hingezogen fühlen. Nachgerade begeistert gab sich Wystan Hugh Auden, als er Mitte der Dreißigerjahre mit seinem Freund, dem irischen Dichter Louis MacNeice, Island bereiste und man gemeinsam die »Letters from Iceland« verfasste. Auden beschreibt, wie er, nachdem er in der Sonne gelegen und bei der Heuernte zugesehen hat, schließlich zu fotografieren beginnt. Seine Ungeduld und Nachlässigkeit beim Lernen sei ein Jammer, merkt er an, denn jeder gewöhnliche Mensch könne sich binnen einer Woche sämtliche Voraussetzungen des Fotografierens aneignen; es sei die demokratischste aller Kunstformen, technische Fähigkeiten seien im Grunde nicht vonnöten; eine Kamera sei narrensicher, absolut jeder könne auf den Auslöser drücken, die Wahl des Gegenstands stelle die einzige künstlerische Herausforderung dar. Die Tatsache freilich, dass Auden vor allem verwackelte Pferdehintern, verschwommene Wanderstiefel und durch Unschärfen verstümmelte Isländer ins Bild brachte, legt nahe, dass zum erfolgreichen Fotografieren ein Mindestmaß an Handwerk und ein geschulter Blick gehören.

Ich selbst bin der Fotografie stets mit Skepsis begegnet, nahm mich schon des Baus einer Lochkamera in der Grundschule nur widerstrebend an. Die Familienannalen berichten von einem skandalösen Vormittag im Fotostudio des örtlichen Kaufhauses, als ich, ein sorgfältig gekämmter strohblonder Fünfjähriger im roten Nicki, abgelichtet werden sollte, was mir nicht im Geringsten schmeckte. Der Fotograf brachte mich in Position, verschwand hinter seinen Apparaturen, legte an – und ich streckte die Zunge heraus. Man redete mir zu, machte Versprechungen, lockte mit Süßigkeiten, bis der Fotograf mich erneut zurechtsetzen durfte, hinter der Kamera Aufstellung und mich ins Visier nahm – ich aber streckte die Zunge heraus. Die Prozedur zog sich über Stunden und trieb ausnahmslos alle Erwachsenen, vor allem jedoch den Fotografen, in den Wahnsinn. Irgendwann streckte ich zu spät die Zunge heraus – und war gefangen. Das Bildnis eines abgekämpften Jungen im roten Nicki, der offenbar drauf und dran ist, den Mund zu öffnen, hängt noch heute im Haus meiner Eltern wie eine Trophäe.

Ein Gedicht des Schotten Robin Robertson mit dem Titel »Album« lässt mich glauben, dass ihn als Kind eine ähnliche Abneigung mit der Fotografie verband, was aber nicht der Grund für mich war, es zu übersetzen:

> Fast nie bin ich anwesend auf diesen
> alten Fotografien: Eine Hand
> oder Schulter, unscharf; eine Figur
> im Hintergrund,
> die aus dem Rahmen tritt.

Manchmal erkenne ich mich im rastlosen
Verschwimmen eines Kindes, diesem Zucken
im Auge oder in der Art und Weise,
wie die Sonne ihr Gold in den Abzug strömen lässt;
oder dort, in der länglichen weißen Scharte
quer über das Glas des Spiegels
an der Wand im Hintergrund. Jene
Lichtschliere
ein Hinweis auf mich, der ich gehe.

Sieh sie dir genau an,
diese Schnappschüsse, all diesen
Kodacolorfilm, der blaustichig wird, dann
wird es deutlicher. Siehst du mich schließlich,
siehst du mich überall: Schwebend
über Krokussen, Sandburgen,
Herbstlaub, auf diesen
schmelzenden Schneemännern, deren Gesichter
mit Kohlen gemalt sind – inmitten
der Hochzeitsgäste,
der Gäste beim Abendessen oder bei der
Geburtstagsfeier – in diesem Dunst
in der Emulsion, dem Makel.
Da ist ein Geist; der Geist steht auf und geht.

Den Wunsch, nicht anwesend zu sein, auch nicht dokumentiert zu werden, lese ich aus Robertsons Gedicht heraus. Zugleich lassen die gespenstischen letzten Zeilen an die staunenswerten Versuche denken, fotografisch die Existenz von Geistern nachzuweisen, diese seltsame Idee, mit Hilfe einer objektiven Technik das Jenseits zu bannen. Ein Graveur aus Boston namens William Mumler benutzte 1861 beim Entwickeln eines Selbstporträts versehentlich eine verunreinigte Platte, sodass auf dem fertigen Bild neben der eigenen Gestalt eine weitere, unscharf abgelichtete, erschien – die erste von vielen Geistersichtungen; die meisten der nachfolgenden ließen mit voller Absicht Unsauberkeiten zu und machten sie dem eigenen spiritistischen Glauben zunutze.

Keine übernatürliche Erscheinung hingegen ist es, die Siegfried Kracauer in seinem Essay »Die Photographie« schaudern lässt, keine schemenhafte Erscheinung, sondern vielmehr die Reduktion der eigentlich Porträtierten: »Als die Großmutter vor dem Objektiv stand«, so Kracauer, »war sie für eine Sekunde in dem Raumkontinuum zugegen, das dem Objektiv sich darbot. Verewigt worden ist aber statt der Großmutter jener Aspekt. Es fröstelt den Betrachter alter Photographien. Denn sie veranschaulichen nicht die Erkenntnis des Originals, sondern die räumliche Konfiguration eines Augenblicks; nicht der Mensch tritt in seiner Photographie heraus, sondern die Summe dessen, was von ihm abzuziehen ist. Sie vernichtet ihn, indem sie ihn abbildet, und fiele er mit ihr zusammen, so wäre er nicht vorhanden.« Der kleine Junge im roten Nicki, der ich an einem bestimmten Punkt in Raum und Zeit einmal war, hätte nur Kracauer vorlesen müssen, um all die aufgeregten Erwachsenen zur Einsicht zu bringen. Und vielleicht war der Aufruhr nichts als die Weigerung zu sagen: »So und nicht anders ist es, ist er«, weil ich ahnte, dass es auch anders sein könne und müsse, ein Foto jedoch die Persönlichkeit fixiert, allem und jedem einen Rahmen gibt, aus dem auszubrechen schier unmöglich ist. Hätte es im Reich der Mythen bereits Fotoapparate gegeben und wäre der wandlungsfähige Proteus in jenem winzigen Moment fotografiert worden, in dem er ein Löwe zu sein entschied, so wäre er für immer dieser Löwe geblieben und damit nicht länger ein Gott.

Die Fotografie, sagt Roland Barthes, sei »immer nur ein Wechselgesang von Rufen wie ›Seht mal! Schau! Hier ist's!‹; sie deutet mit dem Finger auf ein bestimmtes *Gegenüber* und ist an diese reine Hinweis-Sprache gebunden«. Wie rasch dies ins Prahlerische abgleiten kann, weiß jeder, der einmal sämtliche Urlaubsfotos von Bekannten hat ansehen müssen; er weiß auch, dass im Zentrum der Aufnahmen weniger das in der Ferne aufgenommene Objekt steht, sondern der Fotografierende in seiner Eitelkeit. Wer einmal erlebt hat, wie aberdutzende Touristen inmitten einer erhabenen norwegischen Landschaft eine Bergbahn verlassen und zu einem tobenden Wasserfall eilen, nur um sich mit dem Rücken zu ebendiesem Naturschauspiel aufzustellen und sich selbst zu fotografieren, muss den Glauben an das Gute im Menschen verlieren. Keine Neuigkeit, schon Walter Benjamin machte seinem Unmut angesichts der Knipser Luft: »In der Tat ist der heimkehrende Amateur mit seiner Unzahl künstlerischer Originalaufnahmen nicht erfreulicher als ein Jäger, der vom Anstand mit Massen von Wild zurückkommt, die nur für den Händler verwertbar sind. Und wirklich scheint der Tag vor der Tür zu stehen, da es mehr illustrierte Blätter als Wild- und Geflügelhandlungen geben wird.«

Das Unbehagen, das Robertson, Kracauer und Benjamin eint, hat nichts mehr mit den Vorbehalten zu tun, die der noch jungen Technik im neunzehnten Jahrhundert entgegengebracht wurden, vor allem von bildenden Künstlern wie Rodin, dem die »unterwürfige Genauigkeit« der Fotografie suspekt war, aber auch seitens Autoren, die über Malerei urteilten wie Baudelaire über den »Salon von 1875«: »In diesen kläglichen Tagen ist eine neue Industrie hervorgetreten, die nicht wenig dazu beitrug, die platte Dummheit in ihrem Glauben zu bestärken […], daß die Kunst nichts anderes ist und sein kann als die genaue Wiedergabe der Natur. […] Ein rächerischer Gott hat die Stimme dieser Menge gehört. Daguerre ward sein Messias.« Baudelaire wäre noch entrüsteter gewesen, hätte er wie der Schriftsteller und Kunstkenner John Berger gemutmaßt, dass die Fotografie weniger eine Konkurrentin der Malerei werden würde als eine der Kunst der Erinnerung, die bei den Griechen und noch lange danach mit der Poesie und ihren Gedächtnistechniken von Vers und Metrum in Verbindung gebracht wurde.

Bei der Lektüre von Schriften zur Fotografie geschieht es, dass ich aufhorche und die mir liebste Kunstform genauso gut getroffen finde wie die Fotografie – etwa, wenn Roland Barthes zu fassen sucht, was genau ihn an einem wahrhaft gelungenen Foto überwältigt. Er bringt es auf den Begriff des »punctum«, denn, »*punctum*, das meint auch: Stich, kleines Loch, kleiner Fleck, kleiner Schnitt – und: Wurf der Würfel. Das punctum einer Photographie, das ist jenes Zufällige an ihr, das *mich besticht* (mich aber auch verwundet, trifft).« Barthes spricht hier keineswegs vom forcierten Schock, von der zur Schau gestellten Monstrosität, nicht einmal vom seltenen Anblick oder vom originellen Fund. Sein »punctum« benennt vielmehr ein zweitrangiges, jedenfalls erst beim zweiten Betrachten (oder Lesen) erkennbares Detail, etwa die schlechten Zähne eines kleinen Jungen, ein paar Spangenschuhe, die spatelförmigen Fingernägel Andy Warhols oder die vor der Brust verschränkten Arme eines Matrosen; Details mithin, die nicht geplant oder komponiert werden, sondern zufällig ins Bild geraten, dem Bild aber gerade dadurch zu einer Wirkung, vielleicht einer Seele verhelfen. Das Wunder findet ja immer im Vorbeigehen statt, zwischen dem Waschen des Salats und dem Gang zum Briefkasten, im Bus, in einer dunklen Seitenstraße; die Offenbarung geschieht stets irgendwo am Rande, so wie in Audens Gedicht »Musée des Beaux Arts«, wo Ikarus vollkommen unbeachtet ins Meer stürzt und seine Beine noch einmal aufleuchten, während die Bauern weiter ihre Felder bestellen.

Um aber auf Baudelaires Abneigung gegenüber der Menge zurückzukommen: Gerade das Demokratische, das Auden unter der isländischen Sonne an der Fotografie so lobt, ist Baudelaire zuwider. Ich gebe in dieser Hinsicht Auden den Vorzug, der kein großer Fotograf, aber ein großer Dichter war und so herrlich uneitel in ausgetretenen Pantoffeln durchs tief verschneite New York stapfte, um eine Flasche Martini zu kaufen – oder auch Charles Simic, einem anderen New Yorker, dem jede aristokratische Attitüde, jeglicher Künstlerdünkel fremd ist. Simic bemerkte in einem Essay, er höre oft von Fotografen, dass sie, könnten sie schreiben, keine Fotos machen würden. »Bei mir, wurde mir klar, war es genau umgekehrt«, so Simic. »Wenn ich Fotos machen könnte, würde ich keine Gedichte schreiben – jedenfalls dachte ich das jedes Mal, wenn ich mich in irgendein Foto verliebte [...]. Das aufmerksame Auge macht die Welt interessant. Ein gutes Foto, genau wie ein gutes Gedicht, ist ein in sich geschlossenes kleines Universum, das auch für den prüfenden Blick schier unerschöpflich ist.«

Immer haben ja Autoren die Nähe von Fotografen gesucht, auch Fotografen ihren Kreis um Dichter ergänzt, und so finden wir neben Texten von Auden, Berger und Simic solche von Jack Kerouac, Hart Crane oder auch Thomas Kling. Und vielleicht beruht die Unerschöpflichkeit, die Simic dem guten Foto wie dem gelungenen Gedicht zuspricht, auch darauf, dass beide sich ganz bewusst auf einen winzigen Ausschnitt beschränken, der von Betrachter und Leser weitergedacht werden will. Beide erzählen nicht alles aus, üben sich vielmehr in der Andeutung und Aussparung; sie setzen nicht nur auf die geistige Teilnahme des Publikums, sondern auf sein kreatives

Mittun beim Füllen der Lücken, ja auf seine Lust an der Lücke, am Stellen von Fragen. Es ließe sich das Gedicht dem Roman gerade so gegenüberstellen, wie das Foto mit dem Film kontrastiert; Foto und Gedicht ließen sich in ein ebenso enges verwandtschaftliches Verhältnis setzen wie Roman und Film. »Fotos«, schreibt Susan Sontag, »sind einprägsamer als bewegliche Bilder – weil sie nur einen säuberlichen Abschnitt und nicht das Dahinfließen der Zeit zeigen. Das Fernsehen ist eine Flut allzu wahllos aneinandergereihter Bilder, deren jedes das vorhergehende aufhebt. Jedes Standfoto ist ein bevorzugter Augenblick, verwandelt in ein dünnes Objekt, das man aufbewahren und immer wieder betrachten kann.«

Das Haiku, jene besondere, japanische Gedichtform, brachte Roland Barthes einst mit dem Foto in Verbindung. Die Fotografie ähnele dem Haiku, weil auch diesem sich nichts hinzufügen lasse, es bereits alles in sich trage; hinsichtlich des Haiku und des Fotos könne man von einer »*lebendigen Unbeweglichkeit*« sprechen, in der ein Detail als »Zünder« fungiere und eine Erschütterung, einen Sprung bewirke, wenn auch, so Barthes, weder Haiku noch Foto ins Schwärmen geraten ließen. Das bedarf der Korrektur nur insofern, als mich beispielsweise die berühmte Schnecke des Issa, die in aller Langsamkeit den Fuji erklimmt, durchaus schwärmen lässt.

Wenn also Gedicht und Fotografie bewusst den Ausschnitt wählen, von dem aus der Betrachter eingeladen ist, eine Vergangenheit und eine Zukunft zu imaginieren, Möglichkeitsachsen in beide Richtungen zu entwerfen, so entscheidet die Wahl dieses Ausschnitts alles. Henri Cartier-Bresson sehnte sich, gestand er einmal, »danach, in den Grenzen einer einzigen Fotografie das Wesen eines Vorgangs einzufangen, der sich vor meinen Augen abspielte«. Dies ist der glückliche Augenblick, der viel, wenn nicht alles zu enthalten vermag und dessen Wahl in der Fotografie, die im Gegensatz zum Gedicht ja nur den *einen* visuellen Eindruck hat, sofern sie nicht seriell arbeitet, noch viel gravierender scheint.

Wie aber, wenn Dichter nicht nur mit der Technik und der Unmittelbarkeit der Fotografie liebäugeln, sondern das Foto selbst zum Gegenstand eines Gedichts machen? Dies geschieht nicht selten, interessanterweise fällt die Wahl der Dichter fast immer auf ein Porträt; eine Figur also, die im Moment des Auslösens eine Vergangenheit und eine Zukunft hatte. Blättern wir ein Stück zurück im Album der modernen Poesie zu Rilkes Gedicht »Jugendbildnis meines Vaters«:

> Im Auge Traum. Die Stirn wie in Berührung
> mit etwas Fernem. Um den Mund enorm
> viel Jugend, ungelächelte Verführung,
> und vor der vollen schmückenden Verschnürung
> der schlanken adeligen Uniform
> der Säbelkorb und beide Hände –, die
> abwarten, ruhig, zu nichts hingedrängt.
> Und nun fast nicht mehr sichtbar: als ob sie
> zuerst, die Fernes greifenden, verschwänden.
> Und alles andre mit sich selbst verhängt
> und ausgelöscht als ob wirs nicht verständen
> und tief aus seiner eignen Tiefe trüb –.
>
> Du schnell vergehendes Daguerreotyp
> in meinen langsamer vergehenden Händen.

Jedes Bildgedicht, also auch jedes Gedicht, das ein Foto als Vorlage wählt, wird mit der Schwierigkeit konfrontiert, einerseits das Bild zu beschreiben, sofern es sich nicht um eines handelt, das sich dem kollektiven Gedächtnis eingeprägt hat und deshalb mit der bloßen Nennung vorm Auge des Lesers erscheint. Andererseits aber muss es, will es nicht überflüssig sein, über das Bild hinausgehen. So auch hier, wenn Rilke ein nur ihm bekanntes Foto sprachlich heraufbeschwört durch Nennung von Stirn, Mund, Händen, Jugend, aber auch der straffen Uniform, des Säbelkorbs, sodann aber mit Vergleichen (»wie in Berührung/ mit etwas Fernem«, »als ob sie/ zuerst, die Fernes greifenden, verschwänden«) das bloße Aufrufen von Attributen hinter sich lässt. So verblüffend wie ergreifend ist das abschließende Couplet dieses Sonetts, unterläuft doch Rilke die landläufige Erwartung, dass ein Foto die Flüchtigkeit eines Lebens in Dauer übersetze und sie für alle Ewigkeit bewahre: »Du schnell vergehendes Daguerreotyp/ in meinen langsamer vergehenden Händen.«

Auch bei Zbigniew Herbert wird in den Schlusszeilen eines Gedichts das Konservierende der Fotografie markant thematisiert und, indem er es mit Bernstein und Kohle vergleicht, bestätigt. Brüchig wird all dies jedoch, weil Herbert gleich in der allerersten, das Gedicht fortan prägenden Zeile Zenons berühmtes Pfeil-Paradox aufruft, jenes vorsokratische Geschoss, das an jedem einzelnen Ort seiner Bahn ruht, aber sich ganz offensichtlich bewegt und sein Ziel findet. Überhaupt führt Herbert ein herrliches Spiel mit den Zeitebenen vor, indem er persönliche und geschichtliche Zeit vermengt, die eigene Jugend in ein antikes Licht rückt. Sein Gedicht trägt den schlichten Titel »Photographie«:

> Mit dem Knaben so regungslos wie der Pfeil eines Eleaten
> dem Knaben im hohen Gras habe ich nichts gemein
> außer dem Tag der Geburt den Papillarlinien

> vor dem zweiten Perserkrieg machte mein Vater das Bild
> aus dem Gewölk und dem Blattwerk schließe ich auf August
> Geläut von Vögeln Grillen Getreideduft Duft der Fülle
>
> unten der Fluß auf römischen Karten Hypanis genannt
> Wasserscheide und der nahe Donner rieten zur Flucht zu den Griechen
> ihre Küstensiedlungen waren nicht allzu fern
>
> vertrauensvoll lächelt der Knabe der einzig bekannte Schatten
> ist der seines Strohhuts der Schatten der Kiefer der Schatten des Hauses
> leuchtet ein Feuerschein ist es das Abendrot
>
> mein Kleiner mein Isaak neige das Haupt
> nur ein Augenblick Schmerz dann wirst du sein
> was du willst – Schwalbe Lilie im Feld
>
> ich muß dein Blut vergießen mein Kleiner
> damit du unschuldig bleibst im Sommergewitter
> für immer in Sicherheit wie ein Insekt im Bernstein
> schön wie der in der Kohle erhaltene Dorn des Farns

Neben den »Eleaten«, neben der römischen und griechischen Geschichte, die der eigenen Kindheit Erhabenheit verleihen und sie zugleich in unerreichbare Fernen rücken, führt Herbert ein biblisches Bild ein, das umso staunenswerter ist, als Vater und Sohn, Abraham und Isaak, in einer Person zusammenfinden, im gealterten Betrachter des eigenen jungen Ichs, sodass dem einen Ich zwei verschiedene Wesen, zwei verschiedene Leben zugedacht sind, mehr noch: Der Betrachter wird, in zeitlicher Verkehrung und herrlich paradox, zum Vater des längst vergangenen Jungen, der er doch selbst war – »ich muß dein Blut vergießen mein Kleiner/ damit du unschuldig bleibst im Sommergewitter«. Elegant schließlich, wie Herbert seinerseits das rein Visuelle der Fotografie um weitere Sinne ergänzt, mit »Geläut von Vögeln«, »Getreideduft« und dem nahen Donner, der sich ja, anders als der Blitz, nie wird ablichten lassen.

Reizvoll für die Lyriker ist offenkundig die scharfe Dualität von Dauer und Vergänglichkeit, von Vergangenheit und Zukunft, die im Porträt erahnbar wird. Entscheidend ist also das Historische. Eine Landschaftsfotografie würde dann interessant, wenn sie von Spuren der Geschichte durchsetzt wäre, erst recht, wenn ein Mensch in dieser Landschaft auftauchte; ohne ihn bleibt die Landschaft außerhalb der historischen Zeit. Und auch das Tier als fotografisches Motiv kann für Dichter kaum attraktiv werden (sehr wohl aber als Wesen an sich, wie viele große Tiergedichte aus allen Jahrhunderten bezeugen), weil es zwar entsteht und vergeht, wie wir selbst der Zeit überantwortet ist, aber dennoch weder Historie noch Vergänglichkeitsbewusstsein hat. Man könnte an Schopenhauers Beobachtung denken: »Man frage sich ehrlich, ob die Schwalbe des heurigen Frühlings eine ganz und gar andere, als die des ersten sei, und ob wirklich zwischen beiden das Wunder der Schöpfung aus dem Nichts sich Millionen Mal erneuert habe, um eben so oft absoluter Vernichtung in die Hände zu arbeiten. – Ich weiß wohl«, so Schopenhauer weiter, »daß, wenn ich einem ernsthaft versicherte, die Katze, welche eben jetzt auf dem Hofe spielt, sei noch die selbe, welche dort vor dreihundert Jahren die nämlichen Sprünge und Schliche gemacht hat, er mich für toll halten würde: aber ich weiß auch, daß es sehr viel toller ist, zu glauben, die heutige Katze sei durch und durch und von Grund aus eine ganz andere, als jene vor dreihundert Jahren.« Auch hier wäre die Situation eine andere, wenn ein Porträt von Churchills Papagei betrachtet werden würde – oder auch nur das Foto des Kaninchens, das ein Dichter als Kind besaß und liebte.

Und nie sind es die Porträts historischer Persönlichkeiten, die zum Gedicht inspirieren, sondern Bildnisse der Dichter selbst, wie bei Robertson und Herbert, oder wenigstens von Familienmitgliedern, sei es in Rilkes Gedicht vom Vater oder in einem dreistrophigen Mutter-Gedicht des israelischen Lyrikers Dan Pagis, das den Titel »Ein Leben« trägt:

> Im Monat ihres Todes steht sie am Fenster,
> eine junge Frau mit Dauerwellen, elegant.
> Auf dem braunen Foto
> blickt sie nachdenklich hinaus.
>
> Von draußen blickt eine Nachmittagswolke sie an
> aus dem Jahre vierunddreißig, verschwommen,
>   unscharf,
> doch immer treu. Von drinnen
> blick ich sie an, fast vier,
>
> halte meinen Ball fest und trete
> langsam aus dem Bild, werde alt,
> werde behutsam alt, leise, leise,
> um sie nicht zu erschrecken.

Auch hier steht am Anfang die reine Bildbeschreibung – allerdings mit dem Zusatz »im Monat ihres Todes«, der ein familiäres Wissen einbringt, über das kein zufälliger Betrachter dieser

Fotografie verfügen könnte. Und wieder beginnt das Spiel mit der Ewigkeitsanmutung, die die Fotografie zu haben scheint, nur dass der Tod gleich der ersten Zeile eingeschrieben ist und der genannte Zeitraum eines Monats jedes Überdauern ad absurdum zu führen scheint. Wo bei Rilke das Foto schneller alterte als der Betrachter, wo bei Herbert ein geschichtlicher Raum eröffnet und das jüngere Selbst geopfert wurde, um es in seiner Unschuld zu retten, schwenkt Pagis überraschend in einen Innenraum, der nur in der Fantasie oder der Erinnerung des Sohnes existiert und für einen außenstehenden Betrachter nicht zu erkennen sein kann: Der Dichter, der um den bald auf die Aufnahme folgenden Tod der Mutter weiß, betritt erneut das Haus und wechselt die Perspektive, um als Kind, das er doch nie wieder sein wird, zu retten, was nicht zu retten ist, um still zu sein, die geliebte Person nicht aus diesem einen fotografischen glücklichen Augenblick zu reißen und ihr so das Leben zu erhalten, das sie längst verlor. Ein Gedicht von größerer Zärtlichkeit, eine liebevollere Erinnerung ist kaum vorstellbar.

Nur ausnahmsweise wird nicht ein familiäres Porträt, sondern eines von Unbekannten gewählt, und ich bitte um Nachsicht, wenn ich der Einfachheit halber einen eigenen Vierzeiler mit dem Titel »gaststuben in der provinz« anführe:

> hinter dem tresen gegenüber der tür
> das eingerahmte foto der fußballmannschaft:
> lächelnde helden, die sich die rostenden nägel
> im rücken ihrer trikots nicht anmerken lassen.

Auch hier, könnte man sagen, ist das Lächeln für die Ewigkeit gedacht, doch wirkt ihm abermals die Vergänglichkeit entgegen, nicht im Bild selbst, dafür im Rost der Nägel.

Für alle bislang erwähnten Gedichte gilt, dass es nicht die kunstvollen, berühmten Porträts eines Nadar oder eines Lindbergh sind, die die Fantasie der Dichter reizen. Nicht die Fotografie als Kunst befeuert die Kunst der Lyrik, sondern ganz im Gegenteil jene demokratischen Fotografien Audens, die banalen Schnappschüsse, genau die Art von Fotos also, über die sich schon Walter Benjamin in seiner »Kleinen Geschichte der Photographie« lustig gemacht hatte: »Das war die Zeit, da die Photographiealben sich zu füllen begannen«, schreibt Benjamin. »An den frostigen Stellen der Wohnung, auf Konsolen oder Gueridons im Besuchszimmer, fanden sie sich am liebsten: Lederschwarten mit abstoßenden Metallbeschlägen und den fingerdicken goldumrandeten Blättern, auf denen närrisch drapierte oder verschnürte Figuren – Onkel Alex und Tante Riekchen, Trudchen wie sie noch klein war, Papa im ersten Semester – verteilt waren und endlich, um die Schande voll zu machen, wir selbst: als Salontiroler, jodelnd, den Hut gegen gepinselte Firnen schwingend, oder als adretter Matrose, Standbein und Spielbein, wie es sich gehört, gegen einen polierten Pfosten gelehnt.«

Und mehr noch: Es scheint, dass diese in künstlerischer Hinsicht ganz und gar wertlosen Fotos für die Dichter noch an Wert gewinnen, je klarer ihre Makel zutage treten: Bei Robin Robertson ist die Aufnahme nicht nur unscharf und verschwommen, es legen sich Lichtschlieren über das Bild, das überdies blaustichig ist. Rilkes Porträt vergilbt, und auch bei Pagis ist das Foto braun, verschwommen, unscharf. Offenbar ist es also gerade die Imperfektion, die zum Schreiben animiert. Das gilt sogar für ein Gedicht des jungen polnischen Dichters Tadeusz Dąbrowski mit dem Titel »Auflösung«:

> Heute habe ich aus deinem Aktfoto ein Auge
> ausgewählt
> und bis zum Rand des Bildschirms vergrößert, bis
> zur äußersten Auflösung (und die ist so hoch,
> dass man jetzt an dich glauben kann). Ich vergrößerte
>
> dein rechtes Auge, im Wunsch, mit dem letzten Klick
> auf die andere Seite zu springen, deine Seele zu sehen
> oder zumindest mich selbst, ganz zerklickt. Etwa
> bei der vierundvierzigsten Vergrößerung
>
> sah ich meine undeutlichen Konturen,
> bei der sechsundsechzigsten den Umriss
> des Fotoapparats, nur für mich zu erkennen. Und
> dann nichts mehr außer grauen Rechtecken,
>
> exakt angeordnet wie Ziegel in einer Mauer, wie
> die Steine in der Klagemauer, vor der ich stehe
> Tag und Nacht, um beharrlich die Fugen zu sprengen
> mit den Zetteln meiner Gedichte.

Ohne den Titel des polnischen Originals zu kennen – welch glückliche Wahl ist doch in der deutschen Übersetzung von Renate Schmidgall das Wort »Auflösung«, das zum einen technischer Natur ist, zum anderen im Sinne einer chemischen Zersetzung eines festen Stoffes gelesen werden muss. Und wirklich scheint es ja um das Vergessen, das Verdrängen zu gehen, wenn der nackte Körper der Geliebten, den der Sprecher offenkundig selbst fotografiert hat, durch stetige Vergrößerung zum Verschwinden gebracht wird, bis die Auflösung einer Erlösung von ihrem Bilde gleichkommt. Der Makel, der dank des minderen oder doch imperfekten Materials alten Fotografien schon eingeschrieben war, das Vergilben, der Blaustich, spielt an heutigen Bildschirmen keine Rolle mehr, doch bringt Dąbrowski diesen Makel, den die älteren Dichter so anziehend fanden, selbst hervor, produziert er das Undeutliche, Verschwommene, Schemenhafte, indem er die Möglichkeiten der Bildauflösung bis ins Zerstörerische ausreizt.

Susan Sontag hielt es für sehr gut möglich, dass die Attraktivität der Fotografie für eine Reihe von Lyrikern in der Moderne deshalb zunahm, weil sich zwei gemeinsame Interessen abzeichneten – einerseits für das Visuelle, das treffende Bild, sodann für das Alltägliche, das anders als zu Zeiten der hehren und hohen Themen mehr und mehr in den Mittelpunkt rückte: »Während die Malerei immer begrifflicher wurde«, schreibt sie, »hat sich die Dichtung (seit Apollinaire, Eliot, Pound und William Carlos Williams) immer eindeutiger als eine mit dem Visuellen befasste Kunst definiert. (›Nur in den Dingen ist Wahrheit‹, heißt es bei Williams.) Das Bekenntnis der Dichtung zur Konkretheit und zur Autonomie der Sprache des Gedichts findet seine Parallele im Bekenntnis der Fotografie zum reinen Sehen.« So wie für den fotografischen Sammler alles interessant wurde, er auf alles den Sucher zu richten bereit war, fand – Sontag hat recht – auch ein Dichter wie Williams Gefallen an Schubkarren, verfaulenden Äpfeln, vorbeifahrenden Feuerwehrautos und kalten Pflaumen; und dass Charles Simic eine hinreißende Hommage an den Mit-New Yorker Joseph Cornell verfasst hat, der ein Leben lang durch die *avenues* und *alleys* spazierte und die gefundenen Objekte in seinen bizarren, magischen Guck- und Kunstkästen arrangierte, ist kein Zufall: »Der Grund dafür, dass Fotos in meiner Erinnerung lebendig sind, liegt darin, dass die Stadt, die ich weiterhin durchstreife, nach wie vor voller visueller Herrlichkeiten ist«, so Charles Simic in dem Essay »The Life of Images«. »Jeder, der es so hält wie ich, ist schon dabei, imaginäre Schnappschüsse zu machen.« Alles – diese Sicht hatte sich schon eine Generation vor Simic durchgesetzt – ist es wert, ins Gedicht aufgenommen zu werden, egal wie trivial oder gehaltlos es dem Unbeteiligten scheinen mag, und nicht anders ist es in der Fotografie.

Dabei ist letztere, und darin liegt der Grund für den neidvoll-bewundernden Blick der Dichter, viel direkter, umstandsloser. Was auch der Fotograf aufzunehmen sich entschließt, ist, sobald der Auslöser betätigt wurde, »im Kasten« und unterscheidet sich dadurch nicht nur von Cornells mit weitaus mehr Geduld erstellten Kästen, sondern auch von jedem Gedicht, in das die Welt nur durch den Umweg über das abstrakte Medium Sprache hineinfindet. Das Gedicht geht somit zwangsläufig über das Visuelle hinaus, was es zwar an Unmittelbarkeit verlieren lässt, ihm aber weitere Möglichkeiten verschafft: So kann es vom Bild direkt in die Reflexion übergehen, wie Rilke es tut, es kann andere Sinneswahrnehmungen evozieren, wie bei Herbert; hinzu kommt auch, ob entfesselt oder gedämpft, die Musik, die immer in der Sprache schlummert. Man könnte sogar behaupten, dass Techniken, die der Fotografie sehr wohl zur Verfügung stehen, im einzelnen Foto trotzdem unnatürlich, ja geziert, geradezu unerlaubt wirken. Ich denke an die Überblendung zweier oder mehrerer Motive in einem Bild, wenn auch weniger an die zuvor erwähnten Geistererscheinungen, und auch nicht an Künstler wie Michael Wesely, der etwa die Baustellen des Potsdamer Platzes jahrelang Tag für Tag vom selben Punkt aus fotografierte, der im Grunde also einen Film auf die Fläche eines Einzelbildes reduziert und damit die Definition eines Fotos, in dem nicht nur ein Augenblick, sondern eine filmische Fülle von Augenblicken enthalten ist, regelrecht ad absurdum führt. Das ist staunenswert – aber wie viel natürlicher in der Wahl des Mittels wirkt im Kontext des Gedichts ein Bild von Jehuda Amichai, der in einem Porträt seiner Mutter zwei Ansichten übereinanderlegt: »Wie eine alte Windmühle« sei sie, »immer zwei Hände erhoben, gen Himmel zu schreien,/ und zwei gesenkt, um Brote zu schmieren.«

Ihrem scheinbar direkten Zugriff auf die Welt verdankt die Fotografie den Ruf, die Wahrheit zu zeigen, wahr zu sein – obschon sie, jeder weiß es, für die Lüge missbraucht werden kann. Dennoch: Platon hätte die Fotografen in seinem Staat willkommen geheißen, während er die Dichter, wie bekannt, lieber nicht einbürgern wollte. Dass sie lügen, wäre zu viel gesagt, aber ihre Schilderungen und Tableaus sind durch die Sprache nur mittelbar. Und vielleicht beharren sie sogar gern darauf, dass die Wahrheit sich eben nicht in einer Augenblicksaufnahme fassen lässt, dass dem »es ist« stets ein »es könnte aber auch anders sein« gegenübergestellt werden muss, dass man der Welt nur gerecht wird mit vollkommener Offenheit für alle Widersprüchlichkeiten und dem Bewusstsein, dass jedes Ding auch sein Gegenteil enthält. Das grundsätzlich bejahende, den Moment adelnde »Es ist!« der Fotografie erschien schon Benjamin bedenklich: »*Die Welt ist schön* – genau das ist ihre Devise. In ihr entlarvt sich die Haltung einer Photographie, die jede Konservenbüchse ins All montieren, aber nicht einen der menschlichen Zusammenhänge fassen kann, in denen sie auftritt«, schreibt er, und Susan Sontag knüpft hier Jahrzehnte später an, wenn sie die Hauptwirkung von fotografischen Werken in der »Ästhetisierung der Welt« sieht. Das mag als Urteil harsch erscheinen; doch wenn die Fotografie so außerordentlich beliebt, die Lyrik hingegen von zweifelhaftem Ruf ist, dann auch deswegen, weil sie sperriger, widerborstiger, schwerer zu konsumieren ist. Sie ist als Trophäe wie als Wandschmuck schier unbrauchbar, und wirklich: Noch kein Vorstandschef eines börsennotierten Unternehmens hat sich bislang vor einem gerahmten Gedicht ablichten lassen.

Charles Simic, der so gerne Fotograf wäre, zu unserem Glück jedoch Dichter wurde, befasst sich in einem seiner berühmtesten Gedichte mit dem Porträt; und ihn bewegt eben nicht jenes »es ist«, das uns die Unschuld in jedem Kind, selbst den späteren Schwerverbrechern und Massenmördern sehen lässt; nicht die vermeintliche Wahrheit des Moments, sondern die in ihm angelegten Möglichkeiten. »Babybilder berühmter Diktatoren« lautet der Titel des Gedichts in einer Übersetzung von Hans Magnus Enzensberger:

> Die Zeiten der Pferdebahn.
> Der Drehorgelmann mit seinem Affen.
> Damen mit Sonnenschirm. Kinder in Ruderbooten,
> aufgenommen vor einer Kulisse mit Sonnenuntergang.
> Auf dem Volksfest wo alle sich drängeln
> um das Kalb mit zwei Köpfen, die bärtige
> fette Frau, die den Tanz der Sieben Schleier tanzt.
>
> Und die große Hungersnot, die in Indien wütet ...
> Weiße Ratten ziehen eine Karte aus einem
>   Schuhkarton
> mit einer Prophezeiung, während Edison
> über der Glühlampe brütet und die erste
>   Nähmaschine,
> ein Modell, auf einem Leiterwagen
> zu einer weißumzäunten Vorstadtvilla gebracht wird,
>
> wo es immer kleine Kinder gibt, die vor der Kamera
> im Matrosenanzug posieren, draußen
> im Garten, in dem die Sträucher wuchern.

Liebliche kleine Schnauzen, die schüchtern
dem neuen Jahrhundert entgegengrinsen. Unschuldig.
Warum nicht? Sie gleichen den Stoffpuppen der Zeit
mit ihren pausbäckigen Porzellanköpfen,
die ihre langen Wimpern senken wenn man sie
    hinlegt.

In dieser ewigen Sommerdämmerung ist sogar
der Schatten des Stativs und des schwarzen Tuchs zu
    erkennen,
das ganz gewiß in der Brise flatterte.
Vermutlich blieben sie alle auf und blinzelten in die
    Sterne,
bis ihre Mütter und die älteren Schwestern sie ins Bett
    brachten,
während die Hündinnen draußen blieben,
reinrassig und schwanger mit Bluthunden.

Der ungewöhnliche Titel kündigt an, dass es nicht um ein einziges Porträt geht, sondern um mehrere – potenziell gar um alle, denn nicht einer der Diktatoren wird namentlich genannt, auch wenn aufgrund des alteuropäischen Hintergrunds Namen greifbar und der historische Fluchtpunkt durch die »Zeiten der Pferdebahn« und den »Drehorgelmann« eindeutig scheinen. Es ist nicht ein einzelnes Kind, das auftaucht, sondern es sind »sie alle«, und sie »gleichen den Stoffpuppen«; es gibt, so will es das Gedicht, »immer kleine Kinder« im Matrosenanzug. Schon die Verben der ersten beiden Strophen bringen Bewegung in den fotografischen Moment, die drängelnden Menschen, die tanzende Frau, die Karten, die von Ratten gezogen werden, später die wuchernden Sträucher, das flatternde Tuch des Fotografen – viele Zeit- und Tätigkeitswörter sind dies für

Babybilder, die sonst erstarrt in ihren Alben ruhen. Der Effekt wird noch gesteigert, wenn es heißt: »Vermutlich blieben sie alle auf und blinzelten in die Sterne«, denn damit wird aus einzelnen Bewegungen eine kontinuierliche; und man beachte, mit welcher Raffinesse am Ende der dritten Strophe der Übergang von den bereits verstörenden, aber auf einer Stelle verharrenden Bewegungen zum längeren Bewegungsbogen vollzogen wird: »Sie gleichen den Stoffpuppen der Zeit/ mit ihren pausbäckigen Porzellanköpfen,/ die ihre langen Wimpern senken wenn man sie hinlegt.« Die Möglichkeitsform (»wenn man sie hinlegt«) ändert nichts daran, dass der Leser die Bewegung im Geiste vollzieht und so vorbereitet wird auf die abschließende Strophe mit ihren Abläufen des Aufbleibens am Abend und des Ins-Bett-Bringens. Obwohl also diese letzte Strophe mit einer »ewigen Sommerdämmerung« beginnt, zieht alles andere, auch das astrologisch anmutende Blinzeln in die Sterne, eine Linie über die Gegenwart der Porträts hinaus in eine Zukunft, die im allerletzten, beunruhigenden Bild überdeutlich wird und im Wort »schwanger« anklingt, das mehr als jedes andere Zukunft in sich trägt, immer auf ein Geschehnis in der Zukunft verweist, auch wenn dies kein freudiges sein mag, dort, wo »die Hündinnen draußen blieben,/ reinrassig und schwanger mit Bluthunden«. Die eigentliche Zukunft des Gedichts mit seinen Fin-de-Siècle-Tableaus mag für uns heutige Leser eine ihrerseits historische sein. Aber indem das Gedicht mit seinem Präsens, seinen Bewegungen uns auf subtile Weise und mit allen Sinnen zu Zeitzeugen jenes vergangenen Augenblicks werden lässt, verlängert die Zeitlinie sich bis in unser eigenes Hier und Heute. Das abschließende Bild der Schwangerschaft wird nicht aufgelöst, das Gedicht erstarrt gleichsam in Erwartung des Zukünftigen – und lässt uns mit der Gewissheit in unserem eigentlichen Präsens zurück, dass die Diktatoren immer noch heranreifen und die Gewaltherrscher unserer eigenen Zukunft in diesem Augenblick, der ein glücklicher sein mag, in den Abendhimmel blinzeln. Und wir begreifen, warum im Titel kein Singular denkbar war, es »immer« Kinder im Matrosenanzug gibt. Im Grunde demonstriert Simic hier die Vorzüge der Dichtkunst, jedenfalls dann, wenn sie von Meistern wie ihm betrieben wird; und was er über Fotos sagt, gilt erst recht für sein eigenes Gedicht: »Ein Foto wie dieses, wo die Zeit angehalten wird über eine ganz gewöhnlichen Szene voller Andeutungen, hat Teil an der Zukunft.«

Mehrfach und ganz genau hinzusehen – dazu laden uns die großen Fotos und die großen Gedichte ein, und für beide waren Beobachtungskünstler und Begünstigte nötig, die den glücklichen Augenblick zu nutzen wussten und ahnten, welches Motiv die Wahl rechtfertigen würde. Ein Foto ist laut John Berger auch Ergebnis der Entscheidung, genau dieses Geschehnis, dieses Objekt anzusehen und nicht ein anderes. Würde ausnahmslos alles, was existiert und vonstattengeht, fotografiert, ließe dies sämtliche Fotos bedeutungslos werden. Und wenn es so scheint, dass nichts vor all den Objektiven, Bildschirmen und allgegenwärtigen Smartphones sicher ist, könnten zwei Zeilen aus Lars Gustafssons Gedicht »Schneefall« Gleichmut schenken, beinahe Glück: »Fast alles, was geschieht/ wird von niemandem gesehen«. Dies ist ein wahrhaft beruhigender Gedanke, für die Liebhaber der Lyrik wie für jene der Fotografie.

Rosenknospen und Kamelknochen

Fünf Mondpostkarten aus dem Iran

I

Sämtliche Feinbäcker Persiens müssen sich ohne Unterlass in einem beglückenden Rauschzustand befinden – anders ist es gar nicht zu erklären, dass die Torten in den Auslagen der Konditoreien und Cafés von einer fast jenseitigen Farbenpracht sind, dass der Betrachter vor der Vitrine sich schier entrückt wähnt angesichts der glänzenden Flächen aus Zuckerguss, bald in die Knie geht vorm Gleißen der Glasuren: Hahnenkammrot und Stieglitzgelb, das Grün von der Art der Pfeilgiftfrösche, ein Blau mit der Tiefe des Atlantiks samt tobenden Merenguekronen darauf; hier ein verschnörkelter Gruß zur Hochzeit, dort ein kalorienreicher Geburtstagsjubel in Schönschrift. Wirklich, man muss sich die Bäckermeister vorstellen, wie sie Ghaselen singend in ihren Schüsseln rühren, Derwischen gleich verzückt um Blätter- und Mürbeteig wirbeln, um ihren hungrigen, cremelippenleckenden Kunden Tag für Tag nicht weniger als dies zu bieten, eine wahre Offenbarung von Torten. Dabei sind es ja nicht nur die Teigwaren, nicht nur die Kuchen oder das von Honig triefende Kleinstgebäck aus Pistazien, die vor Üppigkeit bersten (und bersten lassen), der Kult der überirdischen Süße wird auch in den zahllosen Nussgeschäften zelebriert, erst recht dort, wo der köstlich klebrige Gaz aus Eischnee, Tamariskensaft und Rosenwasser im Angebot ist, also überall; und auch dort, wo glänzende Kandiskolben mit Safranintarsien zum Rühren im Teeglas gereicht werden oder

Aufgebrühtes aus Kuhzungenblüten, getrockneten Rosenknospen, abgestimmt mit Zimt und Kardamom, rasch durch ein akrobatisch zwischen die Lippen geklemmtes Stück Würfelzucker gesogen wird, während auf den Tellern daneben getrocknete Pfirsiche und Mandeln, Mispeln und Maulbeeren, Datteln, Feigen, Trauben darum betteln, verzehrt zu werden. Es ist ein gewaltiger, unsichtbarer Zuckerstrom, der sich quer durch das gesamte Land zu schieben scheint – das bemerkenswerterweise zugleich jenes Land ist, dessen Regierung einen wirklichen Fluss einfach so verschwinden lassen kann. Trug ein Dammbau vor vielen Jahrzehnten zum Unglück bei? War es mangelhafte Expertise oder vielmehr die Tatsache, dass mächtige Großgrundbesitzer am Oberlauf ihre Felder zu bewässern verlangten? Wurde das Wasser wirklich, wie einem glaubhaft versichert wird, von willfährigen Politikern umgeleitet in die heilige Stadt Ghom, zum Wohlgefallen der Geistlichkeit? Der Zayandeh jedenfalls, der noch vor wenigen Jahren machtvoll durch Isfahan strömte, ist nichts mehr als ein Name, sein altes Flussbett hartgebacken und rissig. Die ehrwürdigen Brücken der Stadt, die Schahrestan-Brücke, die Marnan-Brücke, auch die Si-o-se Pol mit ihren dreiunddreißig einst leichthin übers Wasser steigenden, springenden Bögen, haben ihren ursprünglichen Sinn verloren, dürfen sich nicht länger spiegeln mit all ihrer meisterlichen Eleganz. Und auch nicht der Mond, der – raffiniert, kostbar wie eine Schatulle aus Kamelknochen – über Isfahan steht.

II

Schön und gut mag es sein, über die weltberühmte Juwelensammlung zu staunen, die tief im stählernen Bauch einer Bank verwahrt wird, über Smaragdkäferchen, den Pfauenthron aus Brillanten, einen Globus voller Rubine; aber was ist das dortige Prunkstück, jener ungeschnittene Diamant, der rosafarbene *Sea of Light*, gegen das ewige, verführerische Funkeln der Buchläden in der Revolutionsstraße? Diese Schatzkammern findest du gleich jenseits des kleinen Wagens mit Gehsteigdelikatessen für die Hand des geneigten Flaneurs, dicken Bohnen und Rote-Bete-Knollen, gekocht und glasiert, riesig, aufgespießten Rinderherzen gleich. Tausende Glühbirnen, wandernde Leuchtschriften, Schilder aus Neon glitzern, blinken, blitzen und werben um die Gunst all der geblendeten Bibliophilen. Hierher!, rufen die Dioden, und wüsste man es nicht besser, man wähnte sich in einem Amüsierviertel, ein Eindruck, der sich verstärkt, bis dem Auf- und Absteigen auf den Treppen, dem Öffnen der Türen etwas beinahe Verruchtes anhaftet (die Stimmen der Ausrufer auf der Straße, die unter der Hand Haus- und Doktorarbeiten anbieten, werden leiser, auch die Offerten der Straßenhändler, die mitunter Verfemtes im Sortiment haben, etwa *Die blinde Eule* von Sadegh Hedayat), doch im Laden selbst bringt die Schale mit würzigen Räucherwaren dich rasch wieder zur Besinnung, sodass du in den schweren Prunkausgaben von Saadi, von Firdausis *Buch der Könige* blättern kannst. Fast so labyrinthisch erscheinen dir die Passagen der Buchgeschäfte wie der Teheraner Basar, wo du am Vormittag beinahe dein Leben gelassen hättest, um ein Haar unter den Karren mit schweren, aufgerollten, als Pyramide aufragenden Perserteppichen geraten wärest, den ein schwitzender schmaler Mann mit bloßen Händen, zielstrebig, mit verblüffender Wendigkeit, um eine Ecke zog. Gut also, nachts noch die Ruhe und die vom Verkehrsstaub befreite, kühlere Luft zu atmen und dabei in einem ganz anderen Viertel, das schon bar jeder Betriebsamkeit ist, die Schaufenster zu betrachten, dabei zu bemerken, dass jede Straße einem einzigen Bedürfnis, nur einem Geschäftsfeld gewidmet ist: Hier schlenderst du durch jenes für Damenmode, in deren Arrangements die Mannequins kopflos sind, wo somit die Frage, ob leblose Vorführpuppen mit Haar, Glatze oder Kopftuch zu präsentieren wären, obsolet wird. Um die Ecke gelangst du in die Gasse der Schminke, gleich danach in die der Perücken und der falschen, gleichwohl prachtvollen Bärte. Und plötzlich stehst du da, mitten auf dem nächtlichen Boulevard der Lampenläden, die sich aneinanderreihen und in denen sämtliche Kronleuchter, Deckenstrahler, Nachtlichter und Leuchtkugeln mit höchster Wattzahl brennen, auch ohne Kundschaft, nur für dich, den einsamen Betrachter, derart hell und weiß und erbarmungslos, dass kaum ein Schatten auf der Straße verbleibt, eine Operation am offenen Herzen gleich hier auf dem Asphalt ohne jede Komplikation gelingen müsste. Die schönste Lampe aber wird in eben jenem Moment angeknipst, hoch über dir, als du um die nächste Ecke und somit zurück ins Dunkel trittst.

III

Es gibt eine Fußgängerbrücke in Teheran, die über eine der tosenden, qualmenden Ausfallachsen hinweghilft (während im Norden, weit hinter der Stadt und jenseits der Valiasr-Straße, die imposanten Berge klar konturiert ins Abendlicht ragen und damit von einer erfreulich niedrigen Abgasdichte zeugen), eine Fußgängerbrücke mit steilen Betontreppen und von unten nicht einsehbaren Wänden mit genug Fläche, um ein seltsames, Katz-und-Maus-haftes Ritual zu ermöglichen: Denn jeden Morgen entdecken die müde zur Arbeit strebenden Passanten hier auf der Brücke ein neues Bild, einen neuen Slogan mit beißender Kritik am Staat, das heimliche, nächtliche, soeben erst getrocknete Werk eines Graffitikünstlers, der mit dem *nom de guerre* »Schwarze Hand« signiert, wohl wissend, dass auch sein jüngstes Wandgemälde wie stets und spätestens am Nachmittag von Regierungsbediensteten überstrichen werden wird – die ihm eben damit die makellose Leinwand für das Bild der kommenden Nacht aufziehen, und immer so weiter, und immer so fort. Man möchte die fast spielerischen Qualitäten dieses Duells würdigen – wüsste man nicht vom berüchtigten Evin-Gefängnis und den furchtbaren Konsequenzen, die eine solche Hartnäckigkeit nach sich ziehen kann. Und doch: Sind nicht überall und Tag für Tag Signale, Gesten der Aufmüpfigkeit zu beobachten, die ahnen lassen, warum all die bärtigen Männer auf den riesigen Wandgemälden derart missvergnügt aussehen? Triumphieren nicht Lebenslust und Schönheitsstreben über die Versuche der Gängelung, über all die Schilder an Zäunen öffentlicher Gebäude und an Bushaltestellen, die zu sittlichem und gottesfürchtigem Verhalten ermahnen, beispielsweise darauf beharren, dass man nicht sarkastisch sein und seine Mitmenschen nicht mit Schmähnamen beleidigen solle? Ich denke an das kleine Eckcafé, in dem eben noch Hip-Hop mit aufwiegelnden Botschaften lief, der erst in jenem Moment von unverfänglicher traditioneller Musik abgelöst wurde, als weitere, nicht auf den ersten Blick als Fremde auszumachende Gäste den Raum betraten; an die Kopftücher, die eher die Schulterblätter als das Haupthaar bedecken und wie aus Versehen Zentimeter um Zentimeter tiefer rutschen; daran, wie ein Ortskundiger darauf bestand, die gesuchte Sehenswürdigkeit nicht als Imamplatz, sondern als Schahplatz zu bezeichnen; und an die Taxifahrer, die ihren Musikanlagen melancholische iranische Chansons aus den Sechzigerjahren entlocken und so die Luft einer längst vergangenen Epoche zwischen ihren vier Türen konservieren. Die nächste Revolution, wenn sie denn komme, sagt der Freund, werde zweifellos von den Taxifahrern ausgehen. Auch von ihm also, den wir am Straßenrand sehen, der den Motor laufen lässt, die Haube öffnet, um seinen Eintopf mit Linsen und Auberginen oder, wer weiß, Huhn mit Walnüssen und Granatapfelkernen über all den Aggregaten, Zylindern, Ventilen aufzuwärmen und hernach in aller Ruhe zu verspeisen, während um ihn herum ohrenbetäubend gehupt und geheult wird? Und schließlich denke ich an die Fahrt im Überlandbus, als, irgendwo in der Salzwüste nahe der Stadt Ghom (während draußen eine Kamelherde am Straßenrand ruhte und die Melonenverkäufer nachdenklich ihre Früchte tätschelten; während die Lehmkuppelbauten vorüberglitten und die Farbschichten der Berge an die gewaltigen Gewürzaufschüttungen aus Kurkuma, Paprika, Kumin auf den Märkten erinnerten; während drinnen im Bus Sonnenblumenkerne herumgereicht wurden und auf dem Bildschirm des Bordfernsehers die leidend guckende Schöne in jeder Szene ein neues exquisites Kopftuch aus dem Nichts herbeizauberte), ein paar Reihen hinter uns aus dem Tuscheln der zwei jungen Frauen ein Schwatzen, ein Schnattern, und aus dem verhaltenen Kichern ein herrliches, nicht länger zu ignorierendes Prusten wurde, bis der streng aussehende Herr mit der Gebetskette es nicht länger aushielt, sich umdrehte und zu einer Wutrede gegen die Unmoral anhob, bald unterstützt vom Busfahrer, der mitten in der Wüste zu halten drohte, gleich hier und jetzt – nur mit dem Resultat, dass eine der Freundinnen aufstand und, das Mobiltelefon am Ohr und die

Herren ignorierend, durch den schmalen Gang des Busses auf- und ab marschierte, lauthals und für jeden Passagier gut vernehmbar mit der Busgesellschaft zu telefonieren begann, sich über die stickige Luft beschwerte, die ausgefallene Klimaanlage, die Unpünktlichkeit des Unternehmens, die eine Frechheit sei; und wo man gerade miteinander plaudere: der Fahrer sei das unverschämteste Individuum, das ihr jemals untergekommen sei, sein Verhalten zahlenden Kunden und insbesondere ehrbaren Damen gegenüber sei empörend, eine Zumutung, eine Schande nicht nur für die Busgesellschaft, sondern vielmehr für das gesamte Land, für die stolze islamische Republik Iran, wie es denn angehen könne, dass man den guten Ruf eines bislang überaus geschätzten Unternehmens mit Angestellten ohne jede Manieren aufs Spiel setze – bis der schlagartig verstummte Fahrer derart geschrumpft war, dass er als Glücksbringer von seinem eigenen Rückspiegel hätte baumeln können, in dem just in diesem Augenblick, erlösend fast, ein früher Mond von der Wüste her hereinrollte.

IV

Dreitausend offiziell anerkannte Dichter gebe es im Iran, soll man das glauben? Wahrscheinlicher erscheint doch jene andere Zahl, vom Freund genannt, der von drei Millionen Dichtern ausgeht. Immerhin kann wirklich ausnahmslos jeder, dessen Bekanntschaft man macht, ein paar Zeilen aus Hafis' *Diwan* zitieren, meistens weit mehr, ganze Ghaselen, dutzende Ghaselen, sodass es dem Freund fast zu viel wurde, als er mit Bekannten ans Kaspische Meer fuhr und bei jeder Palme, jedem Gebäude, jedem Kamel passende Verse des Meisters aus Schiras zu Gehör gebracht wurden. Die Enttäuschung darüber, dass der persische Abschiedsgruß »khoda hafez« keineswegs mit dem Dichter zu tun hat, sich schlicht mit »Möge Gott dein Begleiter sein« übersetzen lässt, klingt gerade erst ab, doch ist der anfängliche Neid dessen, der weiß, dass im eigenen Land eine allgemein gebräuchliche Wendung wie »Hölderlin sei mit dir« undenkbar wäre, auch jetzt noch spürbar – denn auszuschließen wäre es hier doch wohl nicht ganz, wo Frischverheiratete, ganze Reisegruppen ans Grab des Poeten pilgern, dessen Werk nach so vielen Jahrhunderten alles andere als tot ist. Obwohl er in einer gänzlich anderen Zeit, ja einer anderen Welt lebte, wird er als Kommentator heutiger Verhältnisse geschätzt und zitiert. Dabei hilft der Umstand, dass Hafis jener Dichter ist, dessen Werk allzu berühmt, zu sehr Teil der iranischen Identität ist, als dass es jemals den Zensoren zum Opfer fallen könnte – so darf also ein um 1390 gestorbener Dichter als so scharfsinniger wie lyrischer Zeitgenosse über aktuelle Entwicklungen urteilen und spotten. Auch bei den Lesungen und öffentlichen Diskussionen aber ist zu bemerken, welchen Stellenwert die Dichtkunst hierzulande hat, wenn bei Tee und Keksen über Francis Ponge, Weltpoesie, über Literatur und Gesellschaft debattiert wird, wenn man unter der strengen Aufsicht gleich zweier überlebensgroßer Ajatollahs über die metaphysischen Aspekte der Lyrik nachdenkt. Die zierliche ältere Dame, die nach einer Veranstaltung das Gespräch sucht, dankt mir auf Englisch dafür, dass Deutschland ihren Eltern, die niemals in den Iran zurückkehren konnten, Zuflucht gewährt hat, wofür ich, entgegne ich, wirklich keinen Dank entgegennehmen dürfe, ihren Eltern, die sie, sagt sie, fünfzig Jahre lang in Leipzig und Berlin besucht habe, gemeinsam mit ihrer eigenen Tochter; und sie fragt, ob ich in England gelebt habe, merkt an, als ich von meiner Zeit nicht in England, sondern in Irland berichte, dass ich ein durch und durch britisches Englisch spräche, was mitunter, erwidere ich, genau das Problem in Irland gewesen sei, woraufhin sie ein entzückendes Lachen teilt und mich fragt, ob ich diesen Mann oder diese Frau in Berlin oder Leipzig kenne, ob mir dieses Haus in Leipzig vertraut sei, ich jenes Ereignis in Berlin miterlebt habe, und ich muss verneinen und gestehen, dass sie während ihrer sporadischen Besuche ganz offenbar viel mehr von Deutschland gesehen hat als ich, der ich dort lebe, sodass sie abermals lacht, mir dann die Hand auf den Arm legt und ausruft: »But you are young, you are young!« Doch, es muss einen jedes Alltagsgeschäft, jeden Aspekt des Lebens durchdringenden Sinn für Poesie geben, zumal in einem Land, in dem ein und dasselbe Wort, das Wort *tacht*, zweierlei bezeichnen kann, einen Thron, aber auch ein Bett; und tatsächlich ähneln ja die alten Throne der Schahs, die man in den Museen und in den Palästen bewundern kann, eher Liege- als Sitzgelegenheiten. Es kann nicht ohne freundliche Wirkung auf den Charakter einer Kultur sein, wenn die Macht des Herrschers und die Ohnmacht des selig Schlummernden zu solcher Nähe finden, das Reich von Schlaf und Traum sämtlichen weltlichen Reichen gleichberechtigt an die Seite gestellt wird, wo also der Machthaber träumen darf – oder aber seinen verdienten Albträumen überlassen wird, mal unter einem schwarz verhangenen Himmel, mal unterm Mond, der im Persischen *māh* heißt und seinen Namen mit nichts und niemandem teilen muss.

V

Gerade erst haben wir im iranischen Nationalmuseum die herrlichen Stücke aus Persepolis bewundert, die Statuen von Xerxes I., die von glänzendem schwarzem Stein für einen Augenblick gezähmten Löwen, die fein gearbeiteten Miniaturen und die Tafeln mit altpersischen Inschriften, dazu Gefäße in Geiergestalt, Marmorschalen, jenen Doppelstier auf seiner Säule – da trifft es sich, dass wir uns am folgenden Nachmittag, im Propellerflugzeug Richtung Isfahan, inmitten des FC Persepolis wiederfinden, der mit der ganzen Mannschaft samt Trainer und Begleitern auf dem Rückweg von einem Turnier ist. Und wir kommen nicht umhin zu bemerken, dass ausnahmslos jeder der Fußballer in seinem ballonseidenen Trainingsanzug eine geradezu überwältigende Ähnlichkeit mit dem imposanten steinernen Xerxes des Nationalmuseums hat, von der Statur und der Haltung bis hin zu den Gesichtszügen. Man kann nur hoffen, dass keiner der Spieler der doppelseitigen Hochglanzanzeige im Bordmagazin auf den Leim geht, die Schönheitsoperationen und insbesondere das rückstandslose Glätten und Einebnen aller herrlichen Xerxeshöcker verspricht. (Hat man denn nicht wirklich immer wieder junge Menschen mit auffälligen Hämatomen links und rechts der Nasenflügel gesehen, den Motorrollerfahrer mit Mull im Gesicht, die Verkäuferin, die Bankangestellte, die Lehrerin mit einem Pflaster quer über einem allzu makellos geformten Nasenrücken?) Die Wüste bei Isfahan leuchtet in der Abenddämmerung, am Terminal mühen wir uns durch die singende, hingebungsvoll jubelnde Fantraube des FC Persepolis, die ihre heimkehrenden Hünen begrüßt. Unirdischer in ihrer Schönheit sind die prachtvollen Moscheen, die weniger gemauert denn aus Ziegeln geflochten scheinen. Jedes der Gewölbe der

Freitagsmoschee im Säulenwald hinterm Nordayvan präsentiert sich anders, mal als Ziegelstrudel, mal in Schachbrettform, hier Schuppen oder Kiefernnadeln, dort Spinnweben ähnelnd, die man morgens an einem Hagebuttenstrauch findet. Die Kacheln, die von all den Blumen, den Ranken, den Vögeln nur so schwirren, die leuchtenden blauweißen Surenmosaike und die Echospiele im Hauptgewölbe der Imam-Moschee, die Lotfollah-Moschee mit ihrer hohen Kuppel aus Pfauenfedern, all das lässt einen in Gedanken die Baumeister preisen – wie auch die alten Brücken Isfahans, unter denen wir am letzten Tag, in aller Frühe, melancholisch und mit etwas Staub im Gesicht durch das schuppige, verratene Flussbett schlendern, um kurz nach Sonnenaufgang zurückzukehren in die Stadt. Dort, in einer ansonsten noch im Schlaf versunkenen Seitenstraße, sehen wir es – das junge Paar mit dem antiquierten Wagen, dessen Motor immer wieder stotternd versagt. Er, prophetenbärtig, der an der geöffneten Fahrertür schiebt, bereit mit einem Satz den Zündschlüssel zu drehen, sie im Tschador, die dem Gefährt von hinten auf die Sprünge zu helfen versucht, freilich ohne Erfolg und zunehmend verzweifelt. Sodass wir gar nicht anders können, als uns an ihre Seite zu begeben, wir alle gemeinsam erneut den unwilligen Blechhaufen die Straße entlangschieben, der Gatte vorne, wir anderen am Heck, es einmal versuchen, ergebnislos, dann einen zweiten Anlauf nehmen, vergeblich, uns mit aller Kraft, die der neue Tag uns schenkt, ein drittes Mal gegen das Auto stemmen und drücken und zu rennen beginnen, die Straße hinab, und plötzlich geschieht das Wunder, der Motor springt freudig glucksend an und der junge Mann hinein auf den Fahrersitz, und »Welcome«, sagt seine Frau im nachtschwarzen Tschador und mit pfeifenden Lungen zu uns, »Welcome«, und keucht und ringt um Atem, um ihren Satz endlich zu Ende bringen zu können, während ein Rest von Mond in die Vormittagshitze schmilzt, lacht und hustet, holt Luft, strahlt uns an: »Welcome to Isfahan.«

Wuddwudd, hupphupp, upupup

Kleine west-östliche Vogelschau

Welch ein Lärm flutet zu uns herauf aus den Jahrhunderten, ohrenbetäubend, schier unerträglich, ein gewaltiges Dröhnen, ein Rauschen und Kreischen aus den Bibliotheken und den Lesesälen, aus Druckerpressen und Verlagen, aus Antiquariaten und von sämtlichen Bücherregalen der Welt, ein Lärm, der in die Gehörgänge drängt, dem sich nicht entrinnen lässt? Es sind, ach, die Nachtigallen, die es sich im Astwerk der Literaturgeschichte bequem gemacht haben, die unscheinbar, aber unüberhörbar im Gedichtedickicht hocken, in all den Anthologien und Lyrikbänden nisten und seit Menschen- und Dichtergedenken jubilieren, längst nicht nur bei Grimmelshausen und Shakespeare, bei Brockes, Hölty, Keats, Borges und Ringelnatz, bei Goethe, in dessen »Ganymed« die Nachtigall liebend »aus dem Nebeltal« ruft, sondern darüber hinaus in all den verlegten und nichtverlegten, vergessenen Zeilen ihrer Epigonen, in den Versen von Verliebten und Vermessenen, in den Schubladen und Poesiealben, hunderte, hunderttausende, ganze Legionen von Nachtigallen in Ost und West, Nord wie Süd. Dabei lässt sich gegen den Gesang einiger weniger Exemplare nichts einwenden, erst recht nicht, wenn sie von einem Meister wie Hafis in Szene gesetzt werden, in dessen Werk sie ein so vertrauter Anblick sind wie Spatzen in Berliner Straßencafés. Und nein, man kann und will sich der Schönheit des Motivs nicht entziehen, auch nicht in den deutschen Nachdichtungen Joseph von Hammer-Purgstalls, der anmerkt, dass Bülbül, die persische Nachtigall, »ein von der unsrigen durch Gestalt, Farbe und Gesang verschiedener Vogel« sei, »dessen Liebe mit der Rose die schönste Mythe der persischen Dichtkunst ist«, und dass neben Bülbül auch Hasar, eine andere Nachtigallenart, in den Versen Hafis' vorkomme. »In dem Genuß der Rose/ Erfreue dich o Nachtigall!/ Denn mit verliebten Klagen/ Erfüllest du allein die Flur«, ruft Hafis also, und anderswo: »Klage, klage Bülbül, wenn du mein Freund bist,/ Wir sind beide verliebt, die Klage ziemt uns.« Und auch der Wein fließt so üppig, dass alle Einwände gegen die invasive, nachgerade terroristische Neigung der Nachtigall zu vergehen drohen. Und dennoch: Vielleicht wäre es gerade angesichts des rapiden Abschmelzens des Reichtums unserer irdischen Fauna an der Zeit, ein literarisches Artensterben einzuleiten, also, sagen wir, lieber über das Hirtentäschel zu dichten statt über die Rose, die Heckenbraunelle der Nachtigall vorzuziehen.

Zum Glück flattern bei Hafis eine Reihe weiterer Vögel in die Zeilen – Falken, Tauben, Rebhühner erscheinen, der Pfau, der Rabe, die Krähe, auch der Papagei, dem drei prachtvolle Stellen gewidmet sind: »Ha! o Papagey, der von der Liebe Geheimnissen schwätzet,/ Nie fehl's deinem Schnabel an Zucker!/ Immer grüne dein Haupt und immer sey fröhlichen Herzens«. Nicht zuletzt ist es der Wiedehopf, dem ein paar Mal unter seinem Namen »Hudhud« aufzutreten gestattet wird und der, wie anderswo in der Tradition, als Liebeskurier zwischen König Salomo und der Königin von Saba wirkt: »Morgenwind, o Hudhud!«, hören wir in einer Ghasele, »nach Saba will ich dich schicken/ Siehe *woher* und *wohin* wir dich schicken!/ Schad' ists, daß ein Vogel wie du in Wüsten des Grams lebt,/ Laß dich ins Netz der Beständigkeit schicken«.

Nun versteht es sich von selbst, dass Goethe in seinem *West-östlichen Divan* nicht auf die Hafis'sche Nachtigall verzichtet, nicht auf sie verzichten kann, so wenig wie auf den

Wein und die Rose: »Ist's möglich, daß ich Liebchen dich kose,/ Vernehme der göttlichen Stimme Schall!/ Unmöglich scheint immer die Rose,/ Unbegreiflich die Nachtigall«, heißt es im »Buch Suleika«, und auch im Schenkenbuch und im Buch der Parabeln hat der klassische Poetenvogel seine Auftritte, »tönet Bulbul ganze Nächte«, wenngleich der Gesang, verglichen mit Hafis, bei Goethe deutlich gedrosselt ist. Und täuscht es – oder ist es nicht doch der Wiedehopf, der es Goethe in Wahrheit angetan hat? Im Gesamtwerk jenseits des *Divan* taucht der Wiedehopf nur in Goethes Übersetzung der Komödie *Die Vögel* des Aristophanes auf. Auch in der publizierten Fassung des *Divan* widmet sich nur ein Gedicht dem »Hudhud«, doch finden sich im Nachlass, angeregt durch die Beschäftigung mit Hafis, mehr noch aber durch die Begegnung mit Marianne von Willemer, gleich fünf Wiedehopfgedichte, die allesamt Briefen an die Bankiersgattin beigelegt waren und so in idealer Weise dem Kurierdasein des Vogels Rechnung tragen: Einmal erscheint er als »einladender Bote«, erbittet einen Gruß und flicht mit der Frage »Aber ist denn Bagdad so weit?« ein Echo aus dem *Divan* ein, der uns ja lehrt, dass Bagdad für Liebende nie zu weit sei. Ein anderes Nachlassgedicht präsentiert den Wiedehopf »auf dem Palmensteckchen«, dann wiederum darf er eine geheimnisvolle Stelle erläutern oder aber ein Weihnachtsgeschenk erbitten, und zwar in Form eines Rätselgedichts, einen Kamm, samt einer Haarlocke der Absenderin – und abermals wäre kein Bote geeigneter als der Wiedehopf, der ja, das Gedicht muss diesen schönen Kunstgriff gar nicht ausführen, die Lösung bereits auf dem Kopf trägt in Form seines berühmten Kamms aus Federn. Natürlich spielt dieser auch in dem einen Gedicht eine Rolle, das der *Divan* im »Buch der Liebe«, wo sonst, dem Vogel widmet; es trägt den Titel »Gruß«, greift den alten Botenmythos auf und lässt zugleich, scheint mir, die Zuneigung spüren, die Goethe dem Wiedehopf entgegenbringt: »O wie selig ward mir!/ Im Lande wandl' ich,/ Wo Hudhud über den Weg läuft./ Des alten Meeres Muscheln/ Im Stein sucht' ich die versteinten;/ Hudhud lief einher,/ Die Krone entfaltend;/ Stolzierte, neckischer Art,/ Über das Tote scherzend,/ Der Lebend'ge./ ›Hudhud‹, sagt' ich, ›fürwahr!/ Ein schöner Vogel bist du./ Eile doch, Wiedehopf!/ Eile, der Geliebten/ Zu verkünden, daß ich ihr/ Ewig angehöre./ Hast du doch auch/ Zwischen Salomo/ Und Sabas Königin/ Ehemals den Kuppler gemacht!« Auch wenn im Gedicht »Begünstigte Tiere« kein einziger Vogel auftaucht, nicht einmal die Nachtigall, nur Esel, Wolf, Hündlein und des Abuherriras Katze – der Wiedehopf hat offenkundig Goethes Fantasie gereizt.

Ausgerechnet den Wiedehopf, diesen langschnäbeligen, rötlich grauen Vogel mit weißen Flügel- und Schwanzbinden, der offene und lichte Wälder schätzt, als poetischen Wappenvogel zu wählen, mag als merkwürdige, ja heikle Idee erscheinen. Zwar galt er den Ägyptern als heilig und den Persern als Symbol für Kühnheit, doch in der deutschen Literatur wird der Wiedehopf kaum auffällig, wenn man von einer Erwähnung bei Muskatblüt und bei Harsdörffer sowie einem späteren Kurzauftritt bei Heine absieht; und die Zuschreibungen, die man etwa im Wörterbuch der Grimms finden kann, sind alles andere als schmeichelhaft: »Verwechslungen mit anderen heimischen Vogelarten«, schreiben die Grimms, »sind wegen des fächerartigen Schopfes, den das Tier trägt, des charakteristischen Paarungsrufes *hupup, hupupup* sowie insbesondere wegen des unangenehmen Geruches, den das stinkende Sekret der Bürzeldrüse sowie die starke Nestunsauberkeit hervorrufen, kaum möglich.« Weshalb der Wiedehopf, fahren die Brüder fort, auch Dreckhahn, Kothahn, Stänker und Stinkhahn genannt werde, der Vogel bildlich für einen »eitlen, moralisch unsauberen Menschen« stehen müsse; die Redensart »stinken wie ein Wiedehopf« und das Sprichwort »Der Wiedehopf scheißt in sein eigenes Nest« schließlich sprechen für sich selbst. Da hilft es nicht, dass der Wiedehopf bei Aristophanes früher ein Mann war, den seine Mitmenschen so schlecht behandelten, dass er sich in einen Wiedehopf verwandelte und als solcher zum König der Vögel wurde. Selbst die Tatsache, dass der Schnabel dieses Einzelgängers einer Schreibfeder gleicht und er mit Vorliebe in Weinbergen nistet, hat ihn der großen Mehrheit der Dichter nicht nähergebracht. Er steht nicht für Poetisches – eher schon für Onomatopoetisches. Denn auch sein deutscher Name beschreibt weniger sein Verhalten, der doch eher geht als hüpft, sondern leitet sich von seinem Ruf ab, weshalb man ihn in der Pfalz noch »Wuddwudd« und im Norden »Hupphupp« nennt: Die Laute, die *Upupa epops* formt, klingen denn auch genau so, nach einem gehauchten, geflöteten *up-up-up*.

Nichts von all dem Genannten verleitet dazu, im Wiedehopf Goethes heimliches Dichtertier zu sehen, anderes sehr wohl. Die Sage etwa, dass der Wiedehopf, den Goethe in seinem »Gruß« mit den Attributen »neckisch« und »scherzend« bedacht hat, seine Krone vom Kuckuck oder der Schildkröte borge, überhaupt sein erstaunlicher, überaus beweglicher Federkamm, deuten darauf hin, dass er das Spiel mit Verkleidungen, das Maskenspiel liebt – ganz wie Goethe ja auch, der so wenig Hatem ist wie Marianne von Willemer Suleika, aus dieser Maske heraus jedoch, ja, vielleicht nur dank dieser Maske und der Lust am Gestaltwechsel, vollkommen überzeugend und daher wahrhaftig spricht, selbst da, wo jedes Glied des *Divan*, wie er an Zelter schreibt, »so innig orientalisch ist«, weil es doch zugleich ganz seinem Innern entstammt. Denken wir ferner daran, dass der Wiedehopf zwar fliegt, gaukelnd wie die

Schmetterlinge, dass er dabei aber meist in Bodennähe bleibt, also im Flug stets beides vor Augen hat, die Luft und den Lehm, so kommen unweigerlich Goethes Sätze aus den »Noten und Abhandlungen zu besserem Verständnis des westöstlichen Divans« in den Sinn, in denen er ein in der Tat herrliches Gedicht von Nisami lobt: »Ferne kostet's dem orientalischen Dichter nichts, uns von der Erde in den Himmel zu erheben und von da wieder herunterzustürzen oder umgekehrt. Dem Aas eines faulenden Hundes versteht Nisami eine sittliche Betrachtung abzulocken, die uns in Erstaunen setzt und erbaut.«

Auch Goethe selbst ist sich ja nie zu fein für das Derbe, Erdnahe, für die Zote, für das, kurz gesagt, vermeintlich Gewöhnliche, und so haben im *Divan* Schenke und Wein genauso ihren Platz wie das »Stöhnen der Kamele« und anderes, das ja, hat es erst ins gelungene Gedicht gefunden, an Gewöhnlichkeit verliert, wie Goethe ausführt: »Der geistreiche Mensch, nicht zufrieden mit dem, was man ihm darstellt, betrachtet alles, was sich den Sinnen darbietet, als eine Vermummung, wohinter ein höheres geistiges Leben sich schalkhaft-eigensinnig versteckt, um uns anzuziehen und in edlere Regionen aufzulocken.« Die hudhudsche Kunst, zu fliegen, ohne den Kontakt zur Erde zu verlieren, wird es ja sein, die dazu führt, dass ein »echtes Lied«, wie Goethe in dem Gedicht »Elemente« schreibt, »Laien gern empfinden,/ Meister es mit Freuden hören«, es also für alle da ist. In seinem »Buch des Dichters«, so Goethe, »werden lebhafte Eindrücke mancher Gegenstände und Erscheinungen auf Sinnlichkeit und Gemüt enthusiastisch ausgedrückt« – eine schöne Definition, scheint mir, für die Lyrik an sich. Und es gilt ja, nebenbei gesagt, auch heute noch, was Goethe über Hafis äußert, dass ihn nämlich »Kamel- und Maultiertreiber fortsingen«, nur dass es heute die erstaunlichen Taxifahrer von Teheran sind, die in der Mittagspause die

Haube öffnen und ihren Linseneintopf auf dem laufenden Motor aufwärmen – sie und alle übrigen Iraner, denen zu jeder Situation, zu jedem Gegenstand ein Gedicht von Hafis einfällt, den sie selbstverständlich auswendig kennen. Und wenn Goethe in den »Noten« sagt, »daß er sich im Sittlichen und Ästhetischen Verständlichkeit zur ersten Pflicht gemacht, daher er sich denn auch der schlichtesten Sprache, in dem leichtesten, faßlichsten Silbenmaße seiner Mundart befleißigt«, so zeigt dies, dass die Sorge ums gesamte Publikum, ohne sich deshalb in Niederungen zu verirren, beide auszeichnet, Hafis wie Goethe; und vielleicht begeisterte Goethe gerade diese Verwandtschaft, immerhin lobt er Hafis für »die reine Überzeugung, daß man den Menschen nur alsdann behagt, wenn man ihnen vorsingt, was sie gern, leicht und bequem hören, wobei man ihnen denn auch etwas Schweres, Schwieriges, Unwillkommenes gelegentlich mit unterschieben darf«.

Erinnern wir uns zuletzt daran, dass der Wiedehopf in den Lexika als Exot unter den heimischen Vögeln bezeichnet wird, er also gleichzeitig exotisch *und* heimisch ist, so harmoniert dies mit Goethes Vermögen, im Fremden das Eigene zu finden oder umgekehrt: »Am Liebsten aber«, gesteht er in den »Noten«, »wünschte der Verfasser vorstehender Gedichte als ein Reisender angesehen zu werden, dem es zum Lobe gereicht, wenn er sich der fremden Landesart mit Neigung bequemt, deren Sprachgebrauch sich anzueignen trachtet, Gesinnungen zu teilen, Sitten aufzunehmen versteht« – ein Absatz, den er in der Ankündigung zum *Divan* für das *Morgenblatt* wunderbar verknappt: »Der Dichter betrachtet sich als einen Reisenden. Schon ist er im Orient angelangt.« Und wirklich lässt sich ja derart umstandslos und geschwind reisen, wenn man auf Flugzeug und Bahn verzichtet und einen vollkommen emissionsfreien Gedichtband aufschlägt, der dennoch in die Ferne führt.

Dieses Teilen von Gesinnungen, dieses Verständnis für fremde Gebräuche, die uns näher sind, als wir meinen, führen zu Goethes Begriff von Weltliteratur und dem Glauben, dass es geradezu die Pflicht der Dichter sei, auf dieses Verständnis hinzuwirken – eine Überzeugung, die gewiss nicht an Aktualität verloren hat: »Sinnig zwischen beiden Welten/ Sich zu wiegen, lass' ich gelten;/ Also zwischen Ost- und Westen/ Sich bewegen, sei's zum Besten!« Ganz zu schweigen davon, dass die fremde Tradition die eigene Literatur bereichern wird, was Goethe nicht nur Hafis studieren, sondern ihn schon 1783 Beduinendichtungen übersetzen ließ, von chinesischen Gedichten und Lord Byrons *Manfred* abgesehen, lauter Literatur aus Ländern, in denen, mit Ausnahme Großbritanniens natürlich, auch der Wiedehopf heimisch ist, heimisch und exotisch. So lüpft er für uns seinen Turban, seine Baskenmütze, seine Melone.

Gedichte sind »Erzeugnisse, die den Gesetzen von Geschmack und Mode unterworfen sind. Dass der Garten der Musen von großen Stürmen verwüstet werden kann, ist mehr als wahrscheinlich – es ist sicher. Aber genauso sicher scheint mir, dass viel Gedrucktes und viele Gedichtbände der Zeit widerstehen werden. Etwas anderes ist es, wenn man das geistige Wiederaufleben eines alten dichterischen Textes, sein Wieder-aktuell-Werden, sein Sich-Öffnen gegenüber neuen Deutungen meint.« Das schreibt nicht Goethe, das sagt Eugenio Montale in seiner Nobelpreisrede, und für beides, das Widerständige wie auch die Offenheit für immer neue Lesarten und Deutungen, stehen Hafis und Goethe. Für die Neugier auf andere Literaturtraditionen steht auch Montale selbst, erst recht wenn es wahr ist, dass sein Gedichttitel »Xenia« sich der Goethelektüre verdankt und sogar der Titel eines seiner bekanntesten Bücher, *Occasioni*, sich von Goethes Begriff des »Gelegenheitsgedichts« herleitet. Sollte dies so sein, dann bin ich meinerseits fest überzeugt davon, dass auch eines meiner Lieblingsgedichte von Montale sich dem poetischen Kulturtransfer verdankt, einem Motivschmuggel von Hafis über Weimar bis nach Italien, wo Montale mit der Zeile »Upupa, ilare uccello calluniato/ dai poeti« anhebt:

> Wiedehopf, heiterer Vogel, von den Poeten zwar
> verleumdet, auf dem luftigen Gestänge
> des Hühnerhofes schwingst du deinen Schopf
> und drehst dich wie ein nachgemachter Hahn im
>   Winde.
> Bote des Frühlings, Wiedehopf, wie
> die Zeit für dich stillsteht,
> nie mehr ein Februar stirbt,
> und wie alles draußen sich neigt
> vor den Regungen deines Hauptes,
> geflügelter Schelm, und du weißt es nicht.

Der Wiedehopf, neckischer, scherzender Schelm, weiß es nicht, aber Montale weiß es, und auch wir wissen es, dank der Reisenden, dank Hafis und dank Goethe.

ephesusghasele

>»Und er lief, da war der Tore
>Wart' und Turn und alles anders.«
>*Goethe, West-östlicher Divan*

ein früher tod war ja erwartbar
bei einem kaiser, der so hart war
in glaubensfragen (maler stellen
ihn kalten blicks und stark behaart dar).
so waren sieben junge männer
im hals- und handumdrehen startklar
und auf der flucht, versteckten sich,
bevor die nacht zum tag geklart war,
in einer höhle – samt dem hund,
der in die sieben ganz vernarrt war.
dort schliefen sie. der kaiser ließ,
als fels um fels herangekarrt war,
das loch vermauern, doch sie schliefen,
woche um woche, quint- um quartjahr,
jahrhunderte, jahrhunderte,
so tief, dass schlaf mit tod gepaart war
oder so schien, und eine hand,
die ungeheuerlich, doch zart war,
drehte sie um im schlaf bei dem,
was höhlen- oder himmelfahrt war.
hungrig erwachten sie. kein fels mehr,
doch glaubten sie, was offenbart war,

sei nur der tag, sandten zur stadt
den jüngsten, der geschickt und smart war,
statt strafgericht den bäcker fand,
der überrascht und wie erstarrt war,
die freunde alarmierte – denn
der münze, lange aufgespart, war
ein toter kaiser eingraviert.
wer zweifelte? um ihn geschart war
die ganze stadt, bestaunte ihn,
der fern der zeit und doch apart war,
dessen geschlecht mit onkeln, enkeln
und ururenkeln längst verscharrt war,
nichts als ein staub, derweil er selbst
noch immer jung und ohne bart war,
sein eigner, letzter erbe, der
äonen alt, doch nicht bejahrt war.
so ließ man töpfe köcheln, zog,
bevor die hirse ganz gegart war,
von ephesus zur höhle, fand
ein volk von sieben, dem erspart war
zu sterben, fand mit ihm und ihm
und ihm und ihm und ihm und ihm,
was vorerst für die ewigkeit bewahrt war.

Vom Tau der reichen Sprache

Zu John Keats' lyrischer Märchenreise
Endymion

Das vielleicht berühmteste Langgedicht der romantischen Epoche in Großbritannien beginnt mit dem zartesten, dem verhaltensten Laut, den die englische Sprache zu bieten hat und der dennoch so charakteristisch für sie ist. »Schwa« heißt dieser Laut, und er wird im Internationalen Phonetischen Alphabet als kurioses, auf dem Kopf stehendes kleines »e« dargestellt, »ə«, als ein winziger, auf dem Rücken gelandeter Käfer, der nun hilflos daliegt und vergeblich versucht, wieder auf die Beine zu kommen. Man findet das Schwa, das ursprünglich aus dem Hebräischen stammt, in zahlreichen Sprachen, auch im Deutschen. Im Englischen begegnet es uns in Wörtern wie »harmony« und »about«, wo hier das »o« in der zweiten Silbe und dort das »a« am Anfang stimmlos und schwach ausgesprochen werden, fast wie ein leises Stöhnen, das in der Kehle hängen zu bleiben droht – und man findet es in dem unbestimmten Artikel »a«, mit dem John Keats seinen *Endymion* beginnen lässt: »A thing of beauty is a joy for ever«. Dieser Vers mit seinen perfekten fünf Hebungen ist berühmt; und so selbstgewiss seine Aussage scheinen mag, dass nichts, was schön ist, jemals vergehen könne – er beginnt doch fast unsicher mit diesem Hauch von Vokal, einem Seufzer oder Ächzen gleichsam, »ə«, als zögere Keats, sich auf das gewaltige geistige Abenteuer einzulassen, das die Komposition des *Endymion* sein wird, als verlasse ihn einen Augenblick lang die Zuversicht angesichts der zu bewältigenden Aufgabe. Eine vollendete, ihrerseits unvergängliche Zeile –

wenn sie auch erst im zweiten Anlauf in der Welt war, denn Monate bevor Keats sich tatsächlich an die Arbeit an seinem Langgedicht machte, hatte er eine erste Skizze zu Papier gebracht und sogleich einem Studienfreund vorgelesen: »A thing of beauty is a constant joy«, so begann dieser Entwurf, und erst als der Freund Bedenken hatte, urteilte, die Zeile habe zwar etwas vom Echten und Wahren, doch fehle es ihr an irgendetwas, schrieb Keats sie um. Und vielleicht macht gerade die Tatsache, dass Keats eben nicht bei »joy« blieb, nicht mit dem allzu selbstgewissen, geradezu triumphierenden Diphthong dieses Wortes abschloss, diese erste Zeile so einprägsam – dass er sie so enden lässt, wie sie beginnt, mit dem »schwa«-Laut, der ja auch den Schluss des Wortes »ever« bildet, wodurch, ein Hauch am Anfang, ein Hauch am Ende, eine eigentümliche Harmonie entsteht, die der apodiktischen Aussage ihr Gewicht nimmt, den Vers mit perfekter musikalischer Symmetrie zum Schweben bringt: »A thing of beauty is a joy for ever«.

Keats war einundzwanzig Jahre alt, als er 1817 die Arbeit am *Endymion* aufnahm, und durfte auf eine glänzende Laufbahn als Dichter hoffen; auch seine Freunde und Bekannten zweifelten nicht daran, dass hier ein Mann mit seltenen Gaben und grenzenloser Fantasie sich aufmachte, die literarische Welt Großbritanniens in Staunen zu versetzen. Keats hatte sein Medizinstudium in London abgebrochen, um sich ganz und gar der Dichtkunst zu widmen, der »Poesy«, wie er sie gelegentlich nannte, und seine erste Sammlung von Gedichten war in ebendiesem Jahr 1817 publiziert worden – was einer weiteren Öffentlichkeit allerdings verborgen blieb. Die Reaktionen der Kritiker waren verhalten, obwohl das Buch Gedichte wie das Sonett »On First Looking Into Chapman's Homer« enthielt, die heute in jeder Schmuckausgabe englischer Lyrik zu finden sind, und auch die Verkäufe waren so enttäuschend, dass einer seiner ältesten Freunde, Charles Cowden Clarke, Sohn des Schuldirektors John Clarke, der den jungen Keats an seiner Schule in Enfield gefördert und in seinen literarischen Interessen bestärkt hatte, bemerkte, das Buch hätte auch in Timbuktu veröffentlicht werden können und dort vielleicht sogar mehr Aussicht auf Erfolg und Zustimmung gehabt. Dennoch war Keats' Situation alles andere als verzweifelt; sah auch sein erster Verlag von einer weiteren Zusammenarbeit ab, so nahmen ihn doch die Verleger John Taylor und James Hessey unter Vertrag, die ihm bis zu seinem frühen Tod die Treue halten und ihn gegen alle Angriffe verteidigen sollten. Der Rückhalt und die Bewunderung seiner Freunde waren ihm sowieso gewiss. Zu diesen Freunden und Förderern gehörte, wenngleich sich das Verhältnis noch im selben Jahr merklich abkühlen sollte, der zehn Jahre ältere Schriftsteller Leigh Hunt, der die streitlustige liberale Zeitschrift *The Examiner* führte und wegen eines scharfen publizistischen Angriffs auf den Prinzregenten zwei Jahre im Gefängnis verbracht hatte. Zu Hunts berühmtem und gefürchtetem Kreis in Hampstead gehörten unter anderem William Hazlitt und Charles Lamb, vor allem aber machte Keats hier dank Hunt die Bekanntschaft Percy Bysshe Shelleys, der mit Keats zum berühmtesten Vertreter der zweiten Generation englischer Romantiker nach Coleridge und Wordsworth (den Keats bewunderte und der seinerseits den Weg des Jüngeren verfolgte) werden sollte; auch Lord Byron gehörte zum weiteren Bekanntenkreis Hunts. Wie wichtig die Freunde für Keats waren, wie sehr die Gespräche und der ständige Austausch mit ihnen ihn bestärkten, ihn aufrichteten, erfährt man aus seinen herrlichen Briefen. Sie bieten nicht nur Einblick in die dichterische Arbeit, auch die am *Endymion*, zeugen nicht nur von seinem wunderbaren Humor, sondern zeigen Keats auch als liebevollen, sorgenden Bruder und Freund. Seine große und tragische Liebe Fanny Brawne mutmaßte, dass er irgendeine Art von Zauberkräften haben müsse, um die Freunde derart fest an sich binden zu können; Keats selbst schrieb seinem Bruder George, dass die oberste politische Pflicht eines jeden Menschen darin bestehe, seine Freunde glücklich zu machen – was sicherlich nur teilweise im Sinne der Whigs um Leigh Hunt war.

Warum jedoch ein Langgedicht? Keats selbst stellte diese Frage in einem Brief und beantwortete sie sogleich: »Möchten nicht die Liebhaber der Poesie eine Landschaft haben, in der sie umherwandern können und auswählen, wo die Eindrücke und Bilder so zahlreich sind, daß viele vergessen und bei einem zweiten Lesen erneut entdeckt werden, so daß Proviant genug da ist für einen einwöchigen Spaziergang im Sommer?« Zudem sei ein langes Gedicht, so Keats weiter, »eine Prüfung der Erfindungsgabe, die für mich der Polarstern der Poesie ist, so wie die Fantasie als Segel und die Einbildungskraft als Ruder dient. Haben unsere großen Dichter sich jemals mit kurzen Stücken begnügt?« Und er schloss: »Ich werde keinen Lorbeer tragen, ehe ich nicht *Endymion* beendet habe.« Diskussionen zu der Frage, ob ein Gedicht von Natur aus kurz zu sein habe, ob ein langes Gedicht überhaupt wünschenswert und möglich sei, hat es in den letzten Jahrhunderten immer wieder gegeben. Edgar Allen Poe beispielsweise hielt ein Langgedicht für einen Widerspruch in sich. Ein Echo dieser Debatten findet sich in jüngerer Zeit auch hierzulande, vor allem in Walter Höllerers *Thesen zum langen Gedicht* von 1965, wo es heißt: »Wer ein langes Gedicht schreibt, schafft sich die Perspektive, die Welt freizügiger zu sehen, opponiert gegen vorhandene Festgelegtheit und Kurzatmigkeit. Die Republik wird erkennbar, die sich befreit.« Fast scheint es, als seien diese Sätze mit Keats im Sinn verfasst worden.

Ein solcher Akt der Befreiung seiner eigenen poetischen Republik schien nur fernab der hektischen Großstadt London möglich, und so machte Keats sich am 14. April 1817 auf den Weg zur Isle of Wight, wo er den *Endymion* zu beginnen und acht Stunden pro Tag zu schreiben gedachte. Teil der Prüfung seiner Erfindungsgabe war die Länge, schwebte ihm doch eine *Poetic Romance* in vier Teilen von jeweils rund tausend Zeilen vor; eine weitere Herausforderung war, dass diese vier Bücher in kürzester Zeit zustande kommen, sozusagen mit den vier Jahreszeiten wachsen sollten – und Wachstum ist hier ganz wörtlich zu nehmen, denn die Poesie, so äußerte Keats einmal, müsse so natürlich entstehen, wie ein Baum Blätter treibe. Tatsächlich arbeitete er fieberhaft, zunächst auf der Isle of Wight, später anderswo, brachte mitunter vierzig Zeilen in einer Sitzung zu Papier, bei Tag oder bei Nacht, und beendete den ersten Teil des Gedichts in gerade einmal vier Wochen. Das zweite Buch nahm deutlich mehr Zeit in Anspruch, ganze drei Monate, aber schon Ende September desselben Jahres konnte Keats den Freunden berichten, dass der dritte Teil des *Endymion* nunmehr abgeschlossen war. Was das organische Gedeihen des Poems unterstützte, war auch die von Keats gewählte Form des »heroic couplet«, gereimter fünfhebiger Zeilenpaare also, die den Dichter antrieben, unter seinen Händen austrieben, ihn mitunter kühn »lute« mit »to't« kombinieren ließen – eine Form, die Keats sich von den mittelenglischen *Canterbury Tales* abgeschaut hatte, deren Autor er eingangs sogar erwähnt (»dass ich's wag, in leichtem Gang,/ Zu stammeln, wo schon Chaucer einstmals sang«). Chaucer war wie Milton ein Vorbild für Keats, doch bewunderte er keinen Autor mehr als Shakespeare, dessen Werke er in einer siebenbändigen Kompaktausgabe stets mit sich führte; ein Echo der Lektüre ist im *Endymion* hier und da zu vernehmen. Wie sehr sich Keats zu Shakespeare hingezogen fühlte, zeigt sich nicht nur an seiner Sprachmelodie und an seinen Bildern, sondern auch an Details wie dem Ring mit Shakespeares Konterfei, den er gelegentlich zum Versiegeln seiner Briefe nutzte. »Gewiß bin ich mir einzig der Heiligkeit der Herzensregungen und der Wahrheit der Einbildungskraft – was die Einbildungskraft als schön erfaßt muß die Wahrheit sein«, schrieb Keats am 22. November 1817 an den Freund Benjamin Bailey und formulierte damit einen Gedanken, der für sein gesamtes Werk bestimmend werden sollte. Noch fünfhundert Zeilen waren zu diesem Zeitpunkt zu schreiben; auf einem verschollenen Entwurf soll als Datum der Fertigstellung des *Endymion* der 28. November notiert gewesen sein. Keats kehrte nach Hampstead zurück, wo er mit seinen jüngeren Brüdern George und Tom wohnte, unternahm Spaziergänge, ging ins Theater, korrigierte das Manuskript. Die Verleger Taylor und Hessey annoncierten im Mai 1818 im *Morning Chronicle* die Publikation des *Endymion*, der eine Woche später mit einer Auflage von fünfhundert Exemplaren und zum Preis von neun Schilling erschien.

Wer nun ist diese Gestalt, die Keats zu seinem kühnen Unterfangen anregte? Leser des frühen neunzehnten Jahrhunderts, denen die Lektüre von Ovid und das Wissen um antike Mythologie noch eine Selbstverständlichkeit waren, hätten diese Frage kaum gestellt, wenngleich Endymion, verglichen mit Figuren wie Adonis, Ikarus und Odysseus, auch damals schon eine Randfigur war – die nicht in Ovids *Metamorphosen* auftaucht, nur in dessen *Liebeskunst* und in den *Heldenbriefen*, wo der ungleich berühmtere Leander, der die Fluten durchschwimmt, um zu seiner Geliebten Hero zu gelangen, an ihn erinnert. Theaterbesuchern war er auch aus John Lylys Komödie gleichen Namens bekannt – und aus Shakespeares *Kaufmann von Venedig*, wo Portia im fünften Akt ausruft: »Peace! –

how the moon sleeps with Endymion,/ And would not be awak'd!« Die Gestalt des Endymion war also, kurz gesagt, bereits eingeführt in den Kanon, aber unverbraucht genug, um ihm ein eigenes, langes Poem zu widmen. In einem Brief an seine jüngere Schwester Fanny (nicht zu verwechseln mit Fanny Brawne, der Geliebten) erläutert Keats die Zusammenhänge:

> Vielleicht möchtest Du wissen, woran ich schreibe – ich werde es Dir sagen – Vor vielen Jahren gab es einen jungen und hübschen Schäfer, der seine Herden an einem Berg namens Latmos weiden ließ – er war ein sehr grüblerischer Mann und lebte allein zwischen Bäumen und Ebenen – nicht ahnend, daß ein so schönes Wesen wie die Mondgöttin sich unsterblich in ihn verliebte – Aber so war es; und während er schlafend im Gras lag, stieg sie vom Himmel herab und bewunderte ihn ausgiebig und sehr lange; und konnte sich schließlich nicht zurückhalten, trug ihn, während er noch träumte, auf ihren Armen auf den Gipfel des hohen Bergs Latmus – aber ich vermute, daß Du davon schon gelesen hast und auch von all den anderen herrlichen Geschichten, die uns aus alter Zeit aus dem schönen Griechenland überliefert worden sind. Hast Du's nicht gelesen, laß es mich wissen, dann erzähle ich Dir ausführlich noch andere, ebenso entzückende Geschichten.

Allerdings macht Keats aus diesem Detail der Mythologie weit mehr, erfindet hinzu, schmückt aus, lässt seiner Fantasie alle Freiheiten und uns somit an einer wahren »Märchenreise« teilnehmen, als die er die Abenteuer des Endymion an einer Stelle des Werks selbst bezeichnet. Wir begegnen dem Helden zunächst in seiner Heimat in Karien, wo eine Prozession zu Ehren Pans stattfindet. Endymion hält prachtvoll Einzug mit einem Horn aus Silber und einem Eberspeer, der diskret eine Verbindung zu einem anderen großen Liebenden herstellt, dem durch einen Eber zu Tode gekommenen Adonis. So herrscherlich der Held auftritt, seine Seelenruhe ist dahin, was seine Schwester (die von Keats frei erfundene Peona) ihm sogleich ansieht: »Ja, tot und wie ein Marmormensch schien er,/ Erfroren in Arabiens alter Mär«. Durch das traute Gespräch der Geschwister erfahren wir von seiner Begegnung mit der Göttin, die hier ungewohnterweise den Namen Cynthia trägt, von ihrer Schönheit, die derart überwältigend ist, dass er fortan für alles Irdische verloren ist – »fort waren all die frohen Farben/ Des Himmels und der Erde: tiefste Schatten/ Warn tiefste Kerker. Lichtungen und Matten/ Warn lichtverpestet. Klare Bäche schienen/ Rußig, bedeckt mit ausgestellten Kiemen/ Sterbender Fische. Rosen blühten jetzt/ Grell scharlach, hatten Dornen angesetzt/ Wie Aloestachel«. Es folgt die Wanderschaft Endymions, seine Suche nach diesem einmal geschauten Ideal. Wir jagen mit ihm über einhundertfünfzig Zeilen einem goldenen Schmetterling nach, der sich an einer Quelle in eine Nymphe verwandelt, steigen auf deren Anraten mit ihm in die Unterwelt hinab, wo er dem Liebeslied des Flussgottes Alpheus lauscht und zum Schluss des zweiten Buches wundersamerweise einen Ozean über sich erblickt – wie Keats sowieso nicht spart an erstaunlichen, traumgleichen Szenerien und Bildern. Wir begegnen mit Endymion dem schönen Adonis, den die liebende Venus vor dem Tod in eine Art unendlichen Schlaf hat retten können, treffen auf den zu ewigem Altern verdammten Glaukon, der von seiner Liebe zu Scylla berichtet und von den bösen Umtrieben auf Kirkes Zauberinsel. Wir sind Zeuge, wie beide, Endymion und Glaukon, in einer großartigen Passage die im Wasser ertrunkenen Liebenden zu neuem Leben erwecken, und folgen dem Zug der Seligen zu einem rauschenden Fest im riesigen Palast des Meergottes, den Keats mit einem famosen Vergleich für uns öffnet: »Weit wie der Seemann auf dem höchsten Mast/ Rings den beruhigten weiten Raum erfasst,/ War Neptuns Saal«. Wir fliegen mit Endymion in Adlerklauen davon, treffen mit ihm auf eine sehr irdische, vielmehr indische Schönheit (»Gangesschwan«), und nachdem wir ihm durch Höhlenwelten gefolgt sind, immer auf der Suche nach dem Traumbild, der Göttin, hin- und hergerissen zwischen irdischer und idealer Liebe, abgelenkt durch philosophische Betrachtungen, auch durch eine Reihe erotischer Schilderungen und Traumgespinste (einschließlich der oft, meist naserümpfend zitierten »milky sovereignties«, »den zart milchigsten Vollkommenheiten« sowie »dem Nektarwein,/ Der Leidenschaft«), reißt es uns mit ihm auf geflügelten Rössern in den Himmel hinauf – bevor wir zu guter Letzt, gemeinsam mit der Schwester Peona, erleben dürfen, wie er mit seiner Göttin vereint wird: »Sie reichte ihm die holde Hand, und schau!/ Noch eh er ihr drei Küsse gab wie Tau,/ Entschwanden sie weit fort! – Peona ging/ Verwundert heim durch Wald, den Nacht umfing.«

Es ist aus heutiger Sicht kaum zu begreifen, mit welcher Boshaftigkeit ein Teil der zeitgenössischen Kritik dem poetischen Genie Keats begegnete, wobei sich das *Blackwood's Magazine* mit besonderer Unerbittlichkeit hervortat, den *Endymion* als Unfug abtat, den Dichter als »bardling« verspottete und dem »verhungernden Apotheker« riet, sich wieder um Pillen und Salben zu kümmern. Es darf allerdings als sicher gelten, dass die Angriffe weniger poetischen denn politischen Motiven geschuldet waren, lässt doch Keats zu Beginn des dritten Buches durchaus starke Sympathien für die Sache der liberalen Whigs um Hunt erkennen: »So mancher spielt den Herrscher vor dem Rest,/ Nur weil er reich an Flitter ist: Er lässt/ Die Eitelkeiten bähn, um weichen Rasen/ Und saftig grünes Heu ja abzugrasen/ Von Menschenweiden«. Dies lässt an Deutlichkeit nichts zu wünschen übrig. Es erschienen auch einige wohlwollende Rezensionen, insgesamt aber musste Keats enttäuscht sein – auch wenn es zweifellos übertrieben ist, in der Häme und der Kritik den Grund für Keats' frühen Tod zu sehen, wie Lord Byron es tat, und das gar in Reimform: »'Tis strange the mind, that very fiery particle,/ Should let itself be snuffed out by an article.« Wahr ist jedoch, dass der Misserfolg des *Endymion* sich einreiht in eine im Jahr 1818 dichter werdende Folge von Schicksalsschlägen. Der ihm nahe Bruder George wanderte im Sommer nach Amerika aus, und sein Bruder Tom, der, während Keats den *Endymion* korrigierte, erkrankt war, starb im Dezember an der Tuberkulose, die man als Familienkrankheit bezeichnen muss: Keats hatte schon die sterbende Mutter gepflegt, sich sodann liebevoll um den Bruder gekümmert, und nur wenig mehr als ein Jahr später sollte er selbst Blut husten, wie Charles Brown, einer der treuesten Freunde, mit dem er später auch ein Haus teilte, eindrücklich geschildert hat – Keats habe »mit einer Seelenruhe und einer Fassung, die ich nie mehr vergessen werde« den Auswurf betrachtet und gesagt: »Die Farbe, die dieses Blut hat, kenne ich; ich muß sterben.« Vorerst aber arbeitete er unverdrossen weiter – und er verliebte sich in Fanny Brawne, die er gerade in dem Monat kennenlernte, in dem sein Bruder starb. Seine Briefe an sie gehören zu den schönsten Liebesbriefen überhaupt.

Keats war enttäuscht, auch wenn er nicht ahnen konnte, dass selbst sein Verleger Taylor und auch Shelley nur teilweise von seinem langen Poem überzeugt waren, und obwohl andere Freunde es in höchsten Tönen lobten, gar auf eine Stufe mit Shakespeare stellten. Er war unzufrieden mit der eigenen Leistung, hielt den *Endymion*, »my poor poem«, zumindest in Partien für misslungen, hatte es schon auf der Isle of Wight getan. Wie hart sein eigenes Urteil war, wird in dem ersten Vorwort deutlich, das er für das Buch verfasste und auf Protest des Verlags und der Freunde gegen eine mildere Version austauschte, die aber immer noch erstaunlich selbstkritisch ist. Dass er seinen Humor dennoch nicht verloren hatte, wird deutlich, wenn er in einem Brief an den Bruder in Übersee angesichts der geringen Verkäufe scherzt, dass gerade einmal zwei Exemplare des *Endymion* in der Welt seien, von denen er eines einem Bekannten nach Afrika geschickt hatte: »Er hat eines – Du hast eines – Eines ist in der Wildnis Amerikas – das andere befindet sich auf dem Rücken eines Kamels in den Weiten Ägyptens.«

Dabei ist der *Endymion* voller Schönheiten, die auch heute, zweihundert Jahre nach der Erstpublikation, zu entdecken sind, angefangen bei der offenkundigen sprachlichen Meisterschaft, der formalen Virtuosität, zumal Keats es nicht bei dem »heroic couplet« belässt, sondern hier und da anders rhythmisierte Gesänge und Strophen einschiebt, eine »Hymne an Pan« etwa, eine andere an Neptun, dazu eine »Ode an die Sorgen«; all das ist von Mirko Bonné im Deutschen so unwiderstehlich nachgedichtet worden, dass Keats ihn, kein Zweifel, mit einer innigen Umarmung im Kreis der Freunde begrüßt hätte. Es gibt so viele Passagen, die man immer wieder lesen möchte: Ob es die unvergessliche Anrufung des Schlafs im ersten Buch ist, der als tröstender Vogel über das stürmische Meer unseres Denkens schwebt, bis es wieder stumm und glatt ist, oder das Lob des Mondes ein bisschen später, der uns ein Leben lang begleitet, ein alter Vertrauter aus der Kindheit: »Ich pflückte keinen Apfel ab vom Baum,/ Eh du nicht köstlich kühltest seinen Flaum«. Ob es die winzigen, aber überaus plastischen Details sind, der geneigte, tropfnasse »dripping head«

des Meeresherrschers Neptun, die kühnen Vergleiche, wenn etwa das Sprechen so unmöglich scheint wie der Sprung des Grashüpfers hinauf zur Sonne oder die weißen Gewänder der Prozession zwischen den Bäumen aufleuchten wie das Licht im Auge eines Luchses – oder die bereits erwähnte Episode, in welcher der Held und Glaukon die toten Liebenden auferstehen lassen: Immer schenkt uns Keats den »Tau der reichsten Sprache«, wie es an einer Stelle des Gedichts heißt, und man will glauben, wovon er selbst zutiefst überzeugt war, dass in der Poesie nicht nur ein Trost liege, sondern sie zu heilen vermöge, dass sie nichts Geringeres als eine »healing substance« sei. Wirklich: Nichts hätte abwegiger sein können als die Aufforderung von *Blackwood's Magazine*, Keats solle zur Medizin zurückkehren, denn wofür benötigte einer noch Pillen und Salben, der mit Sprache zu lindern gelernt hatte?

Es ist gesagt worden, dass alle großen Themen, die Keats' weiteres, jäh unterbrochenes Werk prägten, im *Endymion* bereits anklingen, auch das von Schönheit und Wahrheit, die schon im Brief an Bailey zusammengedacht worden waren – und später zum berühmten Schluss der »Ode on a Grecian Urn« führen sollten: »Beauty is truth, truth beauty, – that is all/ Ye know on earth, and all ye need to know.« Wenn also Walter Höllerer in einer weiteren seiner *Thesen* das lange Gedicht als Vorbedingung für kürzere Gedichte bezeichnet, so muss man, auf Keats bezogen, wohl zustimmen. Tatsächlich liegt nicht das geringste Verdienst des *Endymion* darin, dass Keats die eigenen Mittel erproben konnte, dass er seine Kunst perfektionierte und auf diese Weise die großen, späten Oden an die griechische Urne, an die Nachtigall und an die Melancholie überhaupt erst möglich wurden. Keats selbst scheint dies ganz ähnlich gesehen zu haben, denn er schrieb rückblickend: »Im *Endymion* stürzte ich mich kopfüber ins Meer, und so habe ich das Loten, all den Treibsand und die Riffe besser kennengelernt, als wenn ich am grünen Ufer geblieben wäre, um eine lachhafte Pfeife zu rauchen, Tee zu trinken & gemütlich Ratschlägen zu lauschen. – Ich hatte nie Angst vorm Scheitern; denn ich würde lieber scheitern, als nicht einer der Größten zu sein.«

Das wurde er, wenngleich erst nach seinem Tod im Februar 1821, und das bleibt er für all jene, die der Heilkunst der Poesie verfallen sind. In Rom, wohin der Sterbende auf Einladung Shelleys reiste, kann man sein Grab besuchen auf dem *Cimitero acattolico* unweit der Cestius-Pyramide und des antiken Scherbenbergs Monte Testaccio; man kann Platz nehmen auf der steinernen Bank vor der alten Mauer unter den Pinien, eine Zeit lang bei ihm verweilen, und immer wird ganz in der Nähe ein anderer Besucher mit einem Gedichtband umherstreifen und darauf warten, dass die Bank frei wird und er selbst sich setzen, sinnen und lesen kann, vielleicht, nein: ganz sicher auch im *Endymion*: »Ist etwas schön, nimmt es das Leichentuch/ Von unserm dunklen Geist.« Und das ist wahr.

Ein zarter Balg

Zu Heinrich Deterings Gedicht
»Requiem für eine Seekuh«

Selbst ein Leser, der sich nur gelegentlich mit Lyrik befasst, wird wissen, dass es eine schier unübersehbare Zahl herausragender Tiergedichte gibt, ja, dass die Namen gewisser Lyriker – Marianne Moore wäre zu nennen, Ted Hughes, aber auch Heinrich Detering mit seinen Zeilen über Grottenolme, Seegurken und Kraniche – aufs Engste verknüpft sind mit dem Tiergedicht. Weniger bekannt hingegen dürfte ein Subgenre des Tiergedichts sein, das sich ausgestorbenen Geschöpfen widmet, wenngleich sich auch hierzu leicht eine ganze Anthologie zusammenstellen ließe – man denke an Michael Krügers Gedicht über die Dronte, Silke Scheuermanns Verse über die letzte amerikanische Wandertaube namens Martha und an weitere, dem Riesenalk und dem Dodo gewidmete Poeme. Einen prominenten Platz in einem solchen Buch müsste Heinrich Deterings »Requiem für eine Seekuh« erhalten, das die erst 1741 entdeckte, aber schon 1768 ein für alle Mal ausgerottete Stellersche Seekuh porträtiert, angeregt offenbar, so legen es die letzten Zeilen nahe, durch das Skelett eines Exemplars im Naturhistorischen Museum in Wien.

Dass Gedichte, die sich mit ausgelöschten Arten befassen, den Charakter einer Klage haben, liegt auf der Hand, dass sie dazu einladen, über die Vergänglichkeit und Vergeblichkeit allen Seins nachzudenken, das extinkte Wesen also als Memento mori vorzuführen, ebenfalls. Vielleicht aber kommt noch etwas anderes hinzu? Der schwedische Dichter Lars Gustafsson erläuterte einmal in einem Essay, weshalb er sich in seinem Gedicht »Die Maschinen« ausschließlich alter, längst nicht mehr betriebener Erfindungen angenommen hatte. »Sie werden bemerken«, so Gustafsson, »daß ich es vermieden habe, eine Maschine aus meiner eigenen Zeit in das Inventar des Gedichtes aufzunehmen. Mit voller Absicht. Was mich hier interessiert, das sind nicht die Maschinen selbst: es ist ihre mechanische Natur. Nicht ihre Funktion, sondern ihr maschineller Charakter. Dieser schwer bestimmbare Zug aber tritt an Maschinen, die veraltet oder zu Kuriosa geworden sind, deutlicher hervor als an jenen, die uns heute umgeben.« Könnte es sein, dass auch anhand jener Wesen, die nur noch im Rückblick, aber nicht mehr als Gegenwart, also als flatternde, kriechende, brüllende oder, im Falle der Stellerschen Seekuh, schweigende Zeitgenossen betrachtet werden können, etwas Grundlegendes sichtbar wird, was sich andernfalls nur mühsam erkennen und allzu leicht übersehen ließe?

Zum Kuriosum wird ja jedes Tier, dessen Schicksal es ist, als Exponat in einem jener Naturkundemuseen zu enden, die man in jeder Metropole findet und die so imposant wie verstörend sind: Zweifelsfrei tot, wird das Tier hier mit größter Kunstfertigkeit präpariert, mit Sägespänen, Watte, Glasaugen, Nadel und Faden so zurechtgemacht, dass es fast wieder lebendig zu sein scheint und seinen Platz findet in einem Diorama oder einer Vitrine, die den ehemaligen Lebensraum, die Savanne, den Wald, das Meer nachbilden oder zitieren – ein erstaunliches Zwischenreich, wo dem offensichtlich Toten der Anschein des noch oder erneut Lebenden gegeben wird, ein geradezu magischer, aber auch unheimlicher Raum. Gleichzeitig werden dieser Scharade von Fauna lehrreiche Tafeln zur Seite gestellt, die wissenschaftlich nüchtern über Gattung und Art aufklären, als bilde dies nicht einen seltsamen Gegensatz zur für immer und ewig im Sprung befindlichen Gazelle und zu dem bis ans Ende aller Tage durch die Halle schwebenden Blauwal.

Und ganz so wie die Texttafeln beginnt auch Heinrich Deterings Gedicht, zitiert den neutralen Ton der Daten und Fakten und lässt den korrekten lateinischen Namen nicht aus – »im Jahr 1741 fand Steller die Stellersche Seekuh (Hydrodamalis gigas)/ auf der Bering- und der Kupferinsel«. Auch die Lebensweise und das weitere Geschick des bedauernswerten Wesens werden getreulich übermittelt; wir erfahren von den Algen und dem Tang, die es fraß, vom flachen Wasser vor Kamtschatka, wo es dümpelte, von den Seefahrern, die mit der Seekuh ihren tristen Speiseplan aufbesserten, bis nach nur siebenundzwanzig Jahren, einer lachhaft kurzen Zeit, das letzte Exemplar unters Messer und in die Töpfe der Kombüsen geriet. All das präsentiert Heinrich Detering geradezu betont sachlich, ohne das Gedicht mit Pathos zu belasten; er geht mit größtmöglicher Schlichtheit und unter Verzicht auf extravagante Bilder oder Vergleiche vor. Umso wichtiger werden die dezent gesetzten Bögen und Klammern – »siebzigtausend Jahre lang«, erfahren wir in der zweiten Strophe, habe die Stellersche Seekuh in Tang und Algen geweidet, nur siebenundzwanzig Jahre, so verrät die vorletzte Strophe, benötigte der Mensch, um sie auszulöschen; diesen beiden Zahlen, die durch ihre bloße Gegenüberstellung Wirkung entfalten, muss keine Metapher hinzugefügt werden. Man achte zudem auf die unmerkliche Wiederholung der Ortsangabe »in Wien« in der vierten und dann in der vorletzten Zeile, jeweils am Zeilenende, und auf das Adjektiv »schweigsam« in der zweiten Strophe, das zusammen mit dem abschließenden Wort »still« das Wesen der Seekuh charakterisiert und eine dritte Klammer bildet – mit unaufdringlichsten Mitteln, mit diskreten Doppelungen und

Spiegelungen wird dem Gedicht, das offenbar ganz bewusst auf überbordende Rhetorik verzichtet, eine tragfähige Struktur verliehen.

Umso schlagender fällt aufgrund all dessen der Schock aus, den zu erzeugen Heinrich Detering bis fünf Zeilen vor Schluss wartet und für dessen Intensivierung er den einzigen Wie-Vergleich des gesamten Gedichts aufgehoben hat: Die Seekuh, so heißt es nämlich, »war schmackhaft und zart/ wie Menschenfleisch«, und diese nonchalant eingeflochtenen zwei Wörter »wie Menschenfleisch« erhalten eine ganze Zeile für sich allein. Das zwingt den Leser, der bisher so gleichmütig wie ein flanierender Tafelleser im Naturkundemuseum die Geschichte der Seekuh zur Kenntnis genommen hat, zum Nachdenken; denn nichts anderes als Kannibalismus kann ja gemeint sein, wenn das Fleisch eines Tiers nach Menschenfleisch schmeckt und von Menschen verzehrt wird, mehr noch, die Zeile legt dem bestürzten Leser nahe, das das Jagen und Ausrotten der Seekuh einem Akt von Autokannibalismus gleichkomme. Ein Grauen schleicht sich hier zwischen den Zeilen ein, Gemälde und Geschichten klingen an, selbst jene uralten aus dem Grundlagenbuch aller Mythen, aus Ovids *Metamorphosen* also, die entsetzliche Geschichte von Prokne, Philomela und Tereus oder auch jene vom sündigenden, mit ewigem und unstillbarem Hunger bestraften, sich schließlich selbst verschlingenden Erysichthon. Zwei Wörter nur, ein Vergleich, und das bislang so arglos Fakten und Abläufe wiedergebende Gedicht hinterfragt so diskret wie verstörend unser Verhältnis zur Natur im Allgemeinen – und geht damit weit über das Schicksal der Stellerschen Seekuh hinaus, weil es den Menschen als Teil, nicht als Beherrscher der Schöpfung vorstellt und das leichtfertige Zerstören dieser Schöpfung als Auslöschung seiner eigenen Grundlagen, ja seiner selbst begreift. In der Ära des Massensterbens der Arten, in der wir uns offenbar seit geraumer Zeit befinden, ist es keine Kleinigkeit, die dieses elegische Gedicht über das Skelett einer Seekuh im Naturhistorischen Museum in Wien verhandelt. Und wir ahnen: Das Wesen, der Charakter, der hier durch die Betrachtung eines Kuriosums im Gustafssonschen Sinn deutlicher hervortritt und schmerzhaft kenntlich wird, ist unser eigener.

Das unwiderruflich Verschwundene noch einmal auf- und herbeizurufen, dem, was längst passé ist, zumindest ein bisschen Dauer zu schenken, ist immer Sache des Gedichts, doch benötigt der Sprachpräparator, der Dichter, dazu nicht Watte, Nadel und Faden, er braucht keine Sägespäne und Glasaugen, nur Worte und Sprachbilder, er geht mit Klang, Präzision und einer klugen Struktur zu Werke. Wenn das Kunststück gelingt, so wie in diesem Fall, gründelt und schwebt auch ein Wesen wie die längst in Vergessenheit geratene Stellersche Seekuh, die so massig und gleichzeitig derart flüchtig war, noch einmal vor uns – ein Balg von großem Zartgefühl, ein staunenswertes Geschöpf, unser Opfer, ausgestorben, aber noch nicht tot, stiller, friedfertiger als wir –, als beglückende Präsenz und Mahnung.

ovid: *erysichthon*

der? ein kerl, der über die götter lachte,
kein weihrauchstück, egal wie klein,
auf dem altar zum glühen brachte,
mehr noch: er verging sich an dem hain
der ceres, schändete ihr heiligtum
mit einem beil. genau in dessen mitte
stand eine eiche, ungetüm
von baum, uralt, und sie allein
ein ganzer wald schon. nymphen schritten
und tanzten um den stamm, der zwanzig meter,
vielleicht auch mehr, im umfang maß –
die bäume neben ihm wie wiesenkräuter,
kaum höher als das gras,
das unter ihnen selber wuchs. all das
hält ihn nicht ab. er schreit
»lasst es die alte höchstpersönlich sein,
nicht bloß ihr grünzeug – es wird zeit,
dass sie ein bisschen staub schmeckt!«, hebt
die axt zum schlag – da siehst du, wie die eiche
von ihren wurzeln bis zum wipfel bebt
und hörst sie seufzen; jedes blatt erbleicht,
die eicheln ebenso, und jeder ast
wird blass bis in die spitze. als die axt
ins holz fährt, schießt ein schwall
von blut heraus – denk an die kehlen
von schlachtvieh, das in sich zusammensackt

unter der klinge. seine diener packt
jetzt alle das entsetzen, jeder will
nur weg, doch er, statt sich davonzustehlen,
macht sich aufs neue wie ein irrer hieb um hieb
am baum zu schaffen, den die göttin liebt.
dann hört man über ihm ein knacken,
ein krachen in den zweigen, schlägt der ganze
   trumm
zu boden, mäht im sturz
noch den bestand von lindenbäumen um.

die nymphen sammeln sich, in schwarz
gehüllt, vor ceres, die mit einem nicken
die strafe nennt (ein nicken, das die ähren
weitertragen, das die felder ringsum wogen
und rauschen lässt): ein immerwähren-
der, nie gestillter hunger soll ihn plagen.
sie nimmt die lieblingsnymphe an der hand,
gibt ihr den wagen mit den beiden drachen
und schickt sie fort, nach norden, in ein land,
wo eine meterdicke schicht
von eis die küsten lähmt; an einen ort
mit kargen böden. bäume gibt es nicht,
auch kein getreide; jeder spross verdorrt
sobald er aus dem unfruchtbaren sand
hinaustritt in ein fahles licht.
dort fliegt sie hin, und endlich hält
sie an auf einem gipfel, sieht im schotterfeld
weit unten einen, der mit bloßen zähnen
und fingernägeln an den gräsern
und ein paar dürren kräutern rupft:
den hunger, bleich, das haar zerrauft

und tief in ihren höhlen die zwei augen
wie alte tiere; die gespannten sehnen
der lippen, voll von schorf der rachen,
die haut so hart und transparent, fast gläsern,
dass man dahinter sehen kann,
wie sich die eingeweide ineinanderwinden.
die rippen ragen spitz über die lenden
hinaus: da ist kein bauch, nur raum für einen bauch,
nur luft anstelle eines leibs, der brust-
korb wird alleine von der wirbelsäule
getragen. durch die haut gepresst
die knöchel, die gelenke, auch
die knie sind geschwollen, alle teile
des körpers aus der form geraten. dann
hebt er den kopf und starrt sie an,
und sie, die ihm nicht näher kommen will,
ruft ihm von weitem den befehl
der göttin zu. doch ganz egal wie weit
entfernt sie ist, und trotz der kurzen zeit,
die sie erst da ist, fängt ihr magen
zu knurren an, kann sie den hunger spüren
im innersten. sie eilt zum wagen,
spannt ihre beiden drachen an, verschwindet,
und um den auftrag auszuführen,
reist auch der hunger ab. er findet
das haus des schurken, geht zur kammer,
in der er schläft, und schleicht sich durch das dunkel
der nacht ans bett, umklammert
den mann mit beiden armen, drückt die grauen
    lippen
auf seinen mund, flößt sich ihm ein
mit aller leere, bis sie jeden winkel

des körpers füllt, in allen adern sitzt,
in brust und herz. kehrt dann zurück zu seinem
   leben,
der engen hütte und dem feld aus stein.

der bursche schläft noch, doch schon jetzt
träumt er von nichts als essen, macht
der kohldampf ihn ganz unruhig, schlägt er
die zähne aufeinander, strengt die kiefer
vergeblich an – der ganze schmaus
ist nur ein hirngespinst, nicht da. so schluckt er
bloß luft und spucke. aber er erwacht,
und damit bricht der hunger richtig aus,
beginnt zu rasen, senkt sich immer tiefer
in ihn hinein. prompt springt er aus dem bett
und brüllt, man soll ihm speisen bringen,
was sich auch finden lässt, die ganze fülle
des meeres, alles, was ihm luft und erde
zu bieten haben – und fängt an zu schlingen,
schlägt sich den wanst voll. haus und halle
ein einziges gewimmel, eine batterie von herden
glüht tag und nacht, um das bankett
für diesen einen nur nicht abreißen zu lassen,
doch während alles überquillt
von köstlichkeiten, jammert er: ihn quält
der hunger. noch mit vollem mund bestellt
er mehr, will nachschub: eine ganze stadt,
selbst staaten könnten nicht so viel verprassen,
der haken aber ist: er wird nicht satt.
denk an das meer, das sich aus aller welt
die flüsse zuführt – wasser hat
es trotzdem nie genug. oder an flammen,

nie wählerisch, mit jedem scheit
gefräßiger. so wächst auch sein verlangen,
indem er schaufelt; was im schlund
verschwindet, peitscht zur selben zeit
den hunger weiter an, ist nur der grund-
stock für den nächsten gang, sein magen
ein loch, das größer wird, wenn man es stopft.
nach ein paar tagen ist er sein vermögen
schon losgeworden – wenn auch nicht den drang,
das brennen. als der letzte freund geschröpft,
das haus verkauft ist, da verscherbelt er
sogar die tochter, doch es dauert nicht mehr lang,
und nichts ist übrig, nur die plage
ist schlimmer als zuvor. das ende?
beginnt, als er an sich hinunterschaut;
er leckt am arm, beschnuppert seine hände,
er zögert, noch als er am daumen kaut,
dann fällt er über den eigenen körper her:
er füttert ihn, indem er ihn verzehrt.

Aus dem Munde des Altertums

Gedanken zu Winckelmann,
zu Freiheit und Kunst

Wie schwer es uns Lesern, Theater- und Kinogängern fällt, die wir den dramatischen Bogen, den stimmigen Aufbau gewohnt sind, die bereits gelebten Leben, erst recht die der Berühmten und Gepriesenen, nicht von ihrem Schluss her zu denken, den Tod nicht als folgerichtig zu empfinden – sondern als schlichten Zufall, als bloßen Umstand. Das gilt erst recht bei einem Ende zur Unzeit, und so hat auch der gewalttätige Tod, den Johann Joachim Winckelmann erleiden musste, immer wieder die Fantasie angeregt, auch die von Schriftstellern und Dichtern. Man hat sich vorstellen wollen, wie Winckelmann das Ziel, nach all den römischen Jahren nach Deutschland zu reisen, aufgibt, stattdessen in den Süden zurückzukehren beschließt und in Triest auf ein Schiff hofft; wie er dort an einem Junitag im Jahr 1768 in einer Herberge unterkommt und auf den ehemaligen Koch Francesco Arcangeli trifft, von dessen Vorstrafen er nichts weiß und dem er arglos einige wertvolle Münzen oder Medaillen zeigt; wie Arcangeli nachts Winckelmann in dessen Zimmer erst zu erwürgen versucht, dann dem sich heftig wehrenden Gelehrten sieben Messerstiche versetzt, die nur ein paar Stunden später zu Winckelmanns Tod führen. Es ist eine Szene, die nicht nur wegen ihrer Grausamkeit erschüttert, sondern auch, weil sie einen derart krassen, ja beinahe zynischen Gegensatz zu all dem bildet, wofür Winckelmanns Leben und Wirken steht, weil der Mann, der die Schönheit des Altertums pries, in seiner letzten Stunde von derartiger

Schäbigkeit und Gier heimgesucht wird. Und man kommt nicht umhin, über den Namen seines Mörders zu staunen, Arcangeli, der italienische Plural des Erzengels, der dem Geschehen eine fast biblische Anmutung gibt: Wie Jakob eine Nacht lang mit seinem Engel ringt, so wehrt sich Johann gegen den seinen, der ohne jeden Zweifel ein gefallener ist. Ein biblisches Ende, ein alttestamentarischer Tod – ausgerechnet ihm, den Goethe in seinem Nachruf »einen gründlich gebornen Heiden« nennt und über den es weiter heißt: »Jenes Vertrauen auf sich selbst, jenes Wirken in der Gegenwart, die reine Verehrung der Götter als Ahnherren, die Bewunderung derselben gleichsam nur als Kunstwerke, die Ergebenheit in ein übermächtiges Schicksal […]. Dieser heidnische Sinn leuchtet aus Winckelmanns Handlungen und Schriften hervor […]. Diese seine Denkweise, diese Entfernung von aller christlichen Sinnesart, ja seinen Widerwillen dagegen muß man im Auge haben.«

Wer weiß, ob nicht das »übermächtige Schicksal«, von dem Goethe spricht, doch wieder zu diesem Lebensende passt, aber von Reinheit und Schönheit ist tatsächlich keine Spur darin, an die ja denken muss, wer sich auf Winckelmanns Wegen durch Rom oder mit seinen Augen durch Athen bewegt, und wir können kaum anders, als seinen Wegen und seinen Blicken zu folgen, auf die Akropolis steigend oder vor dem Torso von Belvedere verharrend. Sein Mörder widerspricht in allem der Größe und der Erhabenheit, die Winckelmann vom antiken Griechenland vermittelt, und nichts könnte ferner sein vom Raubmörder Francesco Arcangeli als das hohe Wesen der Hellenen, das Winckelmann in einer vielleicht entscheidenden Passage auf drei Faktoren zurückführt. Wir finden sie in der »Geschichte der Kunst des Altertums«, wo es heißt: »Die Ursache und der Grund von dem Vorzuge, welchen die Kunst unter den Griechen erlangt hat, ist teils dem Einflusse des Himmels, teils der Verfassung und Regierung und der dadurch gebildeten Denkungsart, wie nicht weniger der Achtung der Künstler und dem Gebrauche und der Anwendung der Kunst unter den Griechen zuzuschreiben.«

Dass ausgerechnet das Klima als erster Grund aufgeführt wird, mag jeder nachvollziehen können, der einen Berliner Winter lang viel Zeit in vor Übellaunigkeit berstenden Nahverkehrsbussen verbracht hat, und Winckelmann verfolgt diese These auch an anderen Stellen seines Werks. So merkt er am Rande seiner »Beschreibung der geschnittenen Steine des seligen Baron Stosch« an, dass die Ägypter deshalb nichts wahrhaft Schönes hätten hervorbringen können, weil die Natur in ihren Breiten durch das Klima am Herausbilden von Schönheit gehindert werde; in einer Schrift über die Bedeutung der Nachahmung geht er einen Schritt weiter und koppelt die Entwicklung dessen, was er guten Geschmack nennt, ursächlich an den griechischen Himmel, unter dem er zuerst entstand; und in der »Geschichte der Kunst des Altertums« schließlich begründet er die frühe Vollendung des Menschen in Griechenland damit, dass dort die Natur »weniger in Nebeln und in schweren Dünsten eingehüllt ist«. An diese meist in nordischen Gefilden wallenden Nebel und Dünste hat, vielleicht nach der Lektüre der Schriften Winckelmanns, sicher auch der zeitlebens vom mediterranen Blau faszinierte Gottfried Benn denken müssen, bevor er vom »Nebel- und Niflheim« sprach und das Gedicht »Mittelmeerisch« zu Papier brachte:

> Ach, aus den Archipelagen,
> da im Orangengeruch
> selbst die Trümmer sich tragen
> ohne Tränen und Fluch,

> strömt in des Nordens Düster,
> Nebel- und Niflheim,
> Runen und Lurengeflüster
> mittelmeerisch ein Reim …

Man möchte an dieses klimatische Wunder glauben, an diesen mittelmeerischen, hellenisch-reinen Reim, ja, es kann nicht anders als zutiefst überzeugt sein von der Richtigkeit der Winckelmannschen These zu Klima und Freiheit und Kunst, wer einmal morgens noch ganz für sich auf dem Gelände der antiken Agora gesessen hat, im ersten, wirklich ganz und gar unpreußischen Tageslicht, gleich nach Öffnung der Kassenhäuschen und Gatter, während all die Reisegruppen gerade erst in den Hotelbuffets zu wüten beginnen – nur die Rufe und Hammerschläge einiger früher Handwerker sind oben auf der Akropolis zu hören, ansonsten ist man allein mit den Amseln, der noch jungen Luft, dem Lorbeer und den Olivenbäumen, den Tempeln und den Fundamenten. Und man kommt doch nicht umhin sich zu fragen, ob man selber die edle Einfalt und die stille Größe spürt oder ob es nicht Winckelmann ist, der sie uns, tief in unserem Geistes- und Seelenhaushalt überdauernd, eingibt. Denn sein Werk und seine Thesen sind ja auch dies, ein nicht zu unterschätzender, mächtiger Mythos, seit frühester Kindheit und Schulzeit verinnerlicht, und man muss sich fast zwingen, auch die Unstimmigkeiten zuzulassen, auf die folgende Generationen von Gelehrten hingewiesen haben. Dass etwa das von Winckelmann verherrlichte Weiß, das Schönheitsideal eines reinen, weißen Marmors so nie leuchtete, vielmehr die von ihm mit Abscheu beschriebene »barbarische Sitte des Bemalens von Marmor und Stein« auch von seinen Griechen gepflegt wurde – man erfährt es unter anderem im Museum der Agora, das ein Kapitell mit einigen erhaltenen Farbresten präsentiert und argwöhnen lässt, dass auch der Laokoon nicht von Anfang an das berühmte, schlichte, marmorne Weiß hatte, das wir heute dank Winckelmanns Beschreibungen bewundern, jener trojanische Priester samt Schlangen und Söhnen, den der Weinbauer Felice de Fredi, als er 1506 seine Weinberge auf dem Esquilin in Rom pflügte, im Hügelland angeschwemmt fand wie einen riesigen, göttlichen Schulp. In einem Nebensatz wäre zu erwähnen, dass das Reinheitsideal Winckelmanns, seine Überzeugung, dass ein »schöner Körper desto schöner« sei, »je weißer er ist«, sich auch in einigen schauerlichen Passagen zur ästhetischen Klassifizierung der Völker niedergeschlagen hat, die den großen Winckelmann auf eine uns doch peinlich berührende Weise als ausgesprochen weißen und bis ins Mark europäischen Mann seiner Zeit erscheinen lassen.

Dennoch, was für ein herrlicher Gedanke, und wie gerne möchte man ihn glauben, möchte von der unaufhaltsamen Entwicklung von Klima zu Freiheit zu Schönheit und kultureller Blüte ausgehen: »Durch die Freiheit erhob sich, wie ein edler Zweig aus einem gesunden Stamme, das Denken des ganzen Volks«, schreibt Winckelmann und ergänzt: »Endlich, da die Zeiten der völligen Erleuchtung und Freiheit in Griechenland erschienen, wurde auch die Kunst freier und erhabner.« Es fällt uns Heutigen nach all den geschichtlichen Ereignissen, die Winckelmann nicht miterleben musste, aber auch angesichts der täglichen Zeitungsmeldungen schwer, diese Prämissen zu teilen. Man mag sich auch fragen, wer genau denn frei war im antiken Griechenland; die griechischen Männer, möglich, aber von den Frauen, erst recht von den Sklaven wird man es eher nicht behaupten wollen. Und die griechischen Männer mögen von Despotismus frei gewesen sein, doch sicherlich nicht von den Zwängen eines übermächtigen Schicksals, dem ja auch Winckelmann, wie Goethe schreibt, ergeben war – und wer würde von Freiheit reden, der soeben trotz aller Versuche, genau dies zu umgehen, den eigenen Vater an einer Wegkreuzung erschlagen oder viele Jahre in einem mal hierhin, mal dorthin gespülten Schiff verbracht hat, fern von Ithaka den launischen Göttern ausgeliefert. Frei von wirtschaftlichen, familiären und gesellschaftlichen Zwängen? Auch das waren die Griechen natürlich nicht; und dass, wie Winckelmann unterstellt, sämtliche Krankheiten noch unbekannt waren, sie keinerlei Schönheit und Bildung zu zerstören vermochten, nur weil die Blattern in den Schriften griechischer Ärzte noch unerwähnt sind, überzeugt doch nur bedingt.

All das sind allerdings keine Argumente gegen Winckelmanns wichtigste These, dass nämlich die politische Freiheit, die griechische Demokratie, geradezu zwangsläufig zur geistigen und kulturellen Blüte führte, und doch kann man nicht anders, hat sofort Orson Welles in seiner Paraderolle als Harry Lime im *Dritten Mann* im Ohr, der mit dem unwiderstehlichen Charme des unmoralischen Antihelden erklärt: »In Italien hatten sie in den dreißig Jahren unter den Borgias nur Krieg, Terror, Mord und Blut. Aber dafür gab es Michelangelo, Leonardo da Vinci und die Renaissance. In der Schweiz herrschte brüderliche Liebe, fünfhundert Jahre Demokratie und Frieden. Und das Resultat? Die Kuckucksuhr.« Man will kein Zyniker sein wie Harry Lime und das Unglück als Quell aller Kunst sehen. Zumindest aber will man, wo Gutes und Schönes so sehr zusammengedacht werden, an eine der großen Paradoxien der Kunst erinnern, an den rätselhaften Umstand also, dass Herrlichstes von durchaus verachtenswerten Menschen geschaffen wurde, dass vollkommene Schönheit durch moralisch mehr als zweifelhafte und ihrerseits unvollkommene Individuen in die Welt gelangen kann – man denke in der Literatur an

Céline, Pound, Benn und Hamsun, denke in der bildenden Kunst an Caravaggio, den Winckelmann gelegentlich erwähnt, und nicht zuletzt an Benvenuto Cellini, dessen Autobiografie Goethe eine deutsche Gestalt gab. Vor allem aber kann man nicht übersehen, zumal wenn man, wie ich, die Lyrik vor Augen hat, dass gewisse Blütezeiten der Poesie mit dem vollständigen Fehlen von Freiheit und Frieden zusammenfielen. Wenn Cervantes in den *Irrfahrten von Persiles und Sigismunda* sagt, ein an Poesie reiches Jahr sei meistens ein Hungerjahr, so hat er natürlich den geringen Marktwert von Gedichten im Sinn, doch könnte man den Satz auch anders lesen und sagen: Gerade ein Hungerjahr lässt große Poesie entstehen. Man denke an den Barock, wo aus dem größten Elend, Krieg, Pest, Plünderungen, Hunger und allgemeiner Düsternis zum Trotz, eine der glanzvollsten literarischen, gerade lyrischen Epochen erstand, mit Dichtern wie Gryphius, Fleming, Hofmannswaldau und vielen anderen. Und man denke auch, uns zeitlich näher, an die erstaunliche Produktion von Lyrik in fast allen Staaten des ehemaligen Ostblocks, wo von attischer Freiheit und Demokratie nicht die Rede sein konnte, dafür aber unerhört hohe Lyrikauflagen erreicht und Gedichte verfasst wurden, die zum poetischen Kernbestand gehören.

Der irische Dichter Seamus Heaney hat in seinen Oxforder Poetikvorlesungen einmal von der »Richtigstellung« der Poesie gesprochen, von der »redress of poetry«, auf die hingewiesen werden sollte: »Und auch in der Tätigkeit des Dichtens«, schreibt Heaney, »zeigt sich die Tendenz, eine Gegenwirklichkeit in die Waagschale zu werfen – eine Wirklichkeit, die nur vorgestellt sein mag, die aber dennoch Gewicht hat, weil sie im Gravitationsfeld des Realen imaginiert wird und sich daher behaupten und ein Gegengewicht zur historischen Situation bilden kann. Diese richtigstellende Wirkung der Poesie rührt daher, dass sie eine erschaute Alternative darstellt, die Offenbarung eines Potentials, das von den Verhältnissen geleugnet oder ständig bedroht wird.« Die Dichtung wirke, so Heaney weiter, als »heilsames Ereignis«, und wirklich ist es bemerkenswert, wie gerade solche Dichter, die von der herrschenden Macht aufs Äußerste in ihrer Freiheit beschränkt, ja drangsaliert wurden, auf engstem Raum große Werke schufen. Von Anna Achmatowa ist die Beschreibung einer Szene überliefert, in der sie in Leningrad in der Schlange vorm Gefängnis steht und endlich ihren inhaftierten Sohn zu sehen hofft. Eine wie sie den staatlichen Repressionen ausgesetzte Mutter und Leidensgenossin steht vor ihr in der Schlange, dreht sich um und fragt: »Stimmt es, dass du all das beschreiben kannst?« Und blickt sie, als Achmatowa bejaht, lächelnd und mit leuchtenden Augen an. An Ossip Mandelstam wäre zu denken, der vor seiner Deportation nach Sibirien und schon in ärgster Bedrängnis vollendete Gedichte verfasste, auch an Jannis Ritsos, der unter der Obristen-Diktatur im Griechenland des zwanzigsten Jahrhunderts, das so fern von Winckelmanns Hellas war, nicht nur Kraft aus der Poesie schöpfte, sondern unter Hausarrest und auf Gefängnisinseln seine Gedichte schrieb, sie in Dosen und Flaschen in die Welt hinausschmuggelte, die Erfahrungen der Unfreiheit unerschrocken in Verse umformte. Und man könnte auch Seamus Heaneys kleines Nordirland anführen, das ausgerechnet zu Zeiten des verharmlosend »troubles« genannten Bürgerkrieges eine ganz erstaunliche Reihe von Lyrikern hervorbrachte, von denen Heaney nur der berühmteste ist. Es scheint also ebenso wahr zu sein, dass inmitten bedrückendster äußerer, gesellschaftlicher Verhältnisse Freiheit in der Kunst zu finden ist und dass sie, mehr noch, auf ebendiese Verhältnisse einzuwirken vermag; nicht Kunst dank Freiheit also, sondern Freiheit in der und durch die Kunst, und vielleicht darf man sogar glauben, dass die großen Meister immer ihre Werke geschaffen hätten, gegen die Widerstände oder mit dem Segen ihrer Zeit, weil, im Sinne Oscar Wildes, die dem Dichter gemäße Staatsform sowieso die Anarchie ist. Oder ginge man damit einem anderen Mythos, dem vom artistischen Genie, von der alles aus sich selbst erzeugenden Künstlerpersönlichkeit auf den Leim? Fest steht, dass gegen Sonnenschein, angenehme Temperaturen und eine leichte Brise vom Meer in keinem Fall etwas einzuwenden ist.

Wenn der gelingende Akt der Poesie das Tonnengewicht für einen Augenblick anheben kann, ob es von der Gesellschaft oder von Krankheit, Trauer, Schuld auferlegt wurde, so ist es eine der erstaunlichen Tatsachen, dass diese Wirkung oft von nichts als einem Detail ausgeht, einer vermeintlichen Winzigkeit, die dem Gesamtwerk jedoch erst seine befreiende Wirkung verleiht, wie auch Winckelmann bemerkt: »Im Laokoon siehst du bei dem Schmerz den Unmut (wie über ein unwürdiges Leiden) in dem Krausen der Nase und das väterliche Mitleiden auf den Augäpfeln, wie einen trüben Duft, schwimmen. Diese Schönheiten in einem einzigen Drucke sind wie ein Bild in einem Worte beim Homer; nur der kann sie finden, welcher sie kennt. Glaube gewiß, daß der alten Künstler sowie ihrer Weisen Absicht war, mit wenigem viel anzudeuten.«

Diese kleinen, aber entscheidenden körperlichen Details findet man selbstredend auch bei jenen barocken Künstlern, denen Winckelmann gerade die Überfülle von Details zum Vorwurf machte: Bei Caravaggio, den er erwähnt, den er respektierte, aber wohl nicht wirklich schätzte, können die schmutzigen Fußsohlen des Knechts, der sich müht, das Kreuz des gemarterten Petrus in die Vertikale zu bekommen, um endlich etwas essen gehen zu können, einer Epiphanie gleichkommen. Für Bernini wiederum hatte Winckelmann vor allem Verachtung übrig, sparte nicht an Seitenhieben auf den »Kunstverderber«, wie er ihn nennt, einen Mann, »dem die Grazie nicht einmal im Traume erschienen ist« und dessen Figuren, so an einer anderen Stelle, »wie der zu plötzlichem Glücke gelangte Pöbel« auf ihn wirkten. Und doch: Wer wird jemals vergessen, wie die Finger der entführten Proserpina sich tief in die Marmorschulter Plutos krallen, der sie in sein Königreich der Toten trägt? Wer behielte nicht vor Augen, wie die verzückte Heilige Theresa in der römischen Kirche St. Maria della Vittoria unweit der Termini den kleinen Finger abspreizt und eben in diesem zunächst kaum bemerkten Abspreizen alle Verzückung steckt?

So sehr Winckelmann den Menschen und seine Darstellung in den Mittelpunkt der Kunst rückt, wie Goethe bemerkt, so wenig muss es doch ein mimisches oder gestisches Detail sein, das uns Angst oder Lust jäh erfassen lässt und uns mit diesem Verstehen zum Schweben bringt. Im Archäologischen Museum der Stadt Athen etwa entdeckt man in einer Ecke den sogenannten »refugee boy«, dessen ganze triste Geschichte und unendliche Verlorenheit in einem Hündchen liegen, das der Junge viel zu fest an die Brust drückt – ein Junge, der all die Jahrtausende überdauert zu haben scheint und gerade so, wie ein Grieche ihn in Marmor schuf, heute erneut vor unser aller Tür steht. Im selben Museum findet man Säle, die ganz den herrlichen Stelen gewidmet sind, welche die Griechen für ihre Toten in Auftrag gaben, damit sie als Relief in ihnen fortdauern möchten, Eltern, Söhne, Enkel, und man findet sich vielleicht vor jener Stele wieder, auf der die tote Tochter den Arm ausstreckt nach Mutter und Vater und deren Hände nur beinahe zu berühren vermag, bemerkt schließlich unter dem Stuhl, auf dem die Verstorbene sitzt, ein Huhn, dem die berührende Szene vollkommen gleichgültig ist, das, völlig mit dem eigenen Hühnerdasein beschäftigt, nach ein paar Marmorkörnern pickt – und ebendiese Petitesse, dieses Huhn, erschüttert und erhebt uns zugleich in seiner Beiläufigkeit, dank seiner Beiläufigkeit. Man findet entsprechende Kunstgriffe in der Dichtung – stellvertretend sei Audens Gedicht »Musée des Beaux Arts« erwähnt, wo das »unschuldige Pferd des Henkers« sein riesiges Hinterteil an einem Baumstamm reibt, während das Heils- oder Unheilsgeschehen irgendwo seinen Gang geht. »Die Kenner und Nachahmer der griechischen Werke finden in ihren Meisterstücken nicht allein die schönste Natur, sondern noch mehr als Natur, das ist, gewisse idealische Schönheiten derselben«, sagt Winckelmann. Das mag sein, aber die dreckigen Füße, der Pferdehintern, das Huhn und der Hund erst sind es manchmal, die der Schönheit zu leuchten verhelfen und uns wahrhaft berühren. All dies ist Teil jener Kunst, die Winckelmann beschreibt, die Kunst, mit wenigem vielleicht alles zu sagen: »In den Gebärden der alten Figuren bricht die Freude nicht in Lachen aus, sondern sie zeigt nur die Heiterkeit vom inneren Vergnügen; auf dem Gesichte einer Bacchante blickt gleichsam nur die Morgenröte von der Wollust auf. In Betrübnis und Unmut sind sie ein Bild des Meeres, dessen Tiefe stille ist, wenn die Fläche anfängt unruhig zu werden.«

Es ließe sich darüber streiten, ob man angesichts der andauernden Tragödien, der Hässlichkeiten, der alles niederwalzenden Schamlosigkeit auf die winzigen, entfesselnden Wirkungen der Kunst und der Poesie hinweisen darf; aber während wir auf die letzte große Wendung hin zu allumfassender Freiheit warten, bieten sie immerhin einen Trost, und mehr als das, sind sie eine trotzige Geste, die uns wohltut, ein Widerstehen, eine herrliche Eigensinnigkeit, ein beharrliches und stolzes Spiel, das so durchaus eine gesellschaftliche, aber oft kaum messbare Wirkung hat. Auf eine Entwicklung, die ganz von allein hin zu mondialem Edelmut führte, darf man sich nicht verlassen, und mitunter kann die Kunst, die Poesie mit ihrer Fähigkeit zur »Richtigstellung« etwas nachhelfen. Vielleicht ist deshalb der dritte Aspekt in der anfangs zitierten Passage aus der »Kunst des Altertums« nicht der unwichtigste, wenn also Winckelmann die »Achtung der Künstler und dem Gebrauche und der Anwendung der Kunst unter den Griechen« hervorhebt – weil eben nicht nur die Kunst von der Gesellschaft, sondern auch, manchmal diskreter, manchmal offensichtlicher, die Gesellschaft von der Kunst profitiert. Winckelmann redet zwar, wie er einmal bemerkt, »wie aus dem Munde des Altertums«, aber seine Adressaten sind doch die Zeitgenossen. Mag mit Winckelmanns Altertumserkundungen und seinem Lob des Griechentums auch kein ausformuliertes pädagogisches Programm verbunden sein, so spricht doch ein erzieherischer Ernst und eine Hoffnung aus ihnen. »Ein weiser Mann war der geehrteste, und dieser war in jeder Stadt, wie bei uns der reichste, bekannt«, schreibt Winckelmann, und unüberhörbar ist der Wunsch nach einer Korrektur der Hierarchien seiner Gegenwart. In seiner Schrift »Abhandlung von der Fähigkeit der Empfindung des Schönen in der Kunst und dem Unterrichte in derselben« widmet er sich folglich ganz der Praxis und der Frage nach der Kenntnis des Schönen, der Vermittlung des ästhetischen Gespürs an die Jüngeren – zweifellos in der Überzeugung, dass mit der Entwicklung des Schönheitssinns auch die Möglichkeit eines ästhetischen Korrektivs für gesellschaftliche Fehlentwicklungen gegeben ist. »Zuerst«, lautet sein Vorschlag zum Unterricht, »sollte Herz und Empfindung durch Erklärung der schönsten Stellen alter und neuer Skribenten, sonderlich der Dichter, rührend erweckt und zu eigener Betrachtung des Schönen in aller Art zubereitet werden, weil dieser Weg zur Vollkommenheit führt.« Wer würde da zuzustimmen zögern? Ich sicher nicht.

Und weil Winckelmann hier die Wichtigkeit der Poesie betont, möchte ich enden, indem ich meinerseits die dichterischen Qualitäten feiere, die Winckelmann selbst aufblitzen lässt und auf die auch Goethe hinweist, der Winckelmann als unverkennbaren Poeten lobt, ob er einer sein wolle, so Goethe, oder nicht. Ob Winckelmann die Falten der griechischen Skulpturen beschreibt, ob er, wie schon zitiert, die »Morgenröte von der Wollust« erkennt, dazu die Stille der Meerestiefe unter der gekräuselten Oberfläche – oder ob er sich einer »Beschreibung des Torso im Belvedere zu Rom« widmet: »Fragt diejenigen, die das Schönste in der Natur der Sterblichen kennen, ob sie eine Seite gesehen haben, die mit der linken Seite zu vergleichen ist. Die Wirkung und Gegenwirkung ihrer Muskeln ist mit einem weislichen Maße von abwechselnder Regung und schneller Kraft wunderwürdig abgewogen, und der Leib mußte durch dieselbe zu allem, was er hat vollbringen wollen, tüchtig gemacht werden. So wie in einer anhebenden Bewegung des Meeres die zuvor stille Fläche in einer nebligen Unruhe mit spielenden Wellen anwächst, wo eine von der anderen verschlungen und aus derselben wiederum hervorgewälzt wird, ebenso sanfte aufgeschwellt und schwebend gezogen fließt hier eine Muskel in die andere, und eine dritte, die sich zwischen ihnen erhebt und ihre Bewegung zu verstärken scheint, verliert sich in jene, und unser Blick wird gleichsam mit verschlungen.«

Sehr gut möglich, meine ich, dass dieser hellenische Schuhflickersohn aus Stendal, der zum Römer wurde und damit auch uns ein Vorbild an grenzüberschreitender Offenheit und Neugier ist, dass dieser gründlich geborene Heide, aus dem Munde des Altertums redend, auch zu uns spricht. Überaus wahrscheinlich auch, dass wir von seinen Idealen der Schönheit, der Freundschaft, für unsere wirren und gewalttätigen

Zeiten zu lernen hätten – und auch von dem Ideal des Heidnischen, angesichts der schäumenden Münder und der Fanatismen jedweder Couleur, der Verbohrtheiten und Bosheiten. Es ist ja ungewiss, ob das deutsche Wort »Heide« vom griechischen »éthnos« für »Schar« und »fremdes Volk« abgeleitet ist – oder nicht doch, ganz wie das englische »heathen« von »heath«, von der Heide als unbebautem, offenem Land. Beide aber laden ein, es Winckelmann gleichzutun, also: das Fremde als Eigenes zu begreifen und jenes unbekannte Terrain zu betreten, sich ins Offene zu begeben, um begeistert innezuhalten, zu betrachten, wirklich zu sehen.

Ruf der Eule

Zum Tod des irischen Weltdichters Matthew Sweeney

Was für ein Abenteuer mir entgangen wäre, hätte ich mich Anfang des Jahrtausends nicht bereit erklärt, aushilfsweise die Lesung eines irischen Dichters zu moderieren, dessen Werke mir zwar vertraut waren, den ich persönlich aber zuvor nie kennengelernt hatte. Niemand, das muss als sicher gelten, der mit Matthew Sweeney einmal, und sei es nur kurz, ins Gespräch kam, wird ihn jemals vergessen können, erst recht nicht vergessen wollen; dass sich aber aus unserem Abend in der Berliner Filiale des British Council nicht nur eine professionelle Beziehung zwischen Autor und Übersetzer, sondern eine irisch-deutsche Dichterfreundschaft entwickelte, ist ein Geschenk, das mir bleiben wird.

Ob es sehr irritierend war, bei einem unserer ersten gemeinsamen Abendessen gefragt zu werden, ob mein Pferd vor der Restauranttür stehe und wie es ihm gehe, gleich danach zu hören, wie der hinzutretende Kellner gebeten wurde, dem armen Pferd auf der Straße bitte einen Eimer Wasser zu reichen? Nicht im Geringsten, waren doch alle Begegnungen mit Matthew Sweeney auch Audienzen bei einer schier grenzenlosen Imaginationskraft, bei der Fabulierlust eines Mannes, der wusste, dass die Welt nie ist, was sie scheint, und dass man als Dichter eingeladen ist, sie zu verwandeln, mit ihr zu spielen. Sweeneys Gedichte sind unwiderstehliche Einladungen an den Leser, und immer haben sie auch etwas Erzählerisches an sich, erinnern sie an die Schnurre, die spätabends erzählt wird, das »Komm setz dich zu uns und höre«, an das gesponnene Garn, wie es hoch oben in Donegal, in Irlands äußerstem und vom Atlantik umtosten Winkel, wo Sweeney geboren wurde, an dunklen Winternächten schon dem Jungen angeboten worden sein muss. Viele der Sweeneyschen Gedichte haben eine brillante anekdotische Qualität, auch eine dramatische Seite, denn das Schlüpfen in Rollen ist ja eines der Vergnügen dieser Lyrik, und ungezählt sind die Gestalten, denen man begegnet: ein einäugiger Philosoph in Kathmandu, gleich mehrere furchteinflößende blonde Zwillinge, Ladendiebe im Ruhestand, Friseure und Schatzsucher, Kapitäne und Erhängte, Versicherungsagenten zu Pferd in der Wüste, Kanalbauer und einarmige Kneipenwirte, Pokerspieler und Honighändlerinnen.

Es verwundert nicht, dass ein Mann, der sich in so viele Geschichten und Lebensläufe einfinden konnte, selber auf wundersame Art Gegensätzlichstes in sich zu vereinen wusste, auch was die Einflüsse und Vorlieben angeht, denn Sweeney verehrte Franz Kafka genauso wie Tom Waits, schätzte Beckett ebenso wie baltischen Jazz, war voller Neugier auf die Traditionen anderer Länder, reiste, kostete, lauschte. Und so richtig es ist, ihn einen irischen Dichter zu nennen, einen der bedeutendsten Dichter zumal in diesem an Dichtern nicht eben armen Land, so falsch wäre es zu übersehen, dass sich sein Werk aus vielen Quellen speist. Es ist nicht nur die irische, nicht nur die englischsprachige Poesietradition, die anklingt, sondern auch jene Osteuropas, auch Rumäniens, wo er eine Zeit lang lebte. Und die Liebe zu Kafka, aber auch zu Kleist und anderen deutschsprachigen Autoren bewog ihn, in Freiburg zu studieren, später nach Berlin zu ziehen.

Gewiss, man nimmt Irland in Sweeneys Gedichten wahr, findet sogar einen Schweißfleck mit der Form Irlands auf einem Hemd in der Waschküche; man hört von den Fischern, die nicht schwimmen können, von Mönchen, die eine rätselhafte rosa Milch zu sich nehmen, man lernt Pferde auf abgelegenen Inseln kennen, die nicht nur Irisch plaudern, sondern sogar irische Lieder zu singen wissen, herzzerreißende Balladen über rothaarige Frauen, doch sind Matthew Sweeneys Gedichte nie nur der einen Tradition verpflichtet, sind sie vielmehr offen, wie er selbst es war, für die Welt, für die ganze Welt. Auf U-Boote und UFOs stößt man immer wieder, auch auf Krähen, die vielleicht sogar Kafkas Krähen sein mögen, jene Krähen also, die einen ganzen Himmel zerstören können; man lauscht aber auch einer absurden Geschichte der Glasbläserei, sieht die Haare sämtlicher Friseurgeschäfte Chinas auf die Erde rieseln, erfährt, wie es ist, in einem Kohlkopf zu leben und einen Elefanten zu bestatten. Wenn im Schloss des Teufels ein würziges Ziegencurry auf dem Herd steht und duftet, dann hat man Sweeneys Reich bereits betreten – wie, nebenbei bemerkt, das Essen keine geringe Rolle spielt in seiner Lyrik, des Öfteren auch eine gute Flasche Wein zwischen den Versen entkorkt wird, dass es knallt, was nur folgerichtig ist, war doch Sweeney selber ein Feinschmecker und ein hervorragender Koch, der sich um das Wohl seiner Freunde zu kümmern wusste.

Wirklich, man durfte sich nicht täuschen lassen von dem mitunter rauen Äußeren, denn immer, wenn ein Knurren zu hören war, sah man zugleich ein Blitzen in den Augen. Jedes einzelne von Sweeneys Barthaaren war ein Sensor für das Wunderbare, und nichts wäre fataler gewesen, als wegen einer schroffen Wendung zu übersehen, dass Matthew Sweeney als Dichter wie als Mensch sich den Dingen mit größter Zärtlichkeit zuwandte, ja, dass er selbst von großer Empfindsamkeit war, allen Kleinigkeiten zugeneigt und allen Wesen, auch, in seinen lyrischen Widmungen, all den Toten, zu denen er sich nun selber hinzugesellen muss, in den Gedichten auf den verstorbenen Vater, auf die Schwester (man lese nur sein wunderbares Gedicht »Little Flower«, »Kleine Blume«, das ihr zugedacht ist!), auf Seamus Heaney und Dennis O'Driscoll, um nur einige zu nennen.

Der Geisterwelt war er immer zugetan, dem unheimlichen Zwischenreich, man trifft auf Geisterköche und Skelette, auf saufende Zwerge, die an Kronleuchtern schwingen, und auch im Gespräch konnte Matthew vollkommen überzeugend von seinen eigenen, womöglich nur gut erfundenen Gespensterbegegnungen berichten. Jedes Gedicht vollbrachte jedoch das Kunststück, dass sich gleichzeitig die Haare sträubten und man zum Lachen gereizt wurde. Ja, Sweeney hatte stets ein Faible für das Morbide, für jenen Koch zum Beispiel, der aus dem Grab zurückkehrt, um noch einmal, ein letztes Mal das Hackebeil zu schwingen. Aber wie erschüttert liest man nun ein Gedicht wie »An End« aus dem Band *The Bridal Suite* von 1997, einem von vielen erstaunlichen Büchern: »I want to end up in Inishtrahull/ in the small graveyard there/ on the high side of the island«, erklärt der Dichter da und listet seine Wünsche auf: Ein Helikopter als letztes Transportmittel solle es sein, begleitet von zwanzig Schnellbooten, dann Thaigerichte für alle und kühles Bier, aber keine Blumen bitte, nur Kakteen auf dem Grab, sowie ein Grabstein aus Glas. Und ebenso verstörend ist ein Blick auf sein Gedicht »Ich will nicht alt werden«, das er vor einem Jahr, als die ersten Symptome der furchtbaren Krankheit sich zeigten, aus dem Programm nahm, während wir noch lesend, seine neuen Bücher präsentierend, durch Deutschland und Irland reisten – denn mehr als fünfundsechzig Jahre hätten es doch sein dürfen, sein müssen. Mit welcher Würde und mit welch schönem Trotz er dennoch weiter tat, was er tun musste, war ergreifend; wie er sich mit einer abermals gesteigerten Schreibtätigkeit wehrte gegen das, was seinem Körper mehr und mehr zu schaffen machte. So entstanden zahlreiche neue Gedichte, unter anderem ein längerer Zyklus mit dem Titel »Die Eule«, jenem Botentier zugedacht, das, wie auch die geliebte Krähe, Matthews Wappenvogel hätte sein können: »Niemand weiß, wohin ich gehe,/ nicht einmal ich. Obwohl die Eule,/ die ich gestern Nacht hörte, mich/ vielleicht in jene Gegend führen wird/ und dort die Wächter herausruft, auf dass sie/ einen Kreis um mich bilden, mich willkommen heißen/ oder tun, was immer sie wollen. Ich werde/ nicht sprechen, nicht meinen Namen nennen, selbst/ unter Zwang nicht oder wenn Musik,/ die nicht von dieser Welt ist, erklingt, wie Seeleute/ draußen auf dem Atlantik sie hören, im Nebel,/ der so dicht ist, dass sie ihn erklimmen,/ dem klaren Himmel zu.« Man hätte angesichts dieser Unbeugsamkeit wetten mögen mit ihm, der selbst gelegentlich auf Pferde wettete (ich habe das Geld auf »The Last Samurai« nie gesetzt, was ich nun bereue), dass er noch viele Jahre leben würde, dass man noch so manche Nacht mit Gesprächen zubringen dürfte, ganz wie noch vor nicht einmal einem halben Jahr im irischen Galway, als er auf meine schüchtern vorgebrachte Frage, ob wir wirklich noch eine weitere Flasche Rioja bestellen sollten, grimmig antwortete: »I'll be dead long enough!«

Mit der deutschen Wendung »Alles Gute« pflegte Matthew Sweeney seine englischen Briefe gelegentlich abzuschließen, aber nichts scheint mehr gut. Am vergangenen Sonntag haben die Poesie, die Güte, der herrliche Irrwitz, die Herzlichkeit und die allesverwandelnde Fantasie einen ihrer staunenswertesten Botschafter auf Erden verloren, aber irgendetwas drängt mich, die Möglichkeit zuzulassen, dass Sweeney, irischer Dichter von Welt, doch noch überraschend um die Ecke biegt, aus dem Zug steigt, wie immer mit schmalstem Gepäck, dass er die Restauranttür öffnet und fragt: Und, wo ist es denn nun, dein Pferd?

Ein Prosapferd für Max Jacob

Danksagung und Grußadresse anlässlich des Prix Max Jacob

Sehr geehrte Damen und Herren, wie gerne wäre ich heute bei Ihnen, um gemeinsam mit Ihnen Max Jacob zu ehren. Zu meinem größten Bedauern ist dies nicht möglich, und so danke ich zunächst Alexandre Pateau, der sich zu meiner Freude bereit erklärt hat, an meiner statt zu danken, meinen Dank von Berlin nach Paris zu tragen. Als stünde ich nicht schon genug in Alexandres Schuld, denn nur aufgrund der Arbeit, die Julien Lapeyre de Cabanes und er geleistet haben, war es ja möglich, dass die *Regentonnenvariationen* als *Variations de la citerne* von einer Sprache in die andere gewandert sind, von einem Garten zum anderen wachsen konnten, und nur wegen ihrer gemeinsamen Übersetzung liegen Ihnen meine Gedichte vor.

Zu danken habe ich Alexandre und Julien vor allem aber deshalb, weil eine genaue, gelungene Übersetzung von Lyrik alles andere als eine Selbstverständlichkeit ist; es gibt leider keinerlei Garantie dafür, dass Gedichte mit Leidenschaft, Feingefühl und Kunstverstand übertragen werden, dass also am Ende des Prozesses das nicht geringe Wunder tatsächlich geschieht: Aus einem Gedicht der einen Sprache wird ein wahrhaftiges, gültiges Gedicht in der anderen. Es kann durchaus anders ausgehen – dafür gibt es viele Beispiele, und manch ein Dichter kann Haarsträubendes berichten. So erfuhr etwa ein befreundeter Lyriker aus Schottland erst bei einer Festivaleinladung nach Lissabon, dass eine Auswahl seiner Werke ins Portugiesische übersetzt worden war – darunter ein Gedicht, in dem es um die allseits bekannten, unter Teppichen und in staubigen Zimmerecken anzutreffenden Insekten geht, die als »Silberfische«, im Englischen als »silverfishes« bekannt sind. Und erst als der schottische Freund neben seinem Übersetzer auf der Lissabonner Bühne saß, erfuhr er, dass aus dem Ungeziefer die für die portugiesische Küche und die Grills der Algarve sicherlich typischen, ebenfalls silbernen, hier jedoch keinesfalls gemeinten »Sardinen« geworden waren. Das gesamte Gedicht bekam einen entscheidenden, einen fatalen Zug ins bizarr Kulinarische.

Als Ihre großzügige Nachricht mich erreichte, war nicht nur das grauenvolle Berliner Februarwetter auf einen Schlag erfreulicher und weniger nass-grau geworden, es lag auch sogleich ein Bezug zu Ihnen und Ihrer Gesellschaft offen zutage, eine thematische und emotionale Verbindung zum Namensgeber Ihres Preises. Denn tatsächlich ist es so, dass ich seit vielen Jahren nicht nur die bei Suhrkamp erschienenen deutschen Übersetzungen Max Jacobs mein eigen nenne, sondern einige markante Sätze Jacobs sozusagen auf meiner inneren Pinnwand stets mit mir trage, sie auf Reisen griffbereit dabei habe, sie bei jeder besseren Gelegenheit zitiere, nicht zuletzt, denn es handelt sich um Sätze aus Jacobs *Ratschlägen für einen jungen Dichter*, wenn es sich bei diesen Anlässen um Veranstaltungen zu poetologischen Fragen handelt. »Langweile dich. Denn an dem Tag greifst du zu Federhalter und Papier und bringst vielleicht ein Meisterwerk hervor. Es kommt nur auf die Qualität der Langeweile an.« Das ist einer dieser Sätze, ein ungemein einleuchtender; ein anderer lautet: »Die Hauptsache ist: zu leben, aus der Einbildungskraft zu leben und aus der Brust, zu erfinden, zu wissen, zu spielen. Die Kunst ist ein Spiel. Der hat das Nachsehen, der sich eine Pflicht daraus macht.« Kurz: Jacobs grundsätzliche Überlegungen, an denen er einen jungen Poeten und Schüler teilhaben ließ, wie er wohl immer überaus freigiebig mit seinem Wissen und seiner Kunst umging, entsprechen derart oft meinen eigenen lyrischen Überzeugungen, dass ich mich in ihnen erkenne und von ihnen ermutigt fühle.

Max Jacob, dieser bretonische Kaufmannssohn, Maler und Gelegenheitskunstkritiker, Bohemien und Astrologe, nach Christusvisionen im Kino zum Katholizismus konvertierter Jude, dessen Taufpate und guter Freund Picasso war, dieser Surrealist vor den Surrealisten, der, so liest man, in seinem Leben Verzweiflung und Albernheit, Verrücktheiten wie Selbstzweifel zusammenzufügen versuchte und in seinen Gedichten zusammenzuführen verstand – an welch fantastischen Szenerien lässt er uns teilhaben: Die Hüte napoleonischer Generäle werden vertauscht. Eine Ziege versucht des Nachts verzweifelt, einem wundersamen Scheinwerferstrahl zu entrinnen. Nonnen bestreuen ihre Beete mit Konfetti, weil Gott, so heißt es, die Freude liebe. Die Marquise ist ein Cowboy. Ein Fräulein aus der Stadt nagelt ihren Pantoffel an den Rahmen eines Spiegels. Ein Pferd ist ein Architekt, der ein Pferd ist. Höllenflammen ähneln Artischockenblättern. Ein Pfarrer verwandelt sich in eine Fledermaus und fliegt über den See davon. Die ganze Schönheit des Universums befindet sich im Nebenraum, doch das eigene Zimmer ist voller saufender Straßenräuber und diese behindern den ersehnten Blick durchs Schlüsselloch. »Sonne!«, ruft Max Jacob aus, »auf welche Wunder und Geheimnisse scheinst du hernieder!«, und auch dieser Ausruf ist wahr.

Jacobs Gedichte sind Möglichkeitsräume, in denen alles sich ereignen darf und doch ganz offensichtlich einem präzisen und bei aller Spielfreude strengen ästhetischen Maßstab unterworfen ist. »Überraschen will wenig heißen«, schreibt Jacob, abermals so ganz und gar zustimmungswürdig, »man muß *versetzen* (*transplanter*). Die Überraschung bezaubert und verhindert die wirkliche Schöpfung: sie ist schädlich wie alle Zauberkünste. Ein Schöpfer hat erst hintendrein das Recht, zu bezaubern, wenn das Werk Ort und Stil hat.« So weit Jacob. Ihrer Form nach ähneln seine Gedichte, die im Blocksatz stets rechteckig, zuweilen beinahe quadratisch sind, winzigen, auf dem Papier errichteten Theaterbühnen, auf denen noch das seltsamste Stück mit einer Mischung aus Grauen und Burleske Glaubwürdigkeit beanspruchen darf. Und natürlich handelt es sich fast durchweg um Prosagedichte, diese seltsame, weil schon im Namen scheinbar einen Widerspruch in sich tragende Form – denn, ließe sich mutmaßen, handelt es sich um Prosa, können es keine Gedichte, sind es Gedichte, dürfte es keine Prosa sein. Um zu erfahren, welche Möglichkeiten gleichwohl in dieser Art zu schreiben stecken, kann ein Leser auf Baudelaires *Spleen de Paris* zurückgreifen, auf den sich Jacob in einem Gedicht ausdrücklich bezieht, er kann aber auch einfach an Jacobs eigenen Gedichten seine Freude haben – und sich im Vorwort zur Sammlung *Der Würfelbecher* vom Autor die Vorzüge und Ansprüche dieser Form erklären lassen – denn selbstverständlich, so merkt Jacob an, ist eine Seite Prosa noch lange kein Gedicht in Prosa.

Es wird Sie nicht überraschen, dass auch ich mich, neben anderen formalen Experimenten, gelegentlich am Verfassen von Prosagedichten erfreue, wenn auch nicht in dem Ihnen vorliegenden Buch, den *Regentonnenvariationen*. Da Max Jacob in seinen letzten Lebensjahren keine Sammlungen von Prosagedichten mehr publizierte, seine Texte aber doch regelmäßig Briefen an Freunde anbeigab, ist es vielleicht nicht unangemessen, wenn ich als bescheidene Gegengabe aus dem fernen Berlin ein eigenes, ein neues Prosagedicht in diese ja gezwungenermaßen als Brief verfasste Rede einfüge, ein Prosagedicht, das sich einem in Lyrikerkreisen nicht ganz unbekannten Gaul zuwendet und deshalb wie gemacht scheint, um es hier und heute dem Andenken an den Dichter Max Jacob zu widmen.

pegasus

steht da, als du nach hause kommst, nimmt das zimmer ein, lässt soeben das bücherregal zu boden gehen mit seiner prachtvollen abrissbirne von hintern. das sofa – ausgeweidet; die zierpalme – skelettiert; und bedenklich pendelt die lampe, als er die flügel hebt. er rollt seine augen ins weiß, als brenne irgendein stall; seine nervösen hufe, die wie die fäuste zweier preisboxer umeinander kreisen, kreisen. das klopfen an der decke von unten klingt dringlicher am nächsten tag, nach einer woche ist aus dem brief des vermieters im kasten eine zornige flotte geworden. und abermals wirst du am morgen von zwei schweren, dampfenden kübeln voll pferdemist vom vierten stock in die tiefe gerissen, mit angehaltenem atem wie ein apnoetaucher. der haufen von streng duftendem gelb ist üppig geworden im hof, die nachbarsjungen tuscheln hinter der hand: du bist der spinner, der gold zu stroh macht. als du abends das fenster öffnest, ist er plötzlich ganz ruhig und sieht dich an. du prüfst das sims mit dem fuß. er sieht dich an.

Wer wüsste besser als Sie, meine Damen und Herren, dass das Schicksal Max Jacobs auf das Furchtbarste verflochten ist mit dem dunkelsten Teil der Geschichte meiner eigenen Nation; wie ließe sich vergessen, dass es Männer meines Heimatlandes waren, die Max Jacob an einem Morgen im Jahre 1944 im Benediktinerkloster Saint-Benoît-sur-Loire abholten und ins Lager Drancy verschleppten, wo er bald darauf starb. Dass Sie mit einem Preis im Namen Max Jacobs Gedichte auszeichnen, deren Originale in der Sprache verfasst wurden, in der einst Abkürzungen wie »Gestapo« und »KZ« zu schrecklicher Normalität und schließlich zu Synonymen dessen wurden, was Menschen anderen Menschen zuzufügen imstande sind, fügt meiner Freude über diese Auszeichnung ein Gefühl der Demut hinzu. Ich danke Ihnen von Herzen für den Prix Max Jacob.

Lob des Spreewals

Zum siebzigsten Geburtstag von Richard Pietraß

Es gibt Dichter, deren Werk man schätzt, deren Persönlichkeit es aber geraten sein lässt, sich möglichst von ihnen fernzuhalten, und andererseits gibt es Dichter, die rundum liebenswert sind, über deren Zeilen man aber diskret den großen Mantel des Schweigens breiten möchte. Viele Abstufungen sind denkbar zwischen diesen beiden äußersten Polen, doch wenn wirklich einmal Wesens- und Werkesgüte zusammenkommen in einer Person, wenn man sich zu dieser Idealgestalt dann einen barocken Vollbart hinzudenkt, ein freundlich glucksendes Lachen, das immer dann zu hören ist, wenn die Begeisterung beim Entwerfen sprachlicher Arabesken und geistreicher Wendungen zu immer schnellerer Rede führt – dann wird man zwangsläufig die prachtvolle Gestalt von Richard Pietraß vor Augen haben, der heute angeblich siebzig Jahre alt wird, auch wenn man das angesichts der jungenhaften Energie, die dieser kurz nach Kriegsende in Lichtenstein unweit von Zwickau geborene Wahlberliner in Gesprächen über Apollinaire, Flora, Fauna und Königsberger Klopse an den Tag legt, bei langen Telefonaten oder bei einem Getränk im Café, kaum glauben mag.

Seine Herkunft hat Richard Pietraß, dieses Kind ostpreußischer Flüchtlinge, in einer Reihe von Gedichten zum Thema gemacht. Es gibt anrührende Stücke über den Vater, der nach der Kriegsgefangenschaft als Müller in der neuen Heimat Fuß zu fassen suchte, wie über die Mutter, die den Sohn zum Besuch der Oberschule ermutigte – ein Weg, der nach einer Ausbildung zum Metallhüttenarbeiter zum Studium der Klinischen Psychologie an der Berliner Humboldt-Universität und weiter führte. Auch den Geschwistern hat Pietraß Gedichte gewidmet, eines seiner anrührendsten, den »Suppenruf«, gar allen, den Eltern, den Brüdern, der Schwester, und sowieso ist es oft das persönlich Erlebte, das unmittelbar Erfahrene und Erlittene, das bei ihm zum Gedicht führt. Bei aller Sinnlichkeit, die Pietraß' Gedichte zu geradezu greifbaren Erscheinungen macht, sie duften und klingen lässt, bei aller Lebenslust, die sich sogleich auf den Leser überträgt, lässt sich der Basso continuo der Melancholie und eines großen Ernstes kaum überhören, auch nicht in einem Gedicht wie »Die Gewichte«, das einem der in wechselnden Verlagen publizierten Auswahlbände des Pietraßschen Werkes den Titel gab: »Die Muttermilch und das Vatererbe./ Mein Hunger nach Leben und das Wissen zu sterben./ Der Gang zum Weib, der Hang zum Wort./ Der Keim der Reinheit und wie er langsam verdorrt./ Das Strohfeuer und der glimmende Docht./ Aufruhr, der auf Gesetze pocht./ Die heillose Fahne im bleiernen Rauch./ Galle, verschluckt im Schlemmerbauch./ Die Statuten des exemplarischen Falls./ Mein niemals vollgekriegter Hals./ Der säuernde Rahm, der flüchtige Ruhm./ Die Grube und die Gnade postum.«

Ein Himmelsbestauner und Höllenfahrer also ist dieser Lyriker, den bamselnde Amseln ebenso befeuern wie die Kuriositätenkabinette der Liebe, vor denen er das Säugerknie beugt. Ein Holunderbeschwörer (»Hol über, Holunder«, so lautet ein unvergesslicher Kehrreim), ein Verehrer von Zehenküssen und Murmelkraut, Schattenalge und Auwald, Blauwal und Wind, Lobredner auch der Ampfersuppe, mal zärtlich und mal deftig, dem man beschwingt vom Glück zum Glucksen und von dort zur Glucke der letzten Dinge folgt. In einem Gespräch hat sich

Richard Pietraß zum Gelegenheitsgedicht im Goetheschen Sinne bekannt, und oftmals sind es, wie bei Goethe ja auch, die Herzensdinge, die zu einer solchen Gelegenheit führen: Eine Vielzahl von Versen, die Liebe und Erotik mit der angemessenen Hingabe und Sprachlust feiern, ziehen sich durch dieses Werk, immer aber (»Ketten uns, wie wir schlafen, des andern steiniges Brett/ hungern, lungern, lügen uns schön. Sie ist nicht dünn, ich bin nicht fett.«) veredelt durch den Richard Pietraß eigenen Humor, der vor der eigenen Person nie haltmacht. Thomas Rosenlöcher, der Dichterfreund, hatte ein Grußpoem zum letzten runden Geburtstag, der wirklich und wahrhaftig zehn Jahre her sein muss, so begonnen: »Richard, der alles gern gründlich bespricht,/ Nie einen Eintopf verschmähte und sich/ Selbst mit Humor als Harmonium bezeichnet,/ Aber vor allem für die Poesie lebt«. So ist es, und man muss hinzufügen: Nicht nur die eigene Poesie ist es, für die er lebt. Denn Richard Pietraß war neben seiner Existenz als Dichter immer auch ein Mittler von Gnaden, nahm sich als Herausgeber des legendären *Poesiealbums* (einmal von 1977 bis 1979, dann erneut von 2009 bis 2012) wie als Lektor im Verlag Neues Leben der Werke anderer Dichter leidenschaftlich an und suchte ihnen ihr Publikum, beugte sich auch als kundiger Nachdichter liebevoll über fremde Zeilen – so stammen etwa die vielleicht schönsten Übertragungen der Gedichte des Iren Seamus Heaney ebenfalls von ihm. »Atembehauchte Rekonstruktion«, so bezeichnet Richard Pietraß die Übersetzung eines Gedichts – eine schöne Definition. Hoffen wir, dass sein Gespräch mit den Dingen und den Dichtern dieser Welt noch lange nicht abreißt, dass sein Rahm nicht sauer wird und der Ruhm kein flüchtiger ist, wie es in dem Autorenbildnis »Die Gewichte« befürchtet wurde. Ein weiteres Selbstporträt, nun aber auf lediglich vier Zeilen, finden wir in dem Gedicht »Fontäne«: »Ich nehme den Dialog wieder auf, wie der Blauwal/ Auftauchend aus Atemnot. Rasselnd/ Pumpe ich mich frei, tauche ab. Einmal Luft holen/ In zehn Jahren, das ist genug.« Nun denn: Möge er noch oft – sagen wir: mindestens viermal, das ergäbe, legt man seine eigene Versformel zugrunde, schöne vierzig Jahre –, möge er noch oft aus den tiefen Gewässern Berlins emporsteigen, ein Binnen-, ein Spreewal, damit wir anderen freudig-erregt »There he blows!« ausrufen können wie Melvilles Waljäger von Nantucket. Wer Richard Pietraß auch nur aus der Ferne sichtet, darf dies als gutes Omen werten. Wer ihn näher kennenlernt, schätzt sich glücklich.

Das offene Geheimnis

Zum Tod des amerikanischen Dichters John Ashbery

Philip Larkin, der englische Lyriker mit Hang zu Tradition und gepflegtem Pessimismus, hatte auf die Frage nach dem Kollegen John Ashbery eine eher flapsige Antwort parat: »I'd prefer strawberry.« Dabei hätte gerade ihn beeindrucken müssen, wie geistreich Ashbery mit überlieferten Formen spielte, dem Pantum (in »Hotel Lautréamont«) oder, in »The Painter«, der Sestine, jener rigiden Struktur, für deren Verwendung er die schönste Rechtfertigung gab: Es sei, als fahre man auf dem Rad den Hang hinab, und nicht die Füße trieben die Pedale an, sondern die Pedale die Füße, und man wisse nicht, wo die Fahrt ende. Auch die Gedichte Ashberys, die im *vers libre* gehalten sind, und das ist die Mehrzahl, sind so unberechenbar und frei, wie Verse nur sein können, verblüffend, facettenreich, nie festzunageln auf einen Sinn: »Nun achtete er nur noch auf Zeichen./ War die Zigarre ein Zeichen?/ Und was ist mit dem Schlüssel?«

Dass in der frühen Sestine ein Maler auftritt, kommt nicht von ungefähr, denn es war, neben der Musik, insbesondere dem Werk von John Cage, die bildende Kunst, die Ashbery prägte, der als Kritiker in Paris wirkte, mit Vertretern des *Abstract Expressionism* befreundet war – und dem Manieristen Parmigianino das Titelgedicht seines wohl bekanntesten Buches widmete, *Selbstporträt in einem konvexen Spiegel*, eine poetisch wie intellektuell dichte Reflexion über das berühmte Bildnis, das »so mächtig in seiner/ Zurückhaltung« ist, »daß man nicht lange hinschauen kann./ Das Geheimnis liegt zu offen da.«

Ashbery, geboren 1927 in Rochester, war fünfzig Jahre alt, als ihm dieser siebte Band zu Ruhm und Pulitzer Prize verhalf. Dabei war schon der Anfang gesegnet, denn das erste Buch hatte kein Geringerer als W. H. Auden ermöglicht – auch wenn der später einem Freund anvertraute, er habe kein einziges Wort dieser Lyrik verstanden, in der sich seit jeher Hochsprachliches mit Alltagsslang, ja mit Kalauern verband. Auf den gelegentlich erhobenen Vorwurf der Dunkelheit, der Unverständlichkeit, reagierte Ashbery allerdings verdutzt: Seine Gedichte beschäftigten sich mit der Erfahrung der Erfahrung, was sie bedeuten, bestimme der Leser, der sich in dieser Schlüsselrolle denn auch ein ums andere Mal angesprochen fühlen darf: »Für dich/ habe ich die Beschreibung des Hühner-Sandwiches aufgehoben,/ Und des Glasauges, das vom bronzenen Kaminsims erstaunt/ auf mich starrt und nie befriedet werden kann.«

Oft als Vertreter der *New York School* bezeichnet, war Ashbery doch weniger Teil einer Schule als die Schule selbst, ein Lehrmeister, der für Generationen zum Vorbild wurde, auch in Europa. Uramerikanisch bleiben seine Gedichte dennoch, mit ihren Anklängen an den Jazz, ihrer Nähe zur Metropole New York, dieser »Stadt, die mit ihren schönen Vororten in das All/ Fällt«. Mit Wallace Stevens wurde er verglichen, mit dem er die Eleganz, den Esprit teilt, auch ein Faible für französische Titel, und in seiner Nachfolge wurde er zum bedeutendsten amerikanischen Lyriker der vergangenen Jahrzehnte, der bis zuletzt in Hudson im Bundesstaat New York, vor allem aber in einem »Versailles der Imagination« (so eine Rezensentin des ersten Bandes) wohnte, obwohl er, hört man, bei aller Strahlkraft kein Sonnenkönig war, sondern zugewandt, mit offenem Ohr für die Jüngeren, die er am Bard-College und anderswo schreiben lehrte: »Wie Honig lag das Abendlicht in den Bäumen,/ Als du von mir weg gingst bis ans Ende der Straße,/ Wo der Sonnenuntergang plötzlich vorüber war./ Die verschnörkelte Zugbrücke ließ sich/ Herunter zu den zarten Vergißmeinnicht. Schon stehst du drauf.« Man kann sich des Eindrucks nicht erwehren, dass John Ashbery am vergangenen Sonntag im nahezu biblischen Alter von neunzig Jahren nicht etwa gestorben ist, sondern schlicht einmal mehr an einem Ort ist, wo ihn niemand erwartet hätte.

Hinterm Schilfpalast

Anmerkungen zu Stefan George

Im Januar, also gleich zu Beginn des George-Jahres (das auch Winckelmann, Ingmar Bergman, Emily Brontë und Adalbert Stifter für sich in Anspruch nehmen dürfen), im Januar ließ mir ein befreundeter Lyriker, ein gemeinsames Radiogespräch zu Stefan George im Sinn, eine E-Mail zukommen, in deren Betreffzeile der Name des Jubilars stand, allerdings mit einem abkürzenden »St.« anstelle des Vornamens, »St.George«, was mich zunächst verwirrte und mit einer Mitteilung zu Saint George, dem Heiligen Georg also, dem Drachentöter, rechnen ließ. Auf den zweiten Blick jedoch schien mir das *sanctus* auch als Zusatz bei George nicht vollkommen abwegig zu sein; immerhin hat George selbst sich ja durchaus als Verkünder, als Propheten, als Auserkorenen gesehen und entsprechend inszeniert. Für mich aber stellte sich angesichts des Missverständnisses erneut die Frage, ob ich Stefan George als Heiligen sehen oder ihn nicht doch auf der Seite der Drachen verorten würde.

Ich hatte immer eine gewisse Scheu vor der »pontifikalen Linie« der Dichtung, wie Bertolt Brecht es einmal bezeichnet hat, vor all jenen selbsternannten Poesiepäpsten also in ihrer Unfehlbarkeit und mit ihrem strengen Blick, zu denen für mich neben André Breton im Kreise seiner Surrealisten auch Stefan George mit seiner Gefolgschaft zählte. Das Selbstgewisse, das Apodiktische, das beiden zu eigen ist, schien mir stets im Widerspruch zur Poesie selbst zu stehen, für deren Gelingen mir der Zweifel, die Unsicherheit, eine Offenheit allen Möglichkeiten gegenüber unabdingbar zu sein scheint, eine

Haltung, kurz gesagt, die John Keats einmal als »negative capability« bezeichnete. Faszinierend als Figur war George dennoch, auch wenn ich ihn stets mied, so gut es ging, und was die Verwirrung noch größer machte, war, dass eine Reihe seiner poetologischen Aussagen im Grundsatz nicht nur mir schlüssig erschienen, sondern vor allem von solchen Dichtern geteilt wurden, die ich aufrichtig bewundern konnte und deren Leben und Werk doch so ganz anders waren als Georges. Wenn Stefan George in seiner Vorrede zum *Jahr der Seele* darum bittet, man möge »bei einer dichtung vermeiden sich unweise an das menschliche oder landschaftliche urbild zu kehren«, also als Leser nicht nach einem authentischen Kern, der bekenntnishaften Aussage, dem biografischen Anlass des Gedichts suchen, weil der, so George, »durch die kunst solche umformung erfahren« habe, »dass es dem schöpfer selber unbedeutend wurde«, so muss ihm jeder zustimmen, der ein Gedicht nicht als Ausdruck individueller Befindlichkeiten sieht, sondern als Sprachkunstwerk, das alles Persönliche übersteigt und gerade deshalb dem Leser die Möglichkeit bietet, es zum Echoraum seines eigenen Lebens zu machen. Wenn George in seinen Ausführungen *Über Dichtung* anmerkt, dass tiefster Eindruck und stärkstes Empfinden noch keine Garantie für ein gutes Gedicht seien, beide erst mit Geschick umgesetzt werden müssten »in die klangliche stimmung«, die, so George, »eine gewisse ruhe, ja freudigkeit« erfordere, so verwirrt zwar das Wort »Freudigkeit«, das mir so gar nicht zu dem strengen Exerzitienmeister aus Bingen passen will, wird aber gleichzeitig an eine Tradition angeknüpft, die von Poe über Baudelaire zu George führt und von dort weiter zu Benns berühmtem Marburger Vortrag über *Probleme der Lyrik*, in dem er George fast zu paraphrasieren scheint und schließlich in dessen Sinne verlautbart: »Wenn Sie vom Gereimten das Stimmungsmäßige abziehen, was dann übrigbleibt, wenn dann noch etwas übrigbleibt, das ist dann vielleicht ein Gedicht.« Und wenn George schließlich, erneut in seinen Sätzen *Über Dichtung*, zur Aussage »Strengstes maass ist zugleich höchste freiheit« gelangt, so formuliert er damit bündig eines jener beglückenden Paradoxa, die auch für mich die Lyrik kennzeichnen. Robert Frost hätte zweifellos zugestimmt, formulierte denselben Sachverhalt nur um eine Winzigkeit anders, als er, gefragt nach Form und Maß, sinngemäß antwortete, er spiele ja auch nicht Tennis ohne Netz. Ich finde, mit anderen Worten, zahlreiche Anknüpfungspunkte in den poetologischen Äußerungen Georges, und wenn dennoch Zweifel bleiben, so auch deshalb, weil ein Begriff bei George nirgendwo auftaucht, ein Aspekt vollkommen fehlt – der des Spiels, des Spielerischen. Möglicherweise liegt hier ein Grund für mein Befremden, denn wo die Dichtung für George Feierlichkeit, Weihe, Messe ist, so war sie für mich immer auch Spiel, eines allerdings, das die Epiphanie nie ausschließt. Denn dass Leichtigkeit und Erleuchtung, dass Schweben und Schwere einander nicht ausschließen, sie vielmehr in ein und derselben Zeile, demselben Bild zusammenfallen können, ist für mich eine weitere, herrliche Widersprüchlichkeit der Lyrik.

Wer wüsste besser als Sie, meine Damen und Herren, welche Vorbehalte gegenüber Stefan George geltend gemacht werden, wie leicht er es den Spöttern macht. Und doch kann ich Ihnen nicht ersparen, all das zu nennen, was auch mich immer abgeschreckt, ja abgestoßen hat, Details, die für sich genommen unerheblich wären, sich aber zu einem Gesamtbild fügen, das ich als Ideal nie annehmen konnte: Die Herrscherpose, der maßlose Anspruch dessen, der zugleich nur zweit- bis drittrangige Dichter um sich ertragen konnte. Die Eilfertigkeit seiner Jünger und sein schockierender Umgang mit ihnen, angefangen mit Carl August Klein, der sich ihm als schattenhafter

Sekretär bis zur Selbstaufgabe unterwarf, sich sogar den Zweitnamen August von seinem »Herrn und Gebieter« aufzwingen ließ, um an Goethes Weimarer Herzog zu erinnern, ein Zweitname, der in denkbar größtem Kontrast zum eigentlichen Nachnamen Klein steht, bis hin zu Friedrich Gundolf, dessen wirklicher Name Gundelfinger ebenfalls vom Meister gelöscht wurde, der diesen vormaligen Lieblingsschüler erst von einer Heirat abzuhalten versuchte und ihn dann kurzerhand verstieß. Die Wiener Posse sodann um den heftig umworbenen Hugo von Hofmannsthal, die fast damit endete, dass George den Gymnasiasten von Hofmannsthal zum Duell herausforderte. Die Ressentiments gegenüber Frauen und Andersgesinnten. Die abenteuerliche Eitelkeit, die ihn ein Gedicht, das Karl Wolfskehl unter dem Titel »Der Meister«, was sonst, auf ihn verfasst hatte, als Sonderdruck an alle Gefolgsleute verteilen ließ. Die gepuderten Haare, der Brillenhass, das Faible für exquisiten Tabak und die Gewohnheit, ein Weihrauchkorn auf der Zigarettenglut zergehen zu lassen. Die fast priestergleiche Kluft, der Stehkragen und der schwarze Rock, diese Fixierung auf Äußerlichkeiten; die Begierde, das eigene Gesicht auf Fotos reproduzieren zu lassen, aus Eitelkeit stets von der Seite aufgenommen, die hohe Stirn, die dadurch zur Geltung kommen soll, dass die Haare über ihr zu einer regelrechten zweiten hohen Stirn frisiert sind, die eigentliche Stirn überwölbend, eine Art Doppeldenkerstirn, wie er dabei zur Ikone erstarren will, sich in Szene setzt, in seinen Fotos liegt wie Bela Lugosi in seinem Hollywoodsarg, und wie seine Jünger, all das junge Blut um ihn herum, diese Aufnahmen verteilen und hüten wie Reliquien. Wie er so offensichtlich Dante zu ähnln versucht, ja sogar bei Münchner Kostümfesten als Dante auftritt, mit dem später als Gottheit verklärten Schuljungen Maximilian Kronberger im Kostüm eines Florentiner Edelknaben als Accessoire, was in seiner Abgeschmacktheit fast schon rührend ist. Die ungeheuerliche Hybris, die in alldem grell sichtbar wird, auch in der Aussage, dass er ein »Barometer für Deutschland« sei und in seiner Verfassung, seinen Krankheiten angezeigt werde, »was am Leibe Deutschlands geschieht«, und sogar in der neugeschaffenen Schrifttype, in den berühmten Manierismen wie dem schwebenden Punkt und der Kleinschreibung, die allen Lesern auch visuell übermitteln möchte, dass dies seine Sprache, keinesfalls ihre ist, die rhetorische Selbstsalbung, das Reden vom »mir zubedungnen range«, kurz, all das, was Adorno so treffend »das Angemaßte von Würde, die einer sich selbst verleiht wie eine Phantasieuniform« nannte. All das wäre der Erwähnung nicht wert, wenn Leben und Werk auch bei George zu trennen wären, doch geschieht die Selbstinszenierung bei ihm eben nicht nur durch Fotos, sondern mit jedem einzelnen Gedicht. Und so scheint umgekehrt das Herrische seiner Kunst und seines Kunstanspruchs, ungewollt, aber keinesfalls zufällig, viel von den folgenden politischen Entwicklungen und den historischen Tragödien vorwegzunehmen: »Ich war des festen glaubens dass wir, Sie und ich«, schreibt George lange nach der unglücklichen ersten Begegnung an Hugo von Hofmannsthal, »durch jahre in unserem schrifttum eine sehr heilsame diktatur hätten üben können.«

Dennoch gestehe ich, dass ich dem Zauber von Georges Lyrik erliegen kann, ja dass ich die Wertschätzung des Wortes »Zauber«, das so oft bei ihm auftaucht, nachvollziehen, ich die Schönheiten »im verzauberten gehau«, wie es im *Algabal* heißt, wahrzunehmen vermag; mögen sich mir die Haare sträuben bei allem, was mit seiner Verehrung als Meister zu tun hat, so kann ich doch das Meisterhafte seines Werkes bewundern, das sich in so vielen Details offenbart, in der hohen Musikalität, in den kunstvollen Ketten der Alliterationen (»Wir schüren den brand/ Im hofe des heils/ Und harren in zagendem sange« aus dem »Geheimopfer« könnte fast Teil eines Wagner-Librettos sein), in der virtuosen Handhabung des Reims, des reinen Reims zumeist, aber auch so übermütiger Paarungen wie »fern klagt« und »gern fragt«, »leis auf« und »kreislauf«, »schwur laut« und »urlaub«. Herrlich ist es, wenn im dritten Buch des *Stern des Bundes* das Wort »blüht« jeweils am Ende der drei abschließenden Zeilen wiederholt wird, bis die Sprache, um die es dort geht, tatsächlich zu blühen scheint: »untilgbar ist das wort das blüht./ Hört uns! nehmt an! trotz eurer gunst: es blüht -/ Übt an uns mord und reicher blüht was blüht!« Eine noch erstaunlichere Wirkung tritt ein, wenn im *Jahr der Seele* das Adjektiv »leer« in zwei Zeilen gleich dreimal auftaucht, was die Leere schier unerträglich macht: »Nun heb ich wieder meine leeren augen/ Und in die leere nacht die leeren hände«. Immer wieder verblüffen mich Georges Wortfindungen, seine Wortneubildungen und (»das vieh ist doppelt melk«) seine extravaganten Wendungen, ganz zu schweigen von Sprachbildern, die unvergesslich werden. Man nehme ein Gedicht, beispielsweise aus dem bereits erwähnten Buch *Algabal*, in dem der Garten dieses kalten römischen Herrscherästheten, seine starre Schönheit und »seiner vögel leblose schwärme« geschildert werden und mehrere der genannten Kunstgriffe zusammenkommen:

> Von kohle die stämme – von kohle die äste
> Und düstere felder am düsteren rain –
> Der früchte nimmer gebrochene läste
> Glänzen wie lava im pinien-hain.

Erstaunlich ist es, wie hier durch die Doppelung des Wortes »kohle« in der ersten Zeile und die darauf folgende Doppelung des Wortes »düster« in der zweiten Zeile ein schier undurchdringliches, allumfassendes Dunkel gebildet wird, nur damit dann, in den letzten zwei Zeilen der Strophe, nach Art der Hell-Dunkel-Malerei, des *chiaroscuro*, die Früchte umso heller leuchten können, fast schmerzhaft, gleißend »wie lava«. Und in der letzten Strophe desselben Gedichts kann man nur bewundern, wie effektiv ein abrupter Rhythmuswechsel ungeahnte Wirkung erzeugt; es spricht erneut Algabal:

> Wie zeug ich dich aber im heiligtume
> – So fragt ich wenn ich es sinnend durchmass
> In kühnen gespinsten der sorge vergass –
> Dunkle grosse schwarze blume?

Nach dreizehn Zeilen, in denen ein fast tänzerisches, daktylisches Metrum bestimmend war, schließt George hier mit einem vierhebigen Trochäus ab: »Dunkle grosse schwarze blume« – drei Adjektive, dann die dazugehörige Blume, und jedes Wort ist zweisilbig, will einzeln gesprochen, will betont werden und Gewicht erhalten, mit dem Resultat, dass diese finstere Blume, mit der das Gedicht endet, rätselhaft und bedrohlich ins schier Unermessliche wächst.

Dem Spielerischen, das ich vermisse, ja einer fast heiteren Leichtigkeit kommt George, so finde ich, in einem ganz kurzen Gedicht am nächsten – die Rede ist natürlich von den weißen Aras, jenem Gedicht mit nur acht Zeilen, die dafür beinahe liedhaft gereimt sind, es ist eine Miniatur, eine Fantasie, der alle Schwere des *Algabal*-Gedichts abgeht, obwohl sie eine ähnliche Exotik beschwört. Ich habe mich immer gefragt, ob es sich bei den »weissen ara« mit den »safrangelben kronen« in Wahrheit um Kakadus handeln könnte, doch tauchen weiße Ara auch an anderen Stellen der Literatur auf, etwa bei Walter Benjamin, der die formale Strenge in Georges *Stern des Bundes* als das »choreographische Arrangement des Veitstanzes« bezeichnen sollte, dessen Blick aber in den *Städtebildern* von Georges seltsamem Vogel angezogen wird: »Ein Korbverkäufer mit allerhand Ware, bunter, wie man sie überall auf Capri kaufen kann, doppelten Henkelkörben mit quadratisch strengen Mustern, trägt auf der Spitze seiner Stange glanzpapierne Bauer mit glanzpapiernen Vögelchen im Innern. Aber auch ein wirklicher Papagei, ein weißer Ara, ist manchmal zu sehen.« Wichtiger als Fragen der Klassifizierung ist jedoch, dass die Laute der Wörter »Ara« und »Safran« bei George mit ihren duftenden, prachtvollen Vokalen eine Liaison eingehen dürfen, was mit dem Wort »Kakadu« nicht gelänge:

> Meine weissen ara haben safrangelbe kronen
> Hinterm gitter wo sie wohnen
> Nicken sie in schlanken ringen
> Ohne ruf ohne sang
> Schlummern lang
> Breiten niemals ihre schwingen –
> Meine weissen ara träumen
> Von den fernen dattelbäumen.

Würde ich gebeten, ein Lieblingsgedicht von George zu nennen, so wäre es vielleicht dieses – oder aber ein noch früheres aus dem zweiten Buch des jungen George, aus den *Pilgerfahrten* also, das weitaus dunkler ist, ja unheimlich, das sich fast in der Tradition der Schauerballade verorten ließe, wenngleich der Ton alles andere als balladesk ist und auch die Handlung erst erschlossen werden will, eher angedeutet als auserzählt ist:

Mühle lass die arme still
Da die heide ruhen will.
Teiche auf den tauwind harren
Ihrer pflegen lichte lanzen
Und die kleinen Bäume starren
Wie getünchte ginsterpflanzen.

Weisse kinder schleifen leis
Überm see auf blindem eis
Nach dem segentag – sie kehren
Heim zum dorf in stillgebeten –
DIE beim fernen gott der lehren –
DIE schon bei dem naherflehten.

Kam ein pfiff am grund entlang?
Alle lampen flackern bang.
War es nicht als ob es riefe?
Es empfingen ihre bräute
Schwarze knaben aus der tiefe ..
Glocke läute glocke läute!

Das Metrum entspricht hier jenem der letzten Zeile aus Algabals Garten und lässt eine getragene Musik erklingen. Die zwei Auftaktzeilen, die wie die Anfänge aller drei Strophen zu einem Paarreim gefasst sind, gefolgt von vier kreuzgereimten Versen, frieren das gesamte Bild ein, evozieren knapp und elegant den Winter, die Winterkälte, nehmen aber zugleich in Klang und Bild die Klage vorweg, die am Platz sein wird, wenn das Gedicht seinem Ende zugeht. Und wie einfach, aber wirkungsvoll die »weissen kinder« aus der zweiten Strophe mit den »schwarzen knaben« aus der dritten eine Beziehung einzugehen gezwungen sind, wie erschütternd und wie gelungen der Schluss ist: »War es nicht als ob es riefe?/ Es empfingen ihre bräute/ Schwarze knaben aus der tiefe…/ Glocke läute glocke läute!« Und auch hier ist es die scheinbar simple, aber mit großer Kunst gesetzte Wiederholung, die dafür sorgt, dass die Glocke wirklich läutet, ja über das Ende des Gedichts hinaus gellt und dröhnt und in den Ohren des Lesers lange nicht verstummt.

Ich kann nicht leugnen, dass nur eine Handvoll der Gedichte Stefan Georges mich mit derartiger Begeisterung erfüllt, dass sie bei vielen anderen getrübt wird, was auch an der Üppigkeit der Ausstattung, der überbordenden Requisite liegt. Wenn George »in heidnischer verzückung«, wie er es nennt, von Heiligkeit und Seherwort spricht, in Purpur und Weihrauch, Elfenbein und Lapislazuli, in Rosennebel und Myrtenhagen schwelgt, wenn er Unmengen an Juwelen, Damast, an kristallenen Lüstern und Marmor, an Sammetdecken und sonnigem Seim auffährt, Diademe und duftigen Tau beschwört, Schalmei und schimmernden Tand, wenn er von vergilbten Schicksalsprüchen raunt, zu Flötenklängen balsamischen Wein, Alabastersterne, Brokat und Schnüre von Perlen präsentiert, so wünsche ich mich fort aus seinen hohen Palästen und seinen lichten Tempeln. George geht »gesalbt/ Mit perserdüften«, geht als »salbentrunkner prinz« und in »blasser erdenferner festlichkeit«, ich hingegen sehne mich zunehmend nach Erdennähe, auch deshalb, weil bei all dem Geschmeide und dem Parfüm der Verdacht aufkeimt, dass man mit diesem Wabernden, Weihrauchschwenkenden allzu oft ins Allgemeine und damit Unverbindliche gelockt wird – wie ja George selber, so liest man, sich nie festlegte und seine Jünger um seine Gunst streiten ließ, ohne je Partei für die eine oder die andere Seite zu ergreifen. Und gelegentlich fällt es dann auch schwer, nicht von Überfülle zu sprechen – das bösere Wort »Kitsch« wählt abermals Adorno, der zweifellos recht damit hat, dass das Heikle von Zeilen wie »Ich schlürfe dich mit jedem tranke/ Ich küsse dich mit jedem Duft« nur durch die spezielle Orthografie und die Manierismen Georges kaschiert wird. Und wirklich staunt man, wenn etwa in dem schönen und oft anthologisierten Gedicht »Es lacht in dem steigenden Jahr dir« ein wurzelhaftes, geerdetes Wort wie »Eppich«, also der Sellerie, auftaucht, man ist verblüfft, ja fast schockiert, wenn im »Teppich des Lebens« das wirkliche und wahrhaftige Frascati genannt wird, ein Ort von dieser Welt. Durchaus, man kann schwelgen in dieser Poesie, es wimmelt geradezu von berauschenden Passagen, aber nur wenige beglücken mich und sind dann so überraschend und wohltuend wie der Geruch echten Brotes in einer Parfümerie.

Nicht nur ich ziehe ja das Frühwerk Georges den späteren Büchern, jenen also, die dem *Teppich des Lebens* folgen, vor. Das liegt auch daran, dass in Georges letzten Gedichtbänden die Ästhetik immer mehr von der Programmatik bestimmt wird, dass der Dichter George, wenn man so will, immer mehr im Auftrag des Lehrers, des Propheten, des Meisters schreibt, dass die Poesie, mit anderen Worten, Mittel zu einem Zweck wird und der bei aller Ausstattungslust doch reine Gesang durch die Liturgie ersetzt wird, ganz besonders im *Stern des Bundes*. Ich wünschte, wie gesagt, ich könnte Georges Leben von seinem Werk trennen, wie es bei anderen Dichtern ohne weiteres möglich ist, doch es will nicht gelingen, und so werden selbst die herrlichsten Gedichte zu Spiegeln seiner Hybris, insbesondere dort, wo er zum Verkünder des Gottes Maximin wird, zu dem er den von seiner Apotheose sicher nichts ahnenden Maximilian Kronberger erkor, dort, wo er sich als Hüter eines Kultes gibt, der in seinem »brünstigen beschwören«, so George, kaum erträglich ist: »Die ihr mir folgt und fragend mich umringt/

Mehr deutet nicht! ihr habt nur mich durch ihn!« Die Selbststilisierung prägt fast jede Zeile.

Nun kann man George ganz sicher nicht vorwerfen, dass er die Ironie meidet. Auch dass er denkbar weit entfernt ist von britischem Understatement oder amerikanischer Lässigkeit, kann nicht verwundern bei einem Mann, der gerade die »amerikanisierung« fürchtete, durch sie »die völlige entseelung der menschheit« nahen sah, gar »die verameisung der erde«, wie er 1918 notiert: »Was heraufkommt, ist eine Generation, für die das Schnoddrige die einzige Äußerungsform ist, die von einem Ideal nichts mehr weiß, keinen Begriff mehr hat von Pflicht, die aber amerikanisch gut gepflegt ist.« George, so liest man, aß nicht einmal Ananas, weil ihm diese Frucht als Inbegriff des Amerikanischen galt. Mir selbst war die Dichtung des anglo-amerikanischen Raums stets besonders wichtig, das gestehe ich gern, doch ist es weniger die Fähigkeit zur Selbstironie, zum Sprechen mit »tongue in cheek«, die ich bei George vermisse, als der Glaube daran, dass auch im Gewöhnlichen eine Erhabenheit zu entdecken ist. Selbst Wallace Stevens, der wie George von Baudelaire beeinflusst war und bei dem allerlei Weihrauch und Purpur und symbolistischer Brokat zu finden sind, vermag doch die schwere Ausstattung zum Schweben zu bringen – vielleicht weil er (wie andere Dichter, die ich nennen könnte) nicht dem Aristokratischen, sondern dem Demokratischen verpflichtet war. Das gilt auch für einen Dichter wie Auden, der ebenfalls einen Kreis um sich scharte und durchaus herrisch auftreten konnte, gleichzeitig aber Martinis mixte und in karierten Pantoffeln durch Manhattan lief. Sein Gesicht, so konstatierte der legendär knittrige, faltige, zerklüftete Auden im Alter, wirke auf ihn wie ein Geburtstagskuchen, den man über Nacht draußen im Regen stehen gelassen habe. Unvorstellbar, dass George eines seiner eigenen starren Dante-

Porträts mit ähnlichen Worten kommentiert hätte. Und umgekehrt wäre es dem Auden der Geburtstagskuchenvergleiche nicht im Traum eingefallen, eine Aussage wie diese von George zu treffen: »Ob einer ein dichter ist darüber entscheidet rascher und [...] grade so untrüglich sein gesicht wie sein gedicht.«

Bevor ich ganz und gar in Ungnade bei Ihnen falle, meine Damen und Herren, beeile ich mich, weitere Lieblingsgedichte von George zu nennen, die allerdings in dem schmalen Prosaband der Gesamtausgabe zu finden und nicht als Gedichte, sondern als Traumskizzen klassifiziert sind. Es handelt sich um jene kurzen Prosastücke, die so ganz anders im Ton sind und am ehesten an die berühmten *poèmes en prose* in Baudelaires *Spleen de Paris* denken lassen. »Die Barke«, so heißt eines davon:

> Unsere barke tauchte und hob sich ächzend mitten auf dem meer in nässendem sturm. Ich war am steuer hielt es mit krampfender hand meine zähne standen fest auf der unterlippe und mein wille kämpfte gegen das wetter. So trieben wir ein stück selber still im rasenden lärm. Da aber erschlaffte der frost meine finger mein wille lahmte so dass ich losliess. Und die barke sank und die wellen schlugen drüber und wir werden alle sterben.

Welch eine mitreißende Miniatur – und wie erstaunlich und effektiv der Zeitensprung nur mit den letzten vier Worten ist! Auch die übrigen vier Traumbilder sind faszinierend, sodass man sich wünscht, George hätte noch weitere Prosagedichte, denn um solche handelt es sich, verfasst. Ist nicht hier der Sprachkünstler George am Werk, ohne dass ihm die Kunstfigur George den Stift führt, soeben erwacht und noch nicht im schwarzen Priestergewand? So unverstellt noch, dass er sich ganz auf das Bild konzentriert, dass seine handwerkliche Brillanz wie von selbst wirken kann und gerade deshalb Preziosen von großer Dringlichkeit entstehen? Man könnte staunen darüber, ausgerechnet hier, am Rande des Georgeschen Werkes, fündig geworden zu sein, erführe man nicht dann, dass Adorno einige dieser Träume in seine rettende, imaginäre Anthologie von George-Gedichten aufgenommen hätte: »Es sind Träume finstersten Wesens«, so Adorno, »inkommensurabel der apollinisch in sich ruhenden Gestalt, die später das Dogma des Dichters verherrlichte: Gesichte des Untergangs, in denen mythische und moderne Momente in Konstellation treten wie manchmal bei Proust und dann im Surrealismus.«

Sobald George versäumt, den Meister zu spielen, kann ich seine Meisterschaft rückhaltlos bewundern – und vielleicht ist mir deshalb der Übersetzer immer noch der liebste von allen Georges, stellt er sich doch hier mit all seiner Kunst in den Dienst der verehrten Dichter und sieht davon ab, sein eigenes Bildnis in Versform zu erschaffen: »Du Meister mir und Stab um mich zu lenken/ Du bist der einzige dem ich entnommen/ Den schönen stil des rühmend sie gedenken!« – was Dante hier zu Vergil sagt, könnte Stefan George seinerseits zu Dante sagen, ja es scheint, als spräche hier wirklich George selbst: Demut ist da plötzlich statt Hochmut im Umgang mit seinen Heroen. Und so bewundernswert die Fremdsprachenkenntnisse Georges sind (neben dem Griechischen, Lateinischen, Dänischen, Norwegischen und Polnischen stehen Übersetzungen aus dem Italienischen, Englischen, Französischen und Niederländischen und sogar eigene Gedichte, die George auf Englisch und Spanisch verfasste), so sympathisch ist mir seine Bereitschaft, von anderen Traditionen als der eigenen zu lernen, von Dante, aber nicht zuletzt und am augenfälligsten von den französischen Symbolisten, von Baudelaire etwa, dessen »Albatros« er so wunderbar übersetzt hat:

> Oft kommt es dass das schiffsvolk zum vergnügen
> Die albatros – die grossen vögel – fängt
> Die sorglos folgen wenn auf seinen zügen
> Das schiff sich durch die schlimmen klippen zwängt.
>
> Kaum sind sie unten auf des deckes gängen
> Als sie – die herrn im azur – ungeschickt
> Die grossen weissen flügel traurig hängen
> Und an der seite schleifen wie geknickt.
>
> Er sonst so flink ist nun der matte steife.
> Der lüfte könig duldet spott und schmach:
> Der eine neckt ihn mit der tabakspfeife –
> Ein andrer ahmt den flug des armen nach.
>
> Der dichter ist wie jener fürst der wolke –
> Er haust im sturm – er lacht dem bogenstrang.
> Doch hindern drunten zwischen frechem volke
> Die riesenhaften flügel ihn am gang.

In seiner Vorrede zu den Übertragungen der *Fleurs du mal* betont George, dass deren Anlass nicht war, einen fremden Verfasser einführen zu wollen, sondern, wie es heißt, eine »ursprüngliche reine freude am formen«. Dies kann kein schlechtes Prinzip beim Übersetzen von Lyrik sein, scheint mir, und vielleicht gelangte George so, zwischen Treue und dichterischem Eigensinn die perfekte Balance findend, zu derart gekonnten Nachdichtungen von Shakespeare, Dante und Baudelaire, nicht zu vergessen Mallarmé, an dessen legendären Dienstagabenden der junge George in Paris teilnehmen durfte und dem er einen eigenen Prosatext widmete.

»Jeden wahren künstler«, schreibt George dort über Mallarmé, doch wir ahnen, dass er im Grunde über sich selbst spricht, jeden Künstler »hat einmal die sehnsucht befallen in einer sprache sich auszudrücken deren die unheilige menge sich nie bedienen würde oder seine worte so zu stellen dass nur der eingeweihte ihre hehre bestimmung erkenne«. Da ist er wieder, jener Dünkel, der George für mich so fern und so fremd sein lässt, die Rede von der »unheiligen Menge«, über die er sich immer wieder und in allen Schaffensphasen verächtlich äußert, denn »das niedre«, so George, »fristet larvenhaft sich fort«. Aber ist es nicht so, dass jeder einzelne in dieser Menge zum Heiligen werden kann, ganz unvermutet? Und ist nicht gerade dies das Herrliche an der Lyrik, dass ihr Material, die Sprache also, eben jene ist, derer sich auch die Menge bedient, die also jeder in dieser Menge zu sprechen lernt, und ist es nicht vielmehr die Größe der Poesie, dass sie die Sprache, die jeder zu verstehen meint, plötzlich fremd und neu erscheinen lässt, als hörte er sie zum ersten Mal, und dennoch vertraut? William Carlos Williams, der Dichter und Kinderarzt aus Rutherford, der in fast allem das Gegenteil von George ist, antwortete auf die Frage, woher er eigentlich seine Sprache habe, sie stamme aus dem Munde polnischer Mütter, seiner Patientinnen nämlich.

Ich möchte die Fotos, die seine Gefolgschaft wie heilige Tafeln herumreichte, gerne vergessen und stelle mir George am liebsten in einer Szene vor, die er selbst in einem Gedicht beschreibt. Hier also sitzt das Kind, der Knabe Stefan, allein im Schilf am Fluss, und das heißt: in Bingen am Rhein, und er spricht in seiner Sprache, seiner eigenen, von ihm erfundenen, in einer Geheimsprache, die es tatsächlich gab, eine Sprache, in die George den gesamten ersten Gesang der *Odyssee* übersetzte und von der seine Jünger doch nur zwei Zeilen nicht vernichtet haben, eben jene zwei Zeilen, mit denen George sein Kindheitsgedicht mit dem Titel »Ursprung« enden lässt. Von dem »schilfpalaste« spricht George da, und ich ziehe diesen schlichten und doch stattlichen Palast, ziehe dieses eine Bild all dem Prunk vor, den der erwachsene Dichter entfalten wird, all dem Geschmeide, dem Weihrauch, dem Purpur. Es ist jener Moment, bevor das Kind den einsamen Schilfpalast verlässt und nach Untertanen verlangt, zum Foto wird, bedingungslose Bewunderer findet und zur eigenen Ikone erstarrt, der Augenblick, bevor George zu »George« wird und damit einer Madonna zu ähneln beginnt, die er, der Meister, in einer Bildbetrachtung beschreibt, »halb-göttlich aber kaum menschlich«.

Mucken

Zu Peter Rühmkorfs Gedicht »Reimfibel«

Es sind die Gerüche von Kreide auf einer Schiefertafel und von nassem Schwamm, von Linoleum und unlängst gebohnerten Dielen, die dem Leser in die Nase steigen, sobald er das Wort »Fibel« vernimmt – ein Wort, das aus einer Zeit stammt, in der auch Begriffe wie »Pauker«, »Karzer« und »Kneifer« gebräuchlich und das Zischen und Schnalzen des Rohrstocks schmerzhaft vertraute Geräusche waren. Man müsste also bei einem Gedicht, das den Titel »Reimfibel« trägt, die allerschlimmsten Befürchtungen haben, wüsste man nicht, dass Peter Rühmkorf, der selbsterklärte Hamburger Linksausleger mit einem Faible für scharfen Spott und heiligen Unernst (oder unheiligen Ernst) sein Verfasser ist. Fast erwartet man, mit einer Art Lehrgedicht behelligt zu werden – und tatsächlich hat Rühmkorf ja eine Reimlehre verfasst, allerdings in Prosa, nicht in Versen, eine Verteidigung des Reims mit dem kuriosen Titel *agar agar zaurzaurim*, die jedem Verächter des Reims ans kalte, dunkle Herz gelegt sei.

»Liebe Kinder, hört mal zu«, so beginnt Rühmkorfs Gedicht, und abermals stutzt der Leser. Das ist nicht der rigide Ton, den man von einer Fibel erwartet. Man erinnert sich daran, dass Rühmkorf Sohn eines fahrenden Puppenspielers war, der allerdings Bühne und Requisiten derart schnell abbaute und von Mutter und Kind entfernte, dass Rühmkorf nicht viel von seinem Vater hatte. Dennoch: Eher als an die Eröffnung einer drögen, fliegensirrenden Schulstunde lässt der Auftakt der »Reimfibel« an die Begrüßung im Kasperletheater denken, an das »Seid ihr alle da?«, das all die kleinen Zuschauer begeistert im Chor antworten lässt und den Blick auf die erste Szene freigibt. Und tatsächlich lässt Rühmkorf in den nun folgenden sieben Strophen zwar nicht die Puppen, wohl aber die Buchstaben tanzen, dass es eine reine Freude ist:

> Liebe Kinder, hört mal zu.
> Hier sind A – E – I – O – U
> (rückwärts U – O – I – E – A):
> Eine Lautharmonika:
> RACK – RECK – RICK – ROCK – RUCK

Bei der Vokalfolge A, E, I, O, U fällt jedem Kind, das je über eine Eselsbrücke geführt worden ist, die Spiegelzeile »Der Mund geht weiter zu« ein, aber natürlich war das Jonglieren mit den Vokalen unseres Alphabets (oder mit nur einem einzigen Vokal) für Dichter immer schon eine Versuchung, ob Ernst Jandl den Mops eines gewissen Otto immer wieder durch den Ring des O springen und hecheln lässt, oder ob Rimbaud in seinem berühmten Sonett (»A noir, E blanc, I rouge, U vert, O bleu«) den Vokalen Farben zuordnet und ihnen so eine sinnliche Qualität hinzugewinnt. Rühmkorf seinerseits hält es mit der »Lautharmonika«, wie er uns sogleich wissen lässt, und wirklich ist dies ein Gedicht, das die musikalischen Aspekte der Sprache feiert und unbedingt laut gelesen sein will. Die dritte Strophe zumal würde auf jeder Bühne und vor größtem Publikum mit Beifallsstürmen bedacht, zumal der Virtuose Rühmkorf hier mit so selbstbewusster wie selbstironischer Geste zu erkennen gibt (oder glauben lassen will), dass er über jeden Künstlerdünkel, jegliche Poetenaffektiertheit erhaben ist:

Nach den Ricken blickt der Bock.
Recken tragen selten Rock.
Rocker rackern nicht am Reck.
Mein Verlag druckt jeden Dreck:
DRACK – DRECK – DRICK – DROCK – DRUCK
(Seht ihr!)

Das wiederkehrende Prinzip ist es in dieser und in allen anderen Strophen, bei einer gleichbleibenden Folge von Konsonanten der Reihe nach alle fünf Vokale einzuschmuggeln und zu sehen, nein: zu hören, wie der Sinn sich ändert und der Unsinn zu unserem Vergnügen hinzukommt: »»Kinder, ist das noch zu fassen,/ wie sich Wörter wenden lassen,/ wenn man nur am Alphabet/ etwas dreht?!«, wie Rühmkorf zu Recht begeistert ausruft. Tatsächlich ist dieses Spiel eines, das am Anfang unserer lebenslangen Beschäftigung mit der Sprache steht, das also jedem Kind vertraut ist (so wie auch ich im Kindergarten am Alphabet drehte, möglicherweise mit einer Rühmkorfs »KACKEN – KECKEN – KICKEN – KOCKEN – KUCKEN« nicht unähnlichen Folge, bis mir die wunderbare französische Kindergärtnerin mit dem Satz »Du bist ja ein richtiger kleiner Dichter« die Röte ins Gesicht trieb; von heute aus wäre ihr endlich zu antworten: »Selbstverständlich, Frau Dubois, weil doch jedes Kind ein Dichter ist und jeder Dichter ein Kind.«). Für keinen Fünfjährigen ist der Zauber dieses Spiels ein Geheimnis, und wenn doch, dann eines, in das jeder Fünfjährige selbstredend und selbstreimend eingeweiht ist. Nichts ist natürlicher, als dass die Welt sich mit nichts als einem Laut verwandeln lässt und wir durch bloßes Vertauschen eines Vokals neue Dinge erschauen, sie vor unserem inneren Auge aufgerufen werden, vielleicht gar erst entstehen, indem wir sie aussprechen. »Könnt ihr wricken? Kennt ihr Wrucken?/

Scheut euch nicht, mal nachzugucken.« Und ja, »wricken« bedeutet, wie einem jedes Wörterbuch verraten wird, ein Boot fortzubewegen durch Riemenantrieb, eine Wrucke wiederum lässt sich, Kohl- oder Steckrübe, die sie ist, zubereiten und verzehren. Aber was sind »Drock« und »Drick«? Und wenn, nunmehr in der sechsten Strophe, »Jacken«, »Jecken« und »Jucken« keinerlei Verständnisprobleme bereiten, so gerät man mit »Jocken« und »Jicken« doch schon ins Zweifeln – oder aber fühlt sich angeregt, nach einer möglichen Bedeutung zu suchen. Beides, das Spiel mit den Buchstaben und das lustvolle Fantasieren ohne Ziel und Zweck, sind bekanntlich Tätigkeiten, die mit dem Ende der Kindheit den allermeisten Menschen peinlich und somit rasch verlernt werden. Der Verdacht drängt sich auf, dass es sich bei der »Reimfibel« keineswegs um ein Kindergedicht handelt, dass Rühmkorf, auch wenn er Kinder anzusprechen scheint, sich in Wahrheit an uns Erwachsene wendet, deren Leben und Alltag derart fibeltrist und linoleummatt geworden sind – oder aber an die Kinder in uns, die nur kurz vergessen worden waren, aber noch irgendwo ihre Purzelbäume schlagen müssen. Kinder und Narren sind es ja, die sich nicht scheuen, das Unmögliche wirklich werden zu lassen, und so ist es kein Zufall, dass die »Jecken« gleich zweimal genannt werden, ganz wie die Kinder, und sogar die abschließende Strophe einleiten:

> Oder sind wir selbst schon Jecken,
> die mit bunten Bällen kicken,
> um bei Leuten anzuecken,
> (sie zu schocken,
> sie zu necken,
> sie in den April zu schicken)
> die sich, ohne aufzublicken,

unentwegt vor Zwecken ducken –
MACKEN – MECKEN – MICKEN – MOCKEN –
MUCKEN

In *agar agar zaurzaurim* beharrt Rühmkorf darauf, dass das Reimen auf einen »Rest von Narretei und Gaukelwesen« verweise; doch vergesse man nicht, auch wenn wir den Virtuosen Rühmkorf, der so oft das Artistische betonte, auf seinem Hochseil bei den unmöglichsten Jonglagen voller Bewunderung zusehen, dass es immer schon am Narren war, die Wahrheit zu sagen, dass also das Spiel keinesfalls mit einer unverbindlichen und folgenlosen Spielerei zu verwechseln ist. »Mit den Worten Wirkung tun, beziehungsweise mit der Sprache Welt heraufbeschwören, das ist es, was nun aber auch der Dichtkunst aller Richtungen und Zeiten als ein schönstes Traumziel vorgeschwebt hat«, schreibt Rühmkorf in seinem Plädoyer für den Reim. Und bedenkt man weiter, dass Rühmkorf seinen Schreibtisch, wie er einmal sagte, in die Gesellschaft zu verlängern trachtete, also sehr wohl anecken, necken, auch schocken wollte, nimmt sich die letzte Wortkaskade der »Reimfibel« auf einmal gar nicht mehr so sinnfrei aus. »Macken« mag jeder Dichter mehr als genug haben, aber schwingt hier nicht als Reim, nach den vorangegangenen Zeilen, das Piesacken mit? Klingt nicht in »Mecken« das Meckern an, im »Mocken« das englische »mocking«, das Spotten also, und in »Micken« das Zwicken, das Sticheln, der Stich? Nicht mit Mücken freilich endet das Gedicht, weil Umlaute nicht zugelassen waren. Wie herrlich aber, ahnt noch der freudloseste, verstockteste und vor Kindern und Narren fliehende Leser nach dieser Vokalrevue, dass die Sprache uns erlaubt, nur durch das Verscheuchen der beiden Pünktchen über dem Umlaut, die bis gerade eben selber zart wie Mücken über dem U schwebten, zum Wort »Mucken« zu gelangen.

Mucken wie in, aber natürlich, »aufmucken« – und so ist das letzte Wort dieser so gar nicht systemkonformen, bei allem Spiel mit Form und Reim alles andere als regelhörigen »Reimfibel« eine Ermunterung, an die Kinder gerichtet, also an uns alle: Steh auf, eck an!

Drache, Phönix, Einhorn

Vietnamesische Postkarten

I

Man muss in diese schwüle und zäh zu atmende Luft hineinschlüpfen wie in einen maßgeschneiderten Londoner Anzug aus der Savile Row, in einen Stoff, der mit britischer Eleganz und Leichtigkeit getragen sein will, man muss sich diesem ungewohnten Klima ganz einfach hingeben und sich in die Hitze helfen lassen wie in einen kostbaren und sich anschmiegenden Mantel, den man selbst beim Essen und in den Innenräumen nicht mehr ablegen möchte, und schon wird der Schweiß aufhören zu fließen, wird man das Taschentuch wieder verstauen können. Ah, sich ein Beispiel nehmen, während man in einem steten Film aus Feuchtigkeit durch die Straßen Hanois gleitet und schlittert, ein Beispiel nehmen an all den Männern, Frauen und den spielenden Kindern, auf deren Hemden sich wirklich nicht ein einziger Fleck abzeichnet, keine Salzstickereien sichtbar werden, nichts von Rückständen durchwirkt ist!

Die Autobrücke über den Roten Fluss, wo Paare auf ihren motorisierten Zweirädern parken und am Geländer stehen, unter den bunt beleuchteten, die Farben wechselnden Brückenpfeilern, und reden, gestikulieren, scherzen, die Zeit verstreichen lassen, womöglich, denkt man, weil hier, so weit oben über dem im Dunkel unsichtbaren Wasser, das in den Golf von Tonkin strömt, ein Wind weht und die Nachthitze ein bisschen erträglicher macht.

Die Banyanbäume und ihre Luftwurzeln. Die alten Kolonialgebäude, die Balkone, auf denen, kein Zweifel, vor einem Jahrhundert französische Kolonialbeamte ihren Kaffee zu sich nahmen, Mallarmé zitierten und seufzend an Paris dachten.

Die erschlafft in den Geschäften auf dem Boden Sitzenden; die barfuß unter ihrem Reishut schlafende, lang ausgestreckte Obsthändlerin zwischen Melonen, Mangos, Ananas und Sternfrucht.

Die abgemagerte, erbärmliche Katze im Eckladen, auch er weit offen zur Straße hin, wo man sitzt und Tee trinkt.

Die beiden Jungen auf dem Motorroller, die vielleicht wahre Freunde fürs Leben sind, jedenfalls keine Zwillinge, obwohl sie identische, nagelneue Turnschuhe tragen.

Morgens kräht ein Hahn, der so eindeutig Hahn ist und doch anders kräht als alle Hähne im Wendland oder in Oberbayern oder in Brandenburg, und nicht nur er macht lautstark auf sich aufmerksam: Man erkennt doch immer zuerst dank der Vögel, dass man sich in einem fremden Land aufhält. Achthundert Arten von Vögeln soll es in Vietnam geben, und einige von ihnen wecken uns. Die Frau in der Suppenküche, die das Fleisch von einem wuchtigen Rinderknochen schabt, und überall auf den Straßen warten die riesigen Behälter, jene schweren Kessel voll dampfender Brühe, aus denen geschöpft wird, daneben die Zutaten in Schüsseln: Die gekochten Reisnudeln, das geschnittene Huhn, Gemüse in Streifen, Koriander und eine Vielzahl anderer Kräuter, dazu das kalte Saigon-Bier in reisepassgrünen Dosen (»est. 1875«). Anderswo die vollständig gegrillten oder frittierten Hühner, mitsamt Kopf und Kamm und Schnabel zubereitet, auf dem Präsentierteller, den Bürzel gelupft, sich fast lasziv in der eigenen Kruste räkelnd. In dem großen Topf in einer Seitenstraße wird gerührt, bis unvermittelt der zerkochte Hals samt Kopf und großem Schnabel einer Gans erscheint, als wollte er nur kurz Luft schnappen. Oder sollte es der Schwan sein, den wir auf einer Speisekarte entdecken? Noch kleinere Geflügelte werden verzehrt, Wachteln etwa, in einem Glasbehälter hat sich ein ganzer Schwarm in seiner Glasur niedergelassen, und sogar die armen Spatzen werden angeboten. Im kleinen Restaurant in einer Seitengasse der Pho Hue, die Ngo Hue heißt und zahlreiche Brettspieler und Luncher im Schatten der charmanten alten Häuser präsentiert, serviert man neben Fröschen und Schnecken auch Schildkröte und Wasserbüffel. Ja, ich glaube sofort, dass es in diesem Land eine eigene Gottheit nur für die Küche gibt, Omg Tao, so der Name dieses mächtigen Küchengottes, dem mindestens eine Ode zu schreiben wäre. Suppen gibt es mit den Kernen von Ginkgosamen, mit Silberohrpilzen, es gibt Lotoswurzeln in Scheiben, gekocht oder ausgebacken, Scheiben, die weiß sind und Löcher haben, aussehen wie die Wählscheiben altmodischer Telefone.

Das Hündchen, das begeistert mit einer der gigantischen Kakerlaken spielt, das sich im Kreis dreht, die Kakerlake jagt und dabei mit dem Schwanz wedelt. Eines dieser imposanten Insekten folgte uns zur Begrüßung nachts in der Gasse vor der Wohnung, überaus flink und mit bedrohlich langen Fühlern ausgestattet; auch am nächsten Morgen war sie noch da, schon weniger wendig, aber derart groß, dass man sich fast genötigt fühlte, ihr einen Namen zu geben.

Die Motorrollerfahrer, eine knatternde Armada, eine wilde Horde nach der anderen, immer dann, wenn die Verkehrsampel auf Grün umspringt, und selbst dann, wenn sie längst wieder Rot anzeigt, so viele sind es: Und immer wieder sind es ganze Familien, die auf einem einzigen dieser wackligen Gefährte durch die Stadt reisen, bis zu fünf Personen, zwei Erwachsene, ob Mutter, Schwägerin, Sohn oder Großvater, sowie drei Kinder, röhren vorbei, geht man durch die Straßen (und man geht oft auf den Straßen, nicht auf den Bürgersteigen, weil dort die Motorroller geparkt werden, aber nur kurz, nur kurz). Es muss eine eigentümliche vietnamesische Kindheitserinnerung an Augenblicke absoluter Geborgenheit geben, die kein Europäer, kein Nichtvietnamese nachvollziehen kann: Vor einem der angespannte Rücken des lenkenden Vaters, direkt hinter einem Mutterbauch und Mutterbrust – und man selbst, drei- oder vierjährig, eingeklemmt dazwischen, warm und unendlich behütet, weit weg vom Verkehrslärm, vom Hupen und Scheppern und Qualmen, wenngleich man sich mitten darin, mitten im Chaos befindet.

Herrliche Sprachverwirrung! Zu versuchen, morgens im Geschäft an der Ecke einen Lappen zu erwerben, ihn auf Englisch und Französisch zu umschreiben, dabei als Laienpantomime scheuernde, wringende, wischende, wedelnde Bewegungen in der Luft zu vollführen, immer lächelnd, lächelnd, aber ja, man ist vollkommen bekloppt, wenn auch gutartig, man hält einen imaginären Topf in der Linken und reinigt ihn, schrubbt mit der leeren rechten Hand. Und oh, im Triumph den Laden zu verlassen, mitsamt dem kleinen und übertuerten Küchenschwamm, den man statt eines Lappens glücklich erhalten hat und den man nun wie eine Löwenhaut nach Hause trägt.

II

Vierzig Grad sind es in Hue, man kann es nicht ignorieren, es herrscht eine drückende Hitze, und selbst ein paar Einheimische, sieh da, scheinen ein bisschen zu schwitzen; die Touristen hingegen zerlaufen schier zu einer nackten, rotweißen Masse in ihren Fahrradrikschas, die Fremden aus milderen Weltgegenden wanken mit nassen Tüchern auf den glühenden Köpfen umher, schleppen sich durch die Straßen, lechzen nach Schatten – und sind dankbar für die Brücken über den gemächlich dahinfließenden Strom, an dem Hue erbaut wurde, denn hier, überm Wasser, weht tatsächlich ein gnädiger Wind. Nicht so im Rest der Stadt, auch nicht in der Zitadelle der Nguyễn-Kaiser, wo man alles von sich werfen möchte, die viel zu feste Hose, die Glutofenschuhe, und man müsste es eigentlich halten wie die Hiesigen, denkt man, nicht ausgerechnet in der Mittagsstunde die Umgebung erkunden, sondern die Augen schließen, sich langmachen, schlafen, ob auf einem Marktstand, zwischen Fleisch und Gemüse, zwischen den Motorrollern, müsste wie ein Betäubter im eigenen Laden liegen, hinterm Tresen eines leeren Cafés, unterm Tisch, zwischen den Stühlen, müsste, wo es nur geht, die Kräfte beieinander- und das Wasser im Körper halten.

Umso bewundernswerter, mit welcher Anmut sich Frau Thái Kim Lan durch die Hitze und den Trubel der Straßen von Hue bewegt, nachgerade schwebt, sie ist eine Erscheinung, die auch in Paris oder New York staunen ließe, in violettem Kleid, ergänzt durch einen mit Seidenrosen geschmückten Strohhut sowie eine fürstliche Sonnenbrille und einen großen rosa Kristall an einer Halskette, oder aber anderntags im weißen Kleid und mit einer Kette aus graugrünen Jadesteinen, abermals mit Hut – aber wie erst leuchtet sie hier, in der Hitze, der Schwüle, im infernalischen Verkehr. Frau Lan, die dankenswerterweise meine Gedichte ins Vietnamesische übersetzt hat, stammt nicht nur aus Hue, ihre ganze Familie, so scheint es, ist aufs Engste mit dem Geschick der Stadt und der Geschichte Vietnams verbunden, wie wir von ihr erfahren: Ihre Großmutter war im siebten Grad verwandt mit der Hauptlinie der Nguyễn-Kaiser (wir bestaunen das Prachtgewand, das sie zu Besuchen im Palast und bei zeremoniellen Anlässen trug), ihr Vater war einst Bürgermeister von Hue und wurde 1947 bei einem Attentat der Viet Minh getötet. Frau Lans ansteckendes Lachen ist dennoch ein einziges großes Ja – und ihre Gastfreundschaft überwältigend. Schon am Tag unserer Ankunft lädt sie uns, es ist zu früh für unser Hotel, zu sich ein, in das Haus, das ehemals ihr verstorbener Bruder bewohnte, ein Künstler und Architekt, der die Möbel und Türen, die wir bewundern, selbst gestaltet hat für dieses, erklärt sie uns, recht typische alte Wohnhaus von Hue mit seinem wuchtigen Gebälk aus dunklem Holz, das sich lang streckt, von der Straße fort nach hinten in ruhigere Bereiche zieht, dabei direkt am Dong Ba Kanal erbaut wurde, der seinerseits in den großen Fluss mündet. Auf dem Tisch, an dem Thái Kim Lan uns Platz zu nehmen bittet, offenbart sich ein bescheiden als Mittagessen deklariertes Festmahl sondergleichen: Barsch nach vietnamesischer Art gibt es, eine Suppe mit Süßkartoffelgrün und Rote-Bete-Blättern und -Stängeln, darauf Krabben; es gibt Fischsauce von einiger Schärfe für die Wagemutigeren, in Pfefferblatt gewickelte und gegrillte Rindfleischstreifen, mit dem Aroma von Zitronengras, auch Salat mit Huhn, Klebreis sowieso, dazu grünen Tee, zum Dessert weiche Kugeln aus Bohnenmus und Zucker. Eine Pracht, die der Dieu De Pagode gleich nebenan Konkurrenz macht, deren Hof und Garten, wie auch das gesamte Ufer des Kanals, schon heute mit Lotosblüten und Lampions geschmückt sind für Buddhas Geburtstag, der mit dem vollen Mond kommen wird, denn ein magerer Mond darf es für Buddha nicht sein. Im Garten der Pagode umschweben uns riesige Schmetterlinge, und hier hören wir auch erstmals die Zikaden, als in den Baumwipfeln, kaum treten wir in den Garten ein, ihre ekstatische Maschinerie in Gang kommt, lauter wird, durchdringend, gellend, dann urplötzlich, vollkommen abrupt zur Ruhe kommt. Und irgendwann erneut beginnt, als wäre eine Münze eingeworfen worden.

Was für ein Name: Song Huong, Parfümfluss oder, wie man es wohl auch übersetzen könnte, Düftefluss oder vielleicht, noch eleganter, Fluss der Wohlgerüche. Es ist eine wahrhaft kaiserliche Umgebung, die Berge im Osten, das Meer im Westen, sodass man begreift, warum ein Kaiser seine Hauptstadt hier zu errichten befahl – die gewaltige Zitadelle mit ihrem goldfischbewehrten Burggraben, mit Gärten, den Tempeln mit ihren Steindrachen, die wellenförmig als Handläufe die Treppen rahmen, Stufe um Stufe steinern hinabfließen, mit den Residenzen der Kaiser und der Kaisermütter, der Halle der Mandarine, dem kaiserlichen Theater und des Kaisers Lesesaal sowie, aus jüngster Zeit, dem kaiserlichen Tennisplatz, den in seiner erschütternden Banalität rein gar nichts von einem Tennisplatz des TC Oberschöneweide unterscheidet. Im Zentrum des Zentrums des Zentrums aber befand sich die Verbotene Stadt, die Purpurne Stadt, wie sie auch genannt wurde, von der nichts blieb, denn auch Hue war den Kriegen des zwanzigsten Jahrhunderts ausgeliefert, wurde vom Napalm nicht verschont.

> hinter der mauer eine zweite mauer,
> und hinter jener mauer eine mauer,
> so viel steht fest. und es soll menschen geben,
> die bis ins stille zentrum der ummauer-
> ten stadt gelangten, längst vergessen waren,
> doch plötzlich wiederkehrten, durch die mauer
> spazierten wie gespenster, ihre augen
> erblindet, doch noch glänzend, und die mauer
> so stumm wie eh und je. es gibt gerüchte
> von konkubinen, festen, einer mauer
> aus kuchen, braten, brunnen voller wein,

doch auch von schreien, leid, das keine mauer
durchdringt. ich selbst bin nur ein teil, ein ziegel
von vielen in der großen weltenmauer,
und lausche der ekstase der zikaden,
suche im schatten der vertrauten mauer
die hitze für ein weilchen abzustreifen;
die alten banyanbäume, die im mauer-
werk fußen, werfen ihre luftwurzeln
wie angeln nach uns aus. ein stück die mauer
hinauf die käfige, ein wahrer baldachin
aus vogellärm, im rinnstein amourö-
se kakerlaken, groß wie schoßhunde;
die händler, schlafend hinter ihrer mauer
aus ananas und sternfrucht, ochsenschwänzen
und fisch, stapeln von seide und mohair,
im dunst der küchen das, was marinierte
fasanen, gänse oder ein schwarm auer-
hähne zu sein scheint. die pagodenglocke,
erstickt von dschungel, bei der kaimauer
am strom der wasserbüffel, der sein mond-
horn gegen eine unsichtbare mauer
zu stemmen fortfährt, während die moskitos
in säulen, tempeln steigen und der handel mau und
    mauer
wird, erste lampen blühen. und die nacht
senkt sich doch vor wie jenseits dieser mauer
herab, auf uns wie auf die kaiserlichen
beamten, selbst auf jene eingemauer-
te macht in ihrem schneckenhaus aus stein:
wenn keine stadt mehr da ist, keine mauer,
wird es die stimme geben, die noch spricht
im schutt, der einst die stadt war, ihre mauer.

Die Lesung wird im Haus des Literaturverbands von Hue stattfinden, den ersten Abend jedoch verbringen wir im Großmuttergarten von Frau Lan, im Garten jener Kaiserverwandten, wo wir mit der ganzen liebenswerten Gesellschaft, den Autorinnen und Autoren und Freundinnen und Freunden, bei Nudelsuppe und Huda-Bier (»est. 1990«) zusammenkommen, der vietnamesische Halbmond über uns, der Fluss der Wohlgerüche lediglich ein paar Meter entfernt. Die Fledermäuse, die eben in der Dämmerung noch über uns dahinhuschten, sind verschwunden und die Zikaden verstummt, dafür sind nun die Frösche zu hören vom Bassin im Garten, nicht quakend, eher knarzend, bis Frau Lan erklärt, dass sie, so sagt man, mit den Zähnen knirschen, und nun hören wir es, wie wahr, und das, so Frau Lan, bedeute Regen, der Frosch sei in Vietnam auch als »Onkel des Himmels« bekannt. Von den Pagoden irgendwo rechts und links von uns dringen durchs Dunkel hin und wieder die schweren Glockenschläge herüber, und bei all der Schönheit ist es ganz und gar unerheblich, wie viele Dengue- und Malariaerreger um uns herumschwirren, lautlos durch die nun fast milde Luft transportiert werden, schlechte Nachrichten auf der Suche nach einem nichts ahnenden Empfänger. Und irgendwann singen die Frauen und Männer von Hue an unserer langen Tafel unterm Mond, der in wenigen Tagen ein voller, bauchiger Buddhageburtstagsmond sein wird, singen Lieder von Trinh Cong Son, einem Chansonnier, der, wie man uns wissen lässt, als der Bob Dylan Vietnams bezeichnet werde.

Nicht zuletzt aber dürfen wir mit Thái Kim Lan den Schrein ihrer Ahnen neben dem Wohnhaus im Garten betreten, sehen die Gaben, Bananen, Blumen, das Rauchwerk, sehen den großen Buddha. Und im Baum beim Brunnen im Großmuttergarten sitzt nicht die Zikade, sitzt nun das, was Zikade war, ihre leere Außenhaut, die Hülle einer Zikade, die nach dem Schlüpfen auf ebendiesen Baum geklettert war, sich gehäutet hatte, um endlich loszufliegen, Paarung und Tod entgegen, und nur diesen staubleichten, kunstvollen Rest hinterließ, der vor uns in einer Astgabel ruht wie die leere Rüstung eines Samurai im Ostasienmuseum.

III

Die Märkte! Ob es sich um den Dong-Ba-Markt in Hue handelt, um den Dong-Xuan-Markt im Norden der Altstadt von Hanoi (den mir das Korrekturprogramm des Computers hartnäckig als »Don Juan« unterjubeln will) oder um den Hom-Markt, der sich gleich um die Ecke von unserer Wohnung befindet, in der Tran-Xuan-Soan-Straße nahe der Pho Hue. Es ist schier alles zu haben und wird in Bergen, Stapeln, überbordenden Auslagen präsentiert, als Wimmelbild, jedes erdenkliche Gemüse, Auberginen, Zwiebeln, eine ganze Lawine an Knoblauch, ein Erdrutsch von Ingwer, Früchte in Hülle und Fülle, Bananen in unterschiedlichen Abstufungen von Grün und Gelb, Kokosnüsse und Melonen, die kleinen Ananasse, die von den Straßenhändlerinnen derart kunstvoll präpariert werden, dass man am Schluss eine kleine gewundene, in sich gedrehte oder gewirtelte Skulptur aus gelber Süße am Holzstiel vor sich herträgt, die am ehesten ans New Yorker Guggenheim Museum erinnert. Aber auch Früchte gibt es, die man nie zuvor oder nur im Spezialitätengeschäft gesehen hat, die man vielleicht nur vom Hörensagen kennt, hier hingegen Alltagsware sind: Buddhas Hand, jene Zitronenfrucht mit deutlich mehr als fünf Fingern, Tentakeln eher; die Drachenfrucht, deren Fleisch, schneidet man sie auf, weiß ist und gesprenkelt von winzigen schwarzen Kernen, ein Sternenhimmel im Negativ; nicht zuletzt die erstaunliche und Respekt heischende Durianfrucht, die man auch in den Gärten der Pagoden und anderswo reifen sieht, die einer zusammengerollten Echse, einem Gürteltier ähnelt, am ehesten an einen bis zum Anschlag aufgepumpten Kugelfisch erinnert, diese skurrile Frucht, die wie gammelnder Fisch oder verfaultes Fleisch riecht, wie man erfährt, sobald man kühn die Stachelhülle aufschneidet und ihr Fruchtfleisch, das die großen Kerne umschließt, in den Kammern ruhen sieht wie nackte blinde Hundewelpen. Nicht umsonst wird sie ja Stinkfrucht genannt, ist ihr Verzehr, wie es heißt, in Flugzeugen und öffentlichen Verkehrsmitteln nicht gern gesehen, und im Hotelbroschüren-ABC in Hue wird gar explizit darauf hingewiesen, dass erstens Prostituierte und zweitens Durianfrüchte nichts, rein gar nichts auf den Zimmern zu suchen haben: »Though Durian are a real delicacy, please do not bring DURIAN inside the hotel to avoid strong smell.« Dreh dich hierhin, wende dich dorthin: Es sind riesige Körbe voller Eier, nicht nur Hühner-, sondern auch Wachteleier, und zweifellos sind auch die Eier anderer Vögel darunter, von Möwen, wer weiß, von Finken, schließlich liest man auch von halb ausgebrüteten Enteneiern, die als sagenhafte Spezialität gelten. Wahre Nussgebirge steigen auf, ganze Massive von getrockneten Krabben, daneben Garnelen, die seltsam platten Dörrkalmare, Sardellen und andere Fische, alles getrocknet, alles betörend, ja betäubend riechend, geht man zwischen den Säcken, durch die Trockenfischgasse hindurch zu den frischen Waren, den großen Krebsen etwa, deren gewaltige, nun nutzlose Scheren gebunden sind mit schwarzem oder rotem Plastikband, die als jammervolle Besiegte aufgereiht und gedemütigt in der Auslage hocken, fast reglos in Reih und Glied; das Quietschen in den Styroporboxen, wenn die Zangen der soeben gelieferten Neuankömmlinge verzweifelt daran reiben; Kisten mit Schnecken und Muscheln, auch die riesigen Abelonen oder Seeohren liegen aus, und dort wird einem großen Fisch bei lebendigem Leib der Schwanz abgetrennt, ist man Zeuge, wie er verzweifelt und blutig zuckt und sich windet, was für eine Quälerei, aber man begreift: Er bleibt, indem er lebt, so lange es eben geht, frisch in der drückenden Hitze, die sich auch hier, gerade hier zwischen den Marktständen und in den Hallen sammelt und mit den Düften, den durchdringenden Gerüchen verbindet. Herzzerreißend sind die Schildkröten (es sind Weichschildkröten von einer leicht grünlichen Färbung, mit kleinen, fast rüsselhaft zulaufenden Schnauzen), die Schildkröten in ihren Käfigen, eine über der anderen, die versuchen, sich über die Schicksalsgenossen hinweg ins Freie zu kämpfen, die den Kopf zwischen den Stäben durchstecken, und doch, es ist unausweichlich, sie alle werden in diesem oder jenem Kochtopf landen. Es wird ja alles gegessen, die Seidenspinnerraupen, die Schlangen, Wachteln oder Spatzen, schier Unidentifizierbares. Die Fleischbrocken und Innereien, vor denen Frauen mit Fächern hocken, um die Fliegen fernzuhalten, ein aussichtsloser Kampf, und dort wird ein ganzer Ochsenschwanz im Wasserbottich sauber geschabt. Überall zwischen den Ständen rauchen die Grills, wird gekocht, serviert und verzehrt, es ist ein Lärm und ein Dunst, die Motorroller sausen durch die Gassen, ältere Frauen schleppen ihr Tragjoch vorbei, an dem vorne und hinten zwei unsagbar schwer wirkende Bastkörbe hängen. Alles findet sich hier, was an Ort und Stelle oder später in den Küchen in die köstlichen Bizarrerien und fantastischen Erfindungen der Speisekarten übergeht, und manches ist doch schon hier eine Kunst für sich: Der Bambus, der in allen Größen, in Scheiben, in Kugeln und Klumpen, duftend in seinem Sud treibt und ein leuchtendes Muster bildet, und dort am Stand der Tofumeister mit seinen eleganten länglichen Pressen aus dunklem Tropenholz, denen er später seine mondweißen Barren entnehmen wird. Hinter der gedrängten Fülle des Marktes Dong Xuan aber steigt die alte Long-Biên-Brücke Gustave Eiffels an, führt aus der rumorenden Tiefe ans Licht, eine geschwungene Stahlkonstruktion über den Roten Fluss, die mehrfach im Krieg zerstört, doch stets sogleich wieder aufgebaut wurde und hartnäckig immer noch da ist, wenn auch rostig, etwas angenagt, wie man sieht, wenn man hinaufsteigt und auf den schmalen Gehwegplatten ein Stück weit auf die Brücke hinausgeht. Wer weiß, ob die alten Schienen in der Mitte der Brücke noch von Zügen genutzt werden können oder sollten; die Schwärme der Moped- und Motorrollerfahrer jedenfalls schieben sich knatternd und hupend von einem Ufer zum anderen, und ab und an zuckelt sogar ein größeres Gefährt vorbei, wie hier und jetzt diese Motorrikscha auf drei Rädern, die Säcke, Säcke, Säcke von Reis, hochauf übereinandergestapelt, Richtung Markt balanciert.

IV
(Kurzer Exkurs übers Hocken)

Die winzigen roten und blauen Plastikstühle vor den zahlreichen Garküchen Hanois sind, der Verdacht drängt sich auf, gar keine Stühle, jedenfalls keine Stühle im klassischen Sinn, keine auf Ewigkeit und mit Nut und Feder gefertigten Möbelstücke, auf denen man um einen hohen und festen Tisch herum Platz nähme. Tatsächlich nimmt man weniger Platz auf diesen roten und blauen Plastikstühlen, als dass man auf ihnen hockt, doch sind es auch weniger Plastikhocker mit einer tragend zu nennenden Funktion, sie deuten vielmehr den Platz an, an dem zu hocken wäre, es sind Hockmarkierungen, höchstens Hockerleichterungen, das heißt, man lässt sich nieder über den roten und blauen Plastikflächen, den leuchtenden Landepunkten, aber ohne das Gesäß dauerhaft oder mit all seinem Gewicht zur Ruhe kommen zu lassen, ohne je Wurzeln schlagen zu wollen, was auch dem Mahl, zu dem man sich also weniger setzt als niederlässt, das einzunehmen man sich weniger niederlässt als kurz und sich absenkend innehält, etwas Rasches, sehr Flüchtiges gibt, was wiederum dazu passt, dass dieses Mahl (welch ein Duft überall!) ja mitten auf der Straße stattfindet und nicht in einem Innenraum oder doch höchstens in einem zur Straße hin weit offenen Innenraum, eher einem überdachten Außenraum, der seinerseits Teil der alles beherrschenden Straße ist. Tatsächlich müssen die Einheimischen Muskeln haben, Muskelfasern, Muskelstränge, die in den Körpern von Europäern längst verkümmert sind, sich zu einem Nichts zurückgebildet haben, Muskeln und Knochen und Glieder, die nötig sind, um zu tun, was so viele hier mit größter Eleganz tun: also zu hocken. Zu hocken, indem die Fußsohlen, ob sie nun in festen Schuhen oder, wie es weit häufiger der Fall ist, in luftigeren Plastiklatschen stecken, mit der ganzen Fläche auf dem Boden ruhen, den Oberschenkeln auf den Unterschenkeln leicht aufzuliegen gestattet wird und der Hintern fast auf Höhe der Fersen nur wenige Zentimeter überm staubigen Grund schwebt. Der Rücken formt dabei nicht ganz einen Buckel, ist aber so weit nach vorne gekrümmt, dass der Hals mit den Knien und dem Spann eine lotrechte Linie bilden kann, und sofern die Hände nichts anderes zu tun haben, dürfen die Arme ungefähr dort, wo sich die Armbeugen befinden, auf die Knie treffen, die nun ihrerseits auf Brusthöhe sind und zu Tisch, Stütze, Teller, Auslage umgedeutet werden können, sich entspannen, vornüber schlaff herunterhängen. Welch eine natürliche Balance, und welch eine Gelassenheit mit dieser perfekten Körperstellung ausgestrahlt wird, ob mit Hut, ob ohne Hut! Wer hockt? Alle. Die Händlerinnen, die Busfahrer und die Fahrradkuriere während ihrer Rast, die Banker und die Geschäftsmänner während der Mittagspause, Lotterielosverkäufer, Soldaten und Schülerinnen. Was man tun kann, während man hockt: Rauchen, den Passanten zuschauen, die sich absurderweise fortbewegen, gehen und hasten müssen, man kann auf seinem Telefon tippen, man kann telefonieren, feilschen, kochen, lesen, meditieren, man kann Kaffee oder Zuckerrohrsaft trinken oder ganz einfach Löcher in die Luft starren, kann auch Co Tuong, das chinesische Schach, spielen, sofern der Gegner sich ebenfalls hinhockt, man kann einen nackten, in seiner Fleischigkeit geradezu obszönen Ochsenschwanz im Wasserbottich vorsichtig, vorsichtig baden und wiegen wie ein Neugeborenes, man kann faulenzen und ausruhen von der Hitze und dem Verkehrslärm, man kann an der Straßenecke das riesige Küchenmesser über den nassen Wetzstein ziehen und das Messer hernach prüfend in die Höhe halten, zufrieden nicken. Was man nicht kann: Wäsche abhängen, Ball spielen, ein Taxi herbeiwinken, dem Passanten hinterherlaufen, um ihm die Durian, den Fächer, die Mango, den Schirm ein zweites und drittes Mal anzubieten. Was man sieht: Alles, wenn auch aus der Perspektive eines Sechsjährigen. Denn das ganze Leben liegt vor einem.

V

Habe ich bereits von dem Mann in Hanoi berichtet, der am Straßenrand im Französischen Viertel das sogenannte »Geistergeld« in einer Metallschale verbrannte? Jenes einseitig bedruckte Papiergeld meine ich, das allerdings kein Spielgeld ist, ganz im Gegenteil, wird es doch durch das Verbrennen den Ahnen im Jenseits übermittelt und geschenkt, ihnen zum Wohle. Oder von den mobilen Presseverkäufern, die eine Palette mit darauf geklemmten Zeitungen durch den Trubel tragen? Vom schon am Mittag berstend vollen, johlenden Bia-Hoi-Biergarten, wo, wie in all den über die Stadt verteilten Bia-Hoi-Bierstuben, ebenjenes Getränk, »Bia Hoi«, angeboten wird, ein leichtes, schnellverderbliches, für den sofortigen Konsum gebrautes Bier, wofür es uns noch viel zu früh ist, sodass der mürrische Kellner uns zurück auf die Straße schiebt? Von den Müllfrauen, die, den Mund mit einem Atemschutz bedeckt, ihren Karren durch die Straßen schieben und schieben und vor jedem zweiten Haus ihre Klingel bedienen, um sich anzukündigen, woraufhin der Müll herausgebracht wird oder nicht. Von den Anoraks, die so typisch für die rasenden Fahrerinnen auf ihren Motorrollern sind, tatsächlich ausschließlich von Frauen getragen werden, meist hüft-, gelegentlich sogar knöchellang, um die Blusen und Kleider darunter vor Abgasen und Feinstaub zu schützen, mit Blümchen, Teddybären, Früchten oder schlichten Mustern bedruckt?

Auch ist es immer wieder ratsam, die Blicke in die Höhe zu richten, egal in welchem Viertel man sich befindet, um die abwechslungsreiche Architektur der Stadt zu betrachten, wo deren Geschichte sich zu Stein verfestigt hat, die kolonialen Villen natürlich, aber auch jene nur wenige Meter, vielleicht nur zwei Meter breiten, dabei über mehrere Stockwerke verfügenden Häuser, die nur ein Fenster haben können, weil der Platz für ein weiteres fehlt, an der Seite oftmals gar keinen Lichteinfall ins Innere zu ermöglichen scheinen, schlanke Einraum- oder Halbraumhäuser, die in der Tiefe jedoch nahezu zwanzig Meter messen, sich weit nach hinten von der Straße weg erstrecken, wahre Wohnschläuche, in denen hier und da auch ein Hotel eingerichtet wurde. Welch ein Kontrast zu torten- und meringuehaften Prunkbauten wie dem Opernhaus von Hanoi, ebenfalls eine koloniale Hinterlassenschaft. In einigen der größten Gebäude Hanois sind die Museen zu finden, das Nationalmuseum etwa, gleich hinter der Oper und östlich der Altstadt, nicht weit vom Roten Fluss – hier werden üppige Bronzetrommeln präsentiert, die schon 2000 bis 2500 vor Christus gefertigt wurden, aber von außergewöhnlicher Liebe zum Detail, von größtem Kunstverstand und handwerklichem Können zeugen. Noch herrlicher (gerade wenn man ihnen gewisse Exponate aus jüngerer Zeit gegenüberstellt, die französischen Kolonialistenpeitschen, deren eine aus Leder, die andere aber, Himmel hilf, aus der Wirbelsäule eines Mantarochens gefertigt ist) sind die Tempelfiguren aus dem Champa-Reich, das seine Blütezeit auf dem Gebiet des heutigen Vietnam im neunten Jahrhundert hatte; diese aus Sandstein geformten Skulpturen stammen aus dem zehnten bis zwölften Jahrhundert und verblüffen durch ihre Lebendigkeit, ihre Kraft, die Löwen, die Tänzer und Flötenspieler, die liebevoll gestalteten Elefanten und nicht zuletzt jener furchterregende Adlergott, der mit seinem Schnabel eine große Schlange am Schwanz zu fassen bekommen hat und drauf und dran ist, sie zu verschlingen, in seinem kräftigen Vogel-Mensch-Leib zu bestatten.

Viel wichtiger aber, großartig ist (und war es bereits beim ersten Blick auf die Stadtpläne), dass in Hanoi seit Jahrhunderten ein Tempel der Literatur steht, der wirklich und wahrhaftig so heißt: *Tempel der Literatur*. Es ist eine ganze Anlage, die 1070 von Kaiser Ly Thanh Tong verfügt und Konfuzius gewidmet wurde, jedoch für alle Gelehrten, Literaten und Poeten gedacht war, auf deren Grund auch, nur sechs Jahre später, die erste vietnamesische Universität entstand, zunächst nur für Adlige, ab Mitte des fünfzehnten Jahrhunderts aber für Begabte aus allen Schichten und Regionen des Landes. Noch heute sieht man Studenten in Robe und mit Doktorenhut ihren Abschluss feiern und zum letzten Foto zusammenrücken, und ganze Hundertschaften von Schülern mit makellos weißen Hemden und Mützen und leuchtend roten Halstüchern werden von ihren Lehrerinnen geführt, Schüler, die jedem europäischen Ausländer fröhlich »Hello« entgegenschmettern, was an sich schon erheiternd wäre – noch schöner aber ist das freche Kichern, das man vernimmt, sobald man ihnen den Rücken zugekehrt hat. Durch einen prachtvollen Torbogen, in den winzige Gelehrte und Mandarine eingelassen sind, Verzierungen und Drachen, dazu links und rechts je eine steinerne Fledermaus oder ein Flughund, aus dessen Maul heraus sich ein Schriftstück entrollt, betritt man den Tempelbezirk, geht dann nicht durch einen, sondern durch gleich zwei symmetrisch angelegte Gärten mit je einem rechteckigen Fischteich auf jeder Seite, mit uralten, gewaltigen, komplett in sich verstrickten und verknoteten Banyanbäumen, die kein Gartengott und kein Gelehrter wieder entwirren könnte, umgeben von blühenden Sträuchern, bis man ins Herz des Ganzen gelangt, nicht etwa zum Tempel, wenngleich auch dieser überwältigt, sondern in den Hof zwischen Tempel und Gärten – hier nämlich lassen sich die über achtzig erhaltenen Stelen betrachten (ursprünglich waren es noch dutzende mehr), die der Kaiser für die ausgezeichneten Gelehrten und Literaten errichten ließ, und auf jeder Stele war von den Errungenschaften und den Werken der Geehrten zu lesen (was heute kaum mehr möglich ist, zu verwittert und von der Zeit geglättet sind die Steine). Jede einzelne der Stelen wird wunderbarerweise von einer riesigen Schildkröte aus Stein getragen, von einer Schildkröte, die eines der vier heiligen Wesen ist (neben Drache, Phönix und Einhorn), vor allem aber zu langem Leben verhelfen soll. Aber welch eine glückliche Wahl, denke ich, selbst wenn man absieht vom Alter und vom Schutz, den ihr Schild ja auch bietet (nicht jedoch, ach, den armen Weichschildkröten auf den Märkten in ihren Käfigen). Denn nichts ist ja so wichtig für das Gelingen von Literatur, von Poesie, wie die Langsamkeit, die Bedächtigkeit, und nichts dem neuen Bild oder originellen Gedanken derart abträglich wie die Hast, die knatternde, ratternde Eile, die dennoch, nur ein paar Meter entfernt von den Stelen und dem Tempel der Literatur, hinter den alten Mauern, ringsherum weitergeht, weitergehen muss.

VI
(Kurzer Exkurs übers Transportwesen)

Was alles mit einem einzigen Motorroller oder Moped transportiert werden kann? Eine schwankende Pagode von Eierpappen samt Eiern; die Großeltern; Bretter und Planken; ein Fensterrahmen samt Fensterscheibe; Säcke voller Reis; eine Palette von Ananas; die hübsche Freundin für den gemeinsam zu verbringenden Freitagabend; der Frisierkoffer, der an einer Straßenecke aufgeklappt wird, treten Sie doch näher, unter dem an die Mauer gehängten Frisierspiegel; Kühlschränke; Ventilatoren; gemusterte Stoffrollen; ein Hintermann mit einem Kronleuchter in jeder Hand; säckeweise getrocknete Krabben oder Tintenfische; Wäschekörbe mit oder ohne Wäsche, frisch oder schmutzig, bunt oder weiß; die hübsche Freundin nach dem gemeinsam verbrachten Freitagabend; zwei Fernseher; zehn Kartons mit Fischsauce und zwei mit Nudeln; das Neugeborene auf dem einen Arm, während der andere Lenker und Hupe bedient; sechs Kisten Saigon-Bier und vier Kisten Tiger-Bier (»est. 1932«); weithin leuchtende Bananen, ein wahres Leuchtfeuer von Bananen, noch am Ende der Straße sichtbar; Plastikmüll; vier aufgerollte Teppiche; vierzehn lebende Hühner; Motorrollerersatzteile auf dem Moped oder Mopedersatzteile auf dem Motorroller; acht meerblaue Propangasflaschen; sieben Kanister mit Benzin, einer davon auf dem Schoß, plus ein Trichter zum Einfüllen; zwei bis drei Schulkinder; eine Ladung Bambusgrün im Bambuskorb, der bei weitem nicht ausreicht, um all das Grün zu fassen, genug Grün, um einen ganzen Wasserbüffel darin zu verbergen; ein Wasserbüffel, nein: ein großer Hund; neun zusammengezurrte Trinkwasserbehälter; eine große Topfpflanze, schwankend im Fahrtwind; vier große Säcke mit Zwiebeln und Knoblauch; ein Stapel Klappstühle; acht Eimer mit weißer Wandfarbe, dazu Pinsel und Rollen; vier pralle Netze mit Melonen; sechs übereinandergestapelte Styroporboxen mit frischen Langusten, auf dem Weg zum Hom-Markt; Erdnüsse von drei Plantagen; ein Aquarium (samt Fischen); Zementsäcke; sieben Garben Regenschirme unter blauem Himmel; zwei Körbe mit Kokosnüssen, einer links, einer rechts; zwölf tote Hühner, mariniert und gebraten; ein üppiges Bündel von Plastikrohren in verschiedenen Farben; der beste Freund (und dessen Cousin, dazu die weiße Katze des Cousins); eine Leiter; zwei Leitern; ein Behälter mit Schnittblumen, gebunden und ungebunden; zehn bauchige Amphoren aus Ton, handbemalt; ein Schwung Bambusstangen, quergelegt und dabei drei- bis viermal so lang wie das Gefährt selbst; fünf Cremetorten; ein hoch aufragender Packen

Bastmatten; ein riesiger Drahtkäfig mit Enten; eine Frau, ein Mann, ein Kind.

VII

Wir treffen die Musiker von Dong Kinh Co Nhac um ihren Leiter Dam Quang Minh nach der Ankunft in Saigon in einer Garküche, mit großen Instrumentenkoffern und Kisten, denn wir werden das Lesungskonzert wiederholen – wenn auch ohne Thái Kim Lan, die ihre Übersetzungen diesmal nicht vortragen können wird. Aus der Nudelsuppe von Minh, der mir gegenübersitzt, taucht plötzlich ein Schweinefuß auf, und ich frage, hoffentlich freundlich interessiert und nicht etwa mit Entsetzen im Blick: »C'est un pied de cochon, Minh?«, und er antwortet, strahlend: »Mais oui, mon cher, c'est un pied de cochon«, selbigen auf dem Porzellanlöffel balancierend wie die zarte Ferse einer Ballerina.

Saigon wirkt westlicher als Hanoi, was nicht nur an den Wolkenkratzern liegt, den schlank aufragenden Glas- und Stahlkonstruktionen, sondern auch daran, dass viele Straßen sich zu wahren Boulevards weiten. Eine Frau, die ein kleines Kind mit einem riesigen Wasserkopf auf dem Arm trägt und den Vorbeieilenden die Hand entgegenstreckt, auf der Le-Loi-Straße der Mann mit Lepra oder einem anderen Aussatz, in dessen Augenhöhlen noch Augen ruhen könnten, wer weiß, doch sieht man sie nicht, und dessen Mund nur ein paar verfaulte Zähne aufweist – vielleicht fallen die Bettler hier erstmals und umso heftiger auf, weil die Kontraste schärfer sind als in Hanoi, das erschreckende Nebeneinander von Elend und Glamour, von Armut und obszön anmutendem Reichtum, denn die liquiden oberen paar Prozent gibt es offenbar auch im sozialistischen Vietnam. Die Luxusfirmen des Westens, Dior, Versace, Louis Vuitton und wie sie alle heißen, diese sündhaft teuren Geschäfte ruhen gleichwohl meist vollkommen leer und in ihren eigenen Prunk versunken.

Ist auch das berühmte Majestic Hotel, in das Graham Greene seinen *Stillen Amerikaner* schickte, von der edleren Art? Durchaus, und der Blick auf den Fluss Saigon ist von der Dachterrasse aus wirklich unübertrefflich: Wir sehen den breiten Strom direkt unter uns, sehen die entstehenden Stadtteile jenseits des Wassers, sehen die Lastkähne und die großen Schiffe. Wir sehen die Fledermäuse, die aus der Stadt heraussprudeln und über den Saigon flattern, bedrängt von einer Formation von Mauerseglern; und dann zieht ein weiterer dieser prachtvollen Tropenregen auf, der zunächst die Hochhäuser und die Hochhausbaustellen flussabwärts verschwinden lässt, sie einfach löscht, erst das »Manor« und dann das »Central Park«, näher kommt und schließlich auch uns erfasst, die wir zum Glück unter einem Dach sitzen, das seit Graham Greene so manches Paillettenkleid und so manchen Smoking vor derartigen Widrigkeiten geschützt hat.

Die menschheitsbeglückende Erfindung des Ohrstöpsels, dies sei am Rande bemerkt, scheint in Vietnam unbekannt zu sein – was nicht überrascht in einem Land, in dem ein derart großer Teil des Lebens auf der Straße verbracht wird, wo Trubel und Lärm zum allgegenwärtigen Hintergrund gehören und, wer weiß, vielleicht gar nicht mehr wahrgenommen, wenigstens nicht als störend empfunden werden. In unserem Hotel an der Ly-Tu-Trong-Straße jedenfalls ist es nachts derart laut, dass man den Eindruck gewinnt, alle acht Millionen Einwohner Saigons würden auf einmal mitten durchs Zimmer rasen und rollern. An der Rezeption lässt sich keinerlei schlaferleichterndes Hilfsgerät ausleihen, kann ich nicht einmal vermitteln, wonach ich suche, treffe auf ratlose, wenngleich faszinierte Gesichter, ganz wie in der Apotheke und in diversen Läden, die ich am späteren Abend noch aufsuche, sogar in einer Parfümerie, die ich absurderweise und offenbar in einem Zustand wachsender Verzweiflung betrete, wo ich wie zuvor gestikuliere, in Sprachen und Zungen rede, »to put something into your ear« murmle, »and then sleep« (und ich lege meinen Kopf schief und schlafe auf meinen zusammengelegten Händen ein). Ich bin sicher, man hat in Saigon schon lächerlichere Scharaden gesehen, der Erfolg bleibt mir gleichwohl verwehrt. Fürs Protokoll vermerke ich, dass der Lärm des Verkehrs auf der Ly-Tu-Trong-Straße bis fünf Uhr morgens unvermindert anhält, dann plötzlich abbricht, sodass eine Stunde fast unheimliche Ruhe einkehrt, bevor endlich die Frühschicht beginnt und das Röhren und Brausen mit gleicher Dezibelstärke wieder einsetzt.

Nicht weit weg von der Pagode des Jadekaisers, nur ein paar Straßen und ein Dutzend mögliche Motorrollertode entfernt, liegt der botanische Garten Saigons, der zugleich der Zoo ist und in dem wir fast so exotisch sind wie die Tiere, jedenfalls betrachten uns die sonntäglichen Familienausflügler mit allergrößtem Interesse. Wir hingegen, zerfließend, zerrinnend, stehen unvermittelt vor seiner Majestät, dem Weißen Tiger aus Nepal, einer Gottheit hinter dickem Glas, die uns ansieht, ansieht, bis wir zu schrumpfen, einzulaufen beginnen in unseren verschwitzten Hemden und Hosen. Nicht er ist gefangen, so viel steht fest, wir sind es. Und im Café des Historischen Museums gleich nebenan, in das uns das kühle Versprechen der Klimaanlage gelockt hat, sind wir plötzlich umgeben von zahlreichen begeisterten Numismatikern, allerdings ohne Münzen, nur mit Geldscheinen in großen Boxen, in Folien, Umschlägen, umgeben von Geldbegeisterten, alt und jung, weiblich und männlich, die tauschen, debattieren, Scheine auf den Tischen hin und her schieben und gegen das Licht halten. Jeden Samstagvormittag treffe man sich hier, verrät mir einer der jüngeren Teilnehmer, in dieser Woche allerdings habe man die Zusammenkunft auf den Sonntag verlegen müssen.

Tag für Tag hingegen kommen die Vogelliebhaber Saigons zusammen, und zwar in einem Freiluftcafé im Tao-Dan-Park: Vor allem Männer sind es, ältere zumeist, nur wenige Frauen, welche die abgedeckten Domkuppeln ihrer Käfige herbeitragen, sich einen noch freien Platz sichern und den Reißverschluss des Käfigüberwurfs aufziehen, um ihren Schatz zu präsentieren. Ein Gerüst, ein geschwungenes Metallgitter überwölbt das gesamte Café; hier wird der Käfig aufgehängt, wird zwischen die bereits dort baumelnden Käfige platziert, dutzende von ihnen, und in jedem ein Singvogel, keiner von ihnen stumm, all die Japanbrillenvögel, Weißohrhäherlinge, Schwarzkopfsibias, Goldstirnblattvögel, es ist ein ganzer Baldachin aus Käfigen, und über diesem Baldachin der Eingesperrten hängt unerreichbar der morgendliche vietnamesische Himmel. Die Alten mit ihren Vögeln sitzen bei Eiskaffee oder schlürfen mit einem Strohhalm den Saft einer Kokosnuss, nehmen ihre Frühstücksnudelsuppe zu sich oder wickeln ein mitgebrachtes Sandwich aus. Immer neue Herren kommen hinzu, hängen ihre Vögel zu den anderen oder lassen sich von länger gewachsenen Männern dabei helfen, falls sie nicht bis ans Gitter gelangen; einige nehmen zunächst Platz und stellen ihren noch abgedeckten Käfig vor sich auf den Tisch neben den Kaffeebecher oder das Teeglas. Die meisten haben zudem zwei kleine Plastikbeutel bei sich, wie man sieht, tritt man näher heran, und in beiden Beuteln wimmelt es – es sind Zikaden darin, Grillen oder Grashüpfer, die sie, noch intakt, dem einen Beutelchen entnehmen, mit einer Nagelschere gewissenhaft verstümmeln, indem sie ihnen erst die Flügel, dann das Schwanzende abschneiden und ihre Opfer dann in der anderen Tüte verstauen – ein Mahl für die Vögel, zubereitet, während die Männer selbst auf ihr Frühstück warten, das der schmale Kellner herbeiträgt, oder es bereits verzehren, in der Linken den Löffel, in der Rechten die grausame, kalte Schere; einer der Amputeure hat kunstfertig kleine Käfige aus Bambus oder Balsaholz gebastelt, schmale Stäbchenzellen, in die er jeweils fünf oder sechs Verstümmelte quetscht, sie für seinen Vogel mund-, vielmehr schnabelgerecht portioniert. An der Straße, an den Mauern vorm Park, ließe sich Nachschub erwerben, denn hier sitzen die Verkäuferinnen von Maden und Würmern und Zikaden, haben große Kartons vor sich, in denen es nur so krabbelt und wimmelt, und auch sie schneiden die Insekten zurecht und verpacken und wiegen sie, vorverstümmelt und *ready to serve*. Und all die liebevoll gestalteten kleinen Porzellantrinkschalen in den Käfigen! Jeder der Vögel trillert, singt, jubiliert aufs Herrlichste, aber umgeben von ihrem Chor (und erst recht unter dem Eindruck der Insektenzubereitung) möchte man von einem Höllenlärm sprechen, der kaum eine Unterhaltung zulässt. Und wirklich sitzen viele der Männer nur schweigend da, ein paar blättern in der Tageszeitung, andere starren einfach in die Luft, die meisten jedoch blicken wie hypnotisiert zu den Sängern auf, sodass sie alle miteinander gefangen sind, die Vögel in ihren Käfigen und deren Herren, die mit ihren Blicken ganz bei ihnen sind. Warum all das? Handelt es sich um eine bloße Liebhaberei, ist dies ein Treffen wie jenes der Numismatiker aus dem Museumscafé? Könnte es eine Art Wettbewerb sein, ein Wetteifern um den schönsten Vogel? Einleuchtender ist eine andere Erklärung (und für sie spricht, dass meist Vögel einer Art zusammengeführt werden, sie in dem selben Abschnitt nebeneinanderhängen) – dass man nämlich die lebenslang allein in einem Käfig Eingesperrten wenigstens für ein paar Stunden aus der Einsamkeit entlässt (und sich selbst mit), sie ihren Artgenossen zuführt, damit sie endlich plaudern können, wie ihnen der Schnabel gewachsen ist, damit sie nicht den Klang verlernen, nicht länger in die Leere hineinsingen, ohne je eine Antwort zu erhalten, und der Lärm und das Toben und Schrillen in den fünfzig, sechzig, achtzig Käfigen des Vogelbaldachins lässt uns glauben, dass es sich so verhalten muss. Die Kellner derweil tragen, mit ungerührter Miene, weiter ihre Tabletts mit kühlen und heißen Getränken umher.

Im Binh-Tanh-Distrikt treibt der Müll, schwimmen Plastik, Essensreste, Schrott im Wasser, wachsen und wuchern die Böschung hinauf, sieht man die Schwärme kleiner Müllfische, die sich laben an den Resten, und hinter alldem die wundersamerweise nicht kollabierenden Pfahlbauten. Direkt dahinter ragen die Wolkenkratzer mit ihren Luxusappartements auf, und überm Wasser, über die Baracken hinweg, streckt sich als Rohbau die neue U-Bahn-Brücke. Wir bewegen uns durch schmale Gassen, die regennass sind, es herrscht eine Schwüle, die durch die Enge der Bebauung noch drückender ist, die Luft ist von Rauch und Gerüchen gesättigt, wobei der Duft von Gebratenem jäh dem Gestank von Müll oder Kot weicht. In fast jedem Haus befindet sich ein Laden oder eine Garküche, alles liegt bereitwillig da und öffnet sich zur Straße hin, und wo kein Laden ist, da erlauben die stets offenen Türen einen Blick in die Wohnzimmer und weit ins Innere der Häuser hinein. Tiefbraunes Wasser steht in einem Graben, der eigentlich eine Kloake ist, die Hühner scharren direkt daneben im Schlamm. Und dort ist wieder die Brücke der U-Bahn, die eigentlich eine Hochbahn sein wird, und darunter zwei Brachen, wo einst Häuser gestanden haben müssen. Einige tätowierte junge Männer hinterm lückenhaften Bauzaun pflegen und päppeln und streicheln ihre stattlichen Hähne, denn hier, auf dieser freien Fläche zwischen den Hütten, die eine Müllkippe sein könnte, finden illegale Hahnenkämpfe statt. Die drei Bauarbeiter auf dem neu gemauerten Sims in ein paar Metern Höhe machen Pause, hocken mit nackten Oberkörpern nebeneinander und schlürfen ihre Nudelsuppe. Eine Gasse weiter sitzen Trauernde vor der Tür auf der Straße und speisen gemeinsam unter dem großen Porträt des Verstorbenen, tragen Weiß, die Farbe der Trauer, und je näher eine Person dem Toten war, desto umfassender und reiner das Weiß ihrer Kleidung, sodass die Witwe, die Tochter die weißesten Gewänder tragen, heller leuchten als der entfernte Onkel aus der Provinz, als der Cousin dritten Grades. Und dort, ein paar Schritte weiter, hinter der nächsten Biegung der engen Gasse, befindet sich eine Art Garage, die ein Billardsalon mit drei Tischen ist, an denen die Halbstarken spielen. Die Ohrenreinigerin in ihrer Kammer, die Salon zu nennen man zögert, so sauber und gepflegt alles sein mag, trägt eine Stirn-, eine Art Grubenlampe und hält ihr Werkzeug, einen feinen Spachtel, ein langes Löffelchen zum Ausschaben in der Hand, ihr Kunde liegt vor ihr, die Augen geschlossen, und sie schaut kurz auf, lacht uns wunderbar an, vertieft sich dann erneut in den Gehörgang vor ihr, fährt wieder ein.

VIII

Es war nicht geplant, hat sich schlicht so ergeben, dass wir erst am letzten Tag unseres Aufenthalts dem Vater der Nation unsere Aufwartung machen, das Mausoleum Ho Chi Minhs besuchen – das wir von weitem bereits gesehen haben, ein kompakter, wie gepanzerter kleiner Tempel aus großen grauen Steinquadern, errichtet auf einem riesigen Präsentiergelände an der Duong Hung Vuong, am Ba-Dinh-Platz, das mit ausgedehnten Parks hier und da auch zum Verweilen, zum Durchatmen einlädt.

Die Schlangen sind lang und bewegen sich nur langsam vorwärts, wir lassen uns mittragen, Meter um Meter, immer wieder flankiert von jungen Soldaten in ihren weißen Prachtuniformen. Sie sind es, die für die Wahrung der Etikette sorgen; als wir die Stufen zum Mausoleum hinaufschreiten, ermahnen sie die Besucher, nicht unfreundlich, aber bestimmt, nicht länger zu reden, keinesfalls zu lachen, die Hände aus den Hosentaschen zu nehmen, sich respektvoll zu verhalten, gemessenen Schritts zu gehen. Schon ein paar Meter, bevor man das trutzige Nationalheiligtum endlich betritt, wird man überrascht von dem eiskalten Hauch, der aus dem Innern nach außen dringt – immerhin wird dort hinter dem Grau, das im Innern einem wuchtigen, glatten roten Marmor weichen wird, ein Leichnam aufbewahrt, ein kunstvoll erhaltener Leib wie jener Lenins in Moskau, und tatsächlich schließt das Mausoleum in jedem September seine hohen Tore, um Ho Chi Minh nach Moskau auszufliegen, wo die Experten ihn nach allen Regeln der Kunst und der Chemie behandeln und auffrischen. Und verblüffend natürlich sieht er wahrlich aus, als wir ins innerste Innere gelangen und ihn anschauen dürfen, Onkel Ho in seinem Glassarg, die Hände gefaltet, umrahmt in all der Eiseskälte seiner vorläufigen Ewigkeit von vier unerschütterlich makellosen Wachsoldaten in Weiß, seiner jungen, wiewohl sterblichen Ehrengarde. Wie beruhigend ist es, beim Verlassen des Mausoleums einen ihrer Kameraden zu sehen, auch er in Weiß, der den Vierjährigen, der seine Kindergruppe verloren hat, mit einer ganz simplen Geste an der Hand nimmt und ihn langsam, fast zärtlich, Stufe um Stufe die Treppe hinuntergeleitet, bis die Hitze uns alle wiederhat.

Aber Vu Nhat Tan von den Musikern erwartet uns bereits weit im Westen der Stadt, wohin sogar die Fahrt mit dem Taxi eine halbe Stunde dauert, wartet vor dem Chùa Láng, einer anmutigen Pagode aus dem zwölften Jahrhundert, die, weil so weit außerhalb, von Touristen kaum besucht wird, nicht einmal von Schulklassen und Kindergärten, und deren unwirklich anmutende Stille den Besucher, der eben noch im Straßenchaos von Hanoi steckte, im Smog, in der Blechkarawane, plötzlich und wohltuend in sich aufnimmt. Und jenseits der Teiche, des Torhauses, des Tempels, steht man mitten in der riesigen Stadt in einem ausgedehnten Gemüsegarten, ringsum gerahmt von hohen Häusern, und sieht die schlichten und ernsten Grabmale der Mönche, die hier gelebt haben, einige von ihnen vor Jahrhunderten.

Tan führt uns durch die Gassen, an einem See vorbei, um diese Ecke, um jene, bis wir in einem Hof stehen und vor dem in klassischer Technik errichteten Bambushaus, das der Gruppe zum Proben dient und für gelegentliche Konzerte. Und da sind sie alle, die Sängerinnen, da ist Minh, und die Tische sind für das Mittagessen überreich gedeckt, und auch Meister Xuan Hoach ist da, der nach dem Mahl auf Laute und Kniegeige spielen wird und dessen selbstgebrannter Klebreisschnaps mit größter Freigebigkeit fließt, kaum sind die Gläser leer, und nach den am Spieß gegrillten Schweinefleischwürfeln, den köstlichen breiten Reismehlstreifen mit gerösteten Zwiebeln und Pilzen, die Bánh cuốn Thanh trì genannt werden, nach der Fischsauce, den frischen Litschis und einer fünffarbigen Schichtnachspeise auf Kartoffel- und Zuckerbasis heißt es Abschied nehmen, allerdings nicht bevor uns der vietnamesische Drachen erklärt wurde, der wie ein gedörrter Riesenmanta unter der Decke hängt und fünf Bambusflöten als Schweif hat, in die, wenn er steigt, die Winde fahren, um sie zum Klingen zu bringen, und nicht bevor Xuan Hoach mit dem Bogen ein letztes Mal über die dicken Seidensaiten gefahren ist und der Perkussionskünstler der Truppe einen tiefen Zug aus jener verblüffenden Pfeife genommen hat, einem Bambusrohr, gut einen Meter lang, armdick und mit Wasser gefüllt, sodass sie den Raucher mit sanftem Trillern und einem lustigen Glucksen begleitet.

Überall in Hanoi, wir sehen es auf der Rückfahrt ins Französische Viertel, wie wir es schon in den letzten drei Tagen gesehen haben, wird neue Farbe auf die Außenwände der Häuser aufgetragen, werden die Schwellen und Rahmen frisch lackiert – so kündigt sich, denken wir, die Regenzeit an, die nun kommen muss. Und in den Bäumen in der Hang-Bai-Straße toben noch einmal die Zikaden.

IX

Es ist Ho Chi Minhs Geburtstag, und wir verlassen Vietnam. Wir haben gesehen, wie sich früh am Morgen, vor der großen Hitze, die Tai-Chi-Liebhaber an den Seen versammeln, wie die Federballspieler kurz nach Sonnenaufgang ihre Netze quer über die Gehsteige spannen, wie in den Parks die Jogger, die tanzenden Paare, die Stockkämpfer nebeneinander ihrer Leidenschaft nachgehen. Wir haben gelernt, zu Fuß Straßen zu überqueren, die zu überqueren zunächst nicht möglich schien, haben gelernt, dass in Richtung der Heranrasenden zu schauen, der Blick jedoch ins Nichts zu richten ist, in die Ferne, die Unendlichkeit, sich nirgendwo fangen, nichts fixieren darf, am allerwenigsten die Augen eines Fahrers, denn so käme es unweigerlich zur Katastrophe, nur ohne Blickkontakt gleitet man wundersam aneinander vorbei. Wir haben mit Meistern der Laute angestoßen, mit schlichtem Wasser, Kaffee oder Halida Beer (»est. 1993«). Wir haben festgestellt, dass Zahnstocher in aller Öffentlichkeit verwendet werden dürfen, nach dem Essen, im Restaurant, vor aller Augen, ohne Scheu und falsches Schamgefühl. Wir haben uns beinahe an das genießerische Schmatzen während des Essens gewöhnt, jedoch nicht selbst zu schmatzen begonnen. Wir kannten heißen Kaffee und Eiscafé, wissen nun, dass es auch Kaffee mit Eischaum gibt, haben auf die Kaffeespezialität, die zunächst durch den Verdauungstrakt der Schleichkatze wandern muss, verzichtet. Wir haben die auf ihren parkenden Motorrädern hingelümmelten, ruhenden, gar schlafenden, allen Gesetzen der Schwerkraft trotzenden Männer bewundert. Wir haben festgestellt, dass beim vietnamesischen Cyclo, anders als bei der indischen Rikscha, der Fahrer hinter seinen Fahrgästen sitzt, sie also vor sich herträgt, sozusagen schiebt, sie nicht ziehen muss und also nicht sichtbar wird mit all den Strapazen, die sein Beruf mit sich bringt, was uns ungleich würdevoller erscheint. Wir haben uns bemüht, unter der Dusche keine Chansons von Trinh Cong Son zu singen, um nicht aus Versehen Leitungswasser zu schlucken. Wir haben nachts vor dem leuchtenden Hutladen an der Ecke Hang Bai und Ly Thuong Kiet den Wachmann in seiner blauen Uniform dabei beobachtet, wie er zu wachen vergaß, sich zu uns stellte, um ebenfalls den großen, smaragdgrünen, wie mit Lack angestrichenen Käfer zu betrachten, ihn schließlich liebevoll mit einem herabgefallenen Blatt hochzuheben und vom Bürgersteig wegzutragen, hin zu einem sicheren Baum. Wir haben zur Kenntnis nehmen müssen, dass sich im Grunde alles essen lässt, wenn die Küche nur fantasievoll genug, Omg Tao gnädig und etwas Fischsauce zur Hand ist. Wir sind nach Nordosten und nach Süden, wenn auch allzu kurz, durch dieses Land gereist, stets gefolgt von der schützenden, luftigen Nebelbank unseres Moskitonetzes. Wir haben bewundert, mit welcher Eleganz die jungen Frauen im Damensitz hinten auf den Motorrollern sitzen. Wir haben Zikaden gehört. Wir haben festgestellt, dass sich immer und überall essen lässt, im Hocken oder Sitzen oder Stehen, auf der Straße, aber auch am Baum am Straßenrand und dessen Umfassung voller Müll – oder beispielsweise im Nagelstudio, wie jener Mann, der genussvoll und gut hörbar seine Nudelsuppe schlürfte, just da, wo seine Frau soeben einer Kundin die Hornhaut von den Fersen raspelte und schmirgelte. Wir haben den Rauch von Räucherstäbchen, den Rauch des Geistergeldes und den Rauch von Gegrilltem riechen dürfen. Wir haben den unwahrscheinlichen Wust der Stromleitungen gesehen, zu einem langen, dicken, struppigen Zopf geflochten, manchmal zu einem Dutt oder Haarknoten gebündelt, und gedacht: alles sein, nur nicht Elektriker oder Angestellter der hiesigen Stromversorger. Wir haben die properen goldenen Buddha-Figuren am Armaturenbrett der Taxis bewundert und die buddhistische Gelassenheit ihrer Spiegelbilder, der Taxifahrer. Wir haben einem Mann mit Sonnenbrille gelauscht, der gegen Mittag auf seinem geparkten Roller saß und in ein goldenes Mikrofon sang, den Text der herzzerreißendsten Schnulze Vietnams von seinem Mobiltelefon ablas, absang, einen Mann im strahlend weißen Oberhemd, der voller Inbrunst Straßenkaraoke in der Mittagshitze vollführte, um ihn herum die sich bestens amüsierenden Freunde, ein paar Wachleute und zwei staunende Deutsche. Und oh, die Lotosblüten, die Lotosblüten.

Der Rausch und die Herrlichkeit

Zunächst über Dylan Thomas.
Erster Bamberger Poetikvortrag

Wer eingeladen ist, vier Reden zur Poetik zu halten, keine mehr, keine weniger, wird geradezu herausgefordert, seinem Gesamtkonzept ebendiese Zahl zugrunde zu legen, beginnt sogleich, sich Gedanken zu machen über vier Jahreszeiten, vier Elemente, über Kardinaltugenden, vielleicht gar über die Vier Edlen Wahrheiten des Buddhismus. Da mir Frühling, Sommer, Herbst und Winter thematisch zu eng, Feuer, Wasser, Erde und Luft hingegen zu symbolisch aufgeladen erschienen, da ich weder ethische noch grundsätzliche Ewigkeitswerte anzubieten habe, habe ich mich entschlossen, meine kleine Vortragsreihe schlicht nach den Himmelsrichtungen zu gliedern. Ich werde, mit anderen Worten, von meinem Geburtsort Hamburg aus viermal ringsum in die Welt schauen und vier Dichter aus Nord, Süd, Ost und West vorstellen, die für mich und mein eigenes Schreiben bedeutsam, ja prägend waren und sind. Zugleich sollen diese Porträts locker genug gefügt sein, um Exkurse und Abschweifungen zu ermöglichen, um also ausgehend von diesen vier Werken und Persönlichkeiten auf grundsätzliche Fragen der Poetik zu kommen.

Vielleicht, meine Damen und Herren, ist es keine schlechte Idee, am Anfang vierer Reden zu einem Thema, das, wenn auch zu Unrecht, als dröge verschrien ist, als kopflastig und etwas altmodisch gilt, ein Quantum Alkohol ins Spiel zu bringen, um das Publikum milde zu stimmen. Ich lade Sie also ein, den Blick zunächst nach Westen zu richten und mit mir nach

Wales zu reisen, nicht nur auf ein Glas, sondern, tragischerweise, auf ein paar Gläser zu viel, denn am Anfang soll, am Anfang muss über Dylan Thomas gesprochen werden, der, neben dem nahezu göttlichen Shakespeare, meine erste Leidenschaft in der englischsprachigen Dichtung war. Dylan Thomas also – dieser Rimbaud vom Cwmdonkin Drive, dieser Wortzauberer aus Swansea, dem tatsächlich von mehr als einem Kritiker die üppigste sprachliche Palette, das leuchtendste Vokabular seit ebenjenem Shakespeare attestiert wurde; Dylan Thomas, der das schönste Hörspiel aller Zeiten verfasste, als Leser ganze Säle in seinen Bann schlug, aber ebenso erfolgreich als Anekdotenerzähler und Clown in den Pubs auftrat, die in ihm ihren treuesten Kunden fanden, und der notfalls sein Publikum damit amüsierte, dass er auf allen vieren einen tollwütigen Hund imitierte, an einen Laternenpfahl zu urinieren drohte, stattdessen in den Pfahl biss und mit dem Biss einen Zahn verlor; Thomas, dieser Lautmaler und Klangjongleur, der das Kino und die Marx Brothers schätzte und dessen Timing ebenso präzise war wie das von Harpo und Groucho, der gerade einmal neununddreißig Jahre alt wurde und nach achtzehn doppelten Whiskys in der New Yorker »White Horse Tavern« und den erschütternden vorletzten Worten »Ich glaube, das war der Rekord« so berühmt wie hundeelend starb; einer jener Frühvollendeten und allzu früh an ihr Ende gelangten, bei denen man sich, wie bei Trakl, Keats, Büchner und so vielen anderen fragt, was um Himmels willen sie noch an Poesie zu Papier gebracht hätten, wäre ihnen nur mehr Zeit vergönnt gewesen.

»Die erste literarische Begegnung ist nie wiedergutzumachen«, hat der russische Dichter Ossip Mandelstam einmal gesagt, und das ist wahr. Niemand beeinflusst den weiteren Lauf einer Leser- und Autorenkarriere so sehr wie der erste, glücklich entdeckte Meister, und wer anfängt zu schreiben, tut dies für gewöhnlich in einem Alter, in dem man besonders empfänglich, noch formbar ist. Es mag sein, dass die rein äußerlichen Qualitäten, der Habitus, der Ruf oder auch die Verrufenheit, eine gewisse Rolle dabei spielen. Tatsächlich ließe sich argumentieren, dass der ungeheure Einfluss, den Brecht auf seine Epigonen auszuüben imstande war, sich auch seinen Lederjacken verdankte, der Tatsache, dass er Zigarren rauchte, sich mit Preisboxern ablichten ließ, schnelle Autos liebte und sie zu Schrott fuhr, nachdem er zuvor, um den Kitzel zu steigern, die Bremskabel durchtrennt hatte. Und was Georg Heym betrifft, der für mich weit wichtiger war als Brecht, muss auch ich zugeben: Ich mochte die aufmüpfige Haltung des Frühexpressionisten, es gefiel mir, wie lässig und schief Heym auf den Fotos seinen Hut ins Gesicht zog und dass eine Freundin sein Wesen als ein Teil Engel, ein Teil Rowdy und ein Teil Bandit beschrieb.

Dylan Thomas erwies seinerseits den Vorbildern ein Leben lang die Ehre – auch wenn er sich herrlich spöttisch über andere Dichter äußern konnte und berühmt war für seine spontanen und unbarmherzigen Stimmen- und Stilimitationen. Noch im Jahr seines Todes zierten Bilder von Auden, D.H. Lawrence, Thomas Hardy, Walt Whitman und William Blake die Wände seines Arbeitszimmers, ergänzt, wie Thomas in einem Brief albert, durch Abbildungen von Affen und nackten Frauen. Und genauso waren es in seinem Jugendzimmer in Swansea Porträts von Walter de la Mare (»torn from my father's Christmas *Bookman*«), von Robert Browning, Rupert Brooke, aber auch vom bereits erwähnten William Shakespeare. Aus dessen Werken wurde dem kleinen Dylan vorgelesen, bevor der überhaupt sprechen konnte, und zwar von Thomas' Vater, der ein angesehener und prinzipientreuer Lehrer in Swansea war. Hier, an der Westküste Großbritanniens, wurde Dylan Thomas 1914 geboren, und hier, im »selbstzufriedenen Dunkel einer Provinzstadt«, im »aasigen, rasigen, pferdediebischen Wales«, wuchs er auf, wobei sich schnell die Konstanten zeigten, die sein ganzes Leben bestimmen sollten, die Lust, »die Blumen des Alkohols emsig zu pflücken«, aber auch die vollkommene Unbedarftheit im Umgang mit Geld sowie das Talent, Freunden deren letzte Pfundmünze aus der Tasche zu plaudern, ein Hang zur Verschwendung zudem, der sich später darin äußerte, dass Thomas trotz eines wütenden Trosses von Gläubigern stets darauf bestand, das Taxi zu nehmen – natürlich auf Pump. Der Unterhalter und Erzähler wärmt sich auf in den Kneipen von Swansea, auch während einer kurzen Tätigkeit als Lokaljournalist, und es will etwas heißen, dass Freunde aus der Jugend und aus späteren Jahren ihm ein Leben lang treu ergeben bleiben, trotz der Schnorrerei und seiner notorischen Unzuverlässigkeit. Zur Londoner Hochzeit des guten Freundes Vernon Watkins, ebenfalls Dichter, erscheint der Trauzeuge Thomas gar nicht erst, erfindet im Nachhinein ein haarsträubendes Alibi, schreibt abenteuerliche briefliche Erklärungen, was zum Bruch führt – aber nur wenige Tage lang, zu unersetzlich ist Thomas als Begleiter. Brechts Zeile »In mir habt ihr einen, auf den könnt ihr nicht bauen« scheint wie für Dylan Thomas geschrieben, und dieses Unbeständige überschattet auch die Ehe mit Caitlin Macnamara, die 1937 geschlossen wird und der hinreißende Liebesbriefe vorausgehen: »Ich will Dich nicht nur für einen Tag«, schreibt der werbende Dichter, »ein Tag ist gerade einmal die Lebenszeit einer Stechmücke: Ich will Dich für die Lebenszeit eines großen, wütenden Tieres, eines Elephanten etwa. […] Du darfst nicht zu erwachsen wirken, denn dann würdest Du älter aussehen als ich; und Du wirst niemals, ich lasse Dich niemals vernünftig werden, und ich werde niemals, Du läßt mich niemals vernünftig werden, und immer werden wir gemeinsam jung und unvernünftig sein.« So geschah es, während der Alkohol, wie sich die Witwe später erinnern sollte, »unser ganzes Geld und unser ganzes Leben auffraß«, doch fand Thomas in Caitlin, auch bei den Handgreiflichkeiten, die später an der Tagesordnung waren, ein wehrhaftes Gegenüber. Wie zupackend und unsentimental die junge Gattin sein konnte, deutet sich in einer Episode aus der übermütigen Anfangszeit an, als ein Hummer für die Dinnerrunde mit Freunden zubereitet werden soll, aber kein Topf groß genug ist, bis Miss Macnamara die bemitleidenswerte Kreatur in einer Pfanne kocht, Stück für Stück, nach und nach, bis Gemahl und Gäste die entsetzlichen Laute der künftigen Hauptspeise nicht mehr aushalten und fluchtartig das Haus verlassen. Dennoch, schreibt der verliebte Thomas an seinen ersten Biografen Treece 1938, »werden Sie meine Frau sehr nett finden; ich selbst bin klein, streitlustig, gutmütig, faul, linkisch, so besoffen wie möglich, ›untere Mittelschicht‹, was Grundhaltung und Ansichten angeht; mit losem Mundwerk; ein alberner junger Mann. Ich hoffe, Sie trinken gern, ich nämlich trinke sehr gern, und wenn ich Geld habe, dann gibt es kein Halten. [...] Meine Pfeife fülle ich mit Zigarettenstummeln aus dem Rinnstein, auf meinem Tisch häufen sich lyrische Fehlschläge, mein Kopf ist voller Flausen.« Begnadet, sprachgewaltig, öfter betrunken als nüchtern, ein Mythos zu Lebzeiten und in einer exzentrischen Ehe gefangen, der »Sohn eines Faultiers und einer Steckrübe«, wie Thomas sich selbst charakterisierte – welcher Jugendliche fände das nicht unwiderstehlich? Dabei ist all das fürwahr nicht komisch; und gibt es auch zahlreiche humoristische Momente, Absurditäten von popkultureller Prägnanz, so will einem das Lachen doch im Halse stecken bleiben, lässt es sich selbst mit einem großen Glas *stout* nicht hinunterspülen.

Am attraktivsten war für mich, den unsicheren Poesielehrling, zunächst die Unbedingtheit, die Hingabe, die sich bei Dylan Thomas schon in einem Alter zeigte, in dem ich mich überhaupt erst zu orientieren suchte – Dylan Thomas wollte Dichter *sein*, ausschließlich dies, nichts anderes, und ohne Rücksicht auf die Konsequenzen. Und wirklich ist ja die Frage, die man ständig von besorgten Mitmenschen zu hören bekommt, ob man nämlich von der Dichtkunst leben könne, vollkommen falsch gestellt; die Frage sollte einzig und allein sein, ob man *ohne* die Poesie leben kann. Dylan Thomas konnte und wollte es nicht, und er war, auch wenn er in Bettelbriefen beinahe täglich seine Armut beklagte, durchaus bereit, dafür eine brotlose Zukunft in Kauf zu nehmen.

An der Schule hat Thomas kein Interesse, auch nicht an einem Studium oder einem sogenannten Brotberuf, lieber wirkt er gelegentlich bei einer Theatergruppe mit. Er hegt Pläne für eine Literaturzeitschrift, vor allem aber widmet er sich den eigenen Gedichten und ist in einem ständigen Kampf mit der älteren Schwester um die spärliche Tinte im Haus befangen: »Wörter! Wörter! Ich schreibe wirklich ununterbrochen«, lässt er im Herbst 1933 seine erste Geliebte wissen, und wirklich ist ein Großteil all seiner Gedichte im Kern schon in den frühen Notizbüchern angelegt, in Kladden, die der klamme Thomas irgendwann an die University of Buffalo verkauft, in Entwürfen, auf die er noch jahrelang zurückgreift, um sie auszuarbeiten, umzuformen, zu verfeinern. Er ist gerade neunzehn Jahre alt geworden, aber den weit betagteren Dichterfreunden in Swansea wird rasch klar, welches Talent hier selbstbewusst seinen Auftritt vorbereitet, der mit ab 1934 in zügiger Folge publizierten Gedichtbänden zu zunehmender Bekanntheit führen wird. Einer dieser Freunde lässt sich auf einen spielerischen Wettbewerb ein, beide, er und Thomas, komponieren ein Gedicht zum Thema Unsterblichkeit. Thomas' Gedicht trägt den

Titel »And death shall have no dominion« und beginnt so: »Dead men naked they shall be one/ With the man in the wind and the west moon;/ When their bones are picked clean and the clean bones gone,/ They shall have stars at elbow and foot;/ Though they go mad they shall be sane,/ Though they sink through the sea they shall rise again;/ Though lovers be lost love shall not;/ And death shall have no dominion.« Hier ist eine Übersetzung dieser ersten von drei Strophen:

> Und dem Tod soll kein Reich mehr bleiben.
> Die nackten Toten die sollen eins
> Mit dem Mann im Wind und im Westmond sein;
> Blankbeinig und bar des blanken Gebeins
> Ruht ihr Arm und ihr Fuß auf Sternenlicht.
> Wenn sie irr werden solln sie die Wahrheit sehn,
> Wenn sie sinken ins Meer solln sie auferstehn.
> Wenn die Liebenden fallen – die Liebe fällt nicht;
> Und dem Tod soll kein Reich mehr bleiben.

Diese deutsche Fassung stammt von Erich Fried, und sie ist außerordentlich gelungen. Sowieso lässt sich sagen, dass eigentlich alle vorzüglichen Übersetzungen von Erich Fried angefertigt wurden; leider handelt es sich nur um eine Handvoll Gedichte, dazu immerhin das Hörspiel *Unter dem Milchwald* und eine Reihe von Prosatexten. Und mehr noch: Fast alle anderen Versuche, das Werk von Dylan Thomas ins Deutsche zu transferieren, sind entweder hilflos oder gar ein Ärgernis. Dafür gibt es Gründe. Denn Thomas ist nicht daran interessiert, das Gedicht für eine einfache Aussage, eine Botschaft gar, zu missbrauchen, die sich ebenso gut mit anderen Worten wiedergeben ließe. Es ist die Sprache an sich, die er liebt, und nicht die Sprache als Medium, und er ist nicht gewillt, auf irgendetwas zu verzichten, was für ihn den Zauber der Sprache ausmacht, weder auf ihre Musik noch auf Doppeldeutigkeiten und Paradoxien. Seine Gedichte sind von außerordentlicher Kompaktheit, lieben das Sprachspiel, ziehen alle rhetorischen Register, oft auf dem engen Raum einer Halbzeile. »Sie baten mich, Ihnen meine poetischen Prinzipien zu nennen«, schreibt er 1935 in einem Brief: »Wirklich, ich habe keine. Ich mag Dinge, die schwer zu schreiben und schwer zu verstehen sind; ich mag es, mit geheimnisvollen Bildern Widersprüchliches in Einklang zu bringen; ich mag es, meine Bilder unvereinbar sein zu lassen, zwei Dinge zugleich mit nur einem Wort zu sagen, vier mit zwei Worten und eines mit sechs.« Das trifft es genau, und hinzu kommt, dass diese Bilder aus unterschiedlichsten Quellen stammen und sämtliche Sprachebenen in einem einzigen Gedicht zusammenführen; Thomas entdeckt seine Reize und seine Schönheiten überall, und ihn schert nicht, was andere als gehobene, was als niedere Sprache bezeichnen. Er entlehnt seine Bilder dem Kino und der Zeitung wie auch der Tradition, er nutzt Slangausdrücke ebenso wie sprachliche Klischees und hat eine diebische, jungenhafte Freude an Wortspielen. Wie wollte man die Wendung »God in bed, good and bad« übersetzen, wie »the lubber crust of Wales«, wo die Transchicht der Wale zu hören, aber das Heimatland Wales großgeschrieben unübersehbar ist? In der Auftaktstrophe, die wir eben hörten, werden aus den Plattitüden des Manns im Mond und des Westwinds durch eine winzige Drehung »the man in the wind and the west moon« und gewinnen dadurch ein neues Leben, und herrlich ist es, wenn Thomas aus dem klassischen Märchenanfang »Once upon a time« das rätselhafte »Once below a time« macht oder einen Zeitraum mit den Worten »all the sun long« erfasst. Dazu kommen kühne neue Adjektive wie in dem »heron-priested shore«, dem reiher-gepriesterten Strand, und eine unbändige Lust an Vergleichen, die etwa kleine Jungen so unschuldig wie Erdbeeren sein lassen. Es ist eben nicht nur der Alkohol, an dem sich Thomas berauscht, es ist vor allem die Sprache, selbst dort, wo er eine seltsame Treue zum regelmäßigen Jambus pflegt, die mir selbst, gestehe ich, wohlvertraut ist und die ich vermutlich zu Ehren von ihm und Georg Heym übernommen habe. Thomas spricht von seinen »policeman rhythms«, und wirklich wird eine Reihe von Gedichten von diesem Metrum getragen:

> The force that through the green fuse drives the flower
> Drives my green age; that blasts the roots of trees
> Is my destroyer.
> And I am dumb to tell the crooked rose
> My youth is bent by the same wintry fever.

Thomas liebt das Schwierige, das Obskure; ihn verlangt nach einer Dichtung, die den Leser fordert, ihn dafür aber umso mehr beschenkt. Ihm schwebt eine Poesie der »warring images«, der widerstreitenden Bilder, vor, und er spricht von seiner »dialektischen Methode«, wo jedes Bild den Kern seiner Zerstörung in sich trägt, andere, gegensätzliche Bilder gebiert, von ihnen geschluckt wird und zugleich in ihnen aufgeht. In alldem aber ist keine Willkür, auch wenn ihm das oft vorgeworfen wurde, und nichts liegt ihm ferner als ein Surrealismus französischen Ursprungs, wie er sich sowieso zeitlebens von Gruppen und Manifesten fernzuhalten versucht. In seiner Arbeit ist er Solitär, im Pub und bei Abendgesellschaften hingegen das pulsierende, alles verschlingende Zentrum jeder lärmenden Gruppe.

Dabei sind es zwei durchaus klar erkennbare Themen, die zumindest die ersten beiden Gedichtsammlungen bestimmen, der Tod und die Sexualität, man könnte auch sagen, es sei nur ein einziges Thema: Der eigene, menschliche Körper in seinem Werden und Vergehen, seine Geburt und sein unausweichlicher Verfall. Unzählig sind die Zeilen, in denen Thomas die Venen, das Blut, die Organe, Zellen und Nerven ins virtuose Spiel bringt, und schon den ersten Lesern fiel auf, dass der junge Poet aus Wales mit Vorliebe einer Protagonistin Raum gewährte in seinen Versen – der Made. Von der »maggot in my stool« hören wir, und »man in his maggot's barren«. Auch das soeben mit seinen Auftaktzeilen zitierte Gedicht von der Leben spendenden Kraft endet unweigerlich mit dem Wurm: »And I am dumb to tell the lover's tomb/ How at my sheet goes the same crooked worm.«

Ist es nicht, mögen Sie fragen, ein Widerspruch zu dieser mitunter unappetitlichen Körperlichkeit, dass der Humor, der Thomas' öffentliche Auftritte so wirkungsvoll macht, auch sein gesamtes Werk, selbst die Gedichte, durchwirkt? Ganz im Gegenteil, denn auch sein Humor ist bisweilen von ausgesucht körperlicher Derbheit, etwa wenn der Name des Ortes, in dem sein Hörspiel und etliche Kurzgeschichten angesiedelt sind, Llarregub, vermeintlich typisch walisisch, rückwärts gelesen den unfeinen Fluch »Bugger all« ergibt. Ähnlich gelagert ist Thomas' Hinweis, dass der Name des von ihm durchaus verehrten und bisweilen als »Papst« bezeichneten T.S. Eliot von hinten nach vorn jedenfalls beinahe das Wort »toilets« ergebe, oder das Umbenennen des »National Liberal Club« in den »National Lavatory Club«. Sympathischerweise war Thomas der Ansicht, dass der Dichter nicht in ein allzu hehres Licht zu rücken sei, und so erklärt sich auch seine Wertschätzung von Varietésongs und seine Liebe zum Limerick. Bei Gelegenheit übersetzte er sogar Wilhelm Busch (»Den Elefanten sieht man da/ Spazierengehn in Afrika«) ins Englische (»The Elephant one sees afar/ Goes for a walk in Africa«), und nicht zuletzt spottet er auch mit Vorliebe über sich selbst, der zwar, wie er in einer berühmten Selbstbeschreibung sagt, ein Biest, einen Engel und einen Wahnsinnigen in sich trage, dessen eigenes, einst wahrhaftig engelgleiches und lockiges Erscheinungsbild jedoch mit den Jahren des ungebändigten Konsums, wie er anmerkte, einem »Walross« ähnlich geworden war. Wirklich lässt es staunen, wie Thomas den Körper, der doch sinnlicher Ausgangspunkt seiner Gedichte und Zentrum seiner Poetologie war, dem »Pfadfinderfeind Tabak« und dem »Dämonenkönig Alkohol« aussetzte, allerlei Süßkram noch dazu. Seine fast schon legendär schlechten Zähne, dazu eine absurd hohe Zahl von Knochenbrüchen, meist der Arm, ob er vom Fahrrad oder vom Stuhl fiel, machen es schier unmöglich, darin nicht ein hartnäckig vorangetriebenens Projekt konsequenter Selbstzerstörung zu erkennen – oder zu einem anderen Schluss zu kommen, als dass Thomas wirklich jeden Aspekt seines Lebens vernachlässigte zugunsten der Poesie, alles der Sprache unterordnete. Diese Rücksichtslosigkeit gegenüber sich selbst (und anderen) bleibt noch dort beherrschend, wo Thomas glücklichste Arbeitsbedingungen vorfand. Dies war nicht oft der Fall, sicherlich aber im sogenannten »Boathouse« im Städtchen Laugharne (ausgesprochen »Larn«), das Thomas als Zwanzigjähriger erstmals besucht hatte, wo er mit seiner Familie die letzten Jahre seines Lebens verbrachte und ein Schreibschuppen gleich nebenan einen herrlichen Blick auf die walisische Küste bot.

Der von den Biografen geschilderte Tagesablauf des Dichters Thomas dürfte der Routine vor dem Umzug nach Laugharne entsprochen haben: Vormittags las der Dichter, lief dann über einen Pfad über den Klippen zum Haus seiner Eltern, die er mit nach Laugharne gebracht hatte, und löste mit seinem

Vater das Kreuzworträtsel der *Times*. Mittags trank er im Pub von »Brown's Hotel« ein, zwei *pints*, bevor er zu seinem Schreibtisch zurückkehrte und sich bis zum frühen Abend den Gedichten widmete. Im Wohnhaus gab es anschließend womöglich ein Bad, sodann Essen, bevor es abermals zu »Brown's« ging, diesmal bis zur Schlussrunde. »Meine Methode ist folgende«, erklärt Thomas einem Freund: »Ich schreibe ein Gedicht auf zahllosen Bögen von Schmierpapier, schreibe es auf beide Seiten des Blattes, meist durcheinander und querbeet, ohne Satzzeichen, eingerahmt von kleinen Zeichnungen von Laternen und hartgekochten Eiern, ein rundum schmuddliges Kuddelmuddel; Zeile um Zeile übertrage ich das langsam entstehende Gedicht in ein Arbeitsbuch, und sobald es fertig ist, tippe ich es ab. Die Schmierpapierbögen verbrenne ich, denn es sind so viele, daß sie mein Zimmer füllen und sich mit Butter und Bier vermischen.« Wirklich werden bei alldem ein Zustand und eine Tätigkeit des Berufs deutlich, die jedem Dichter vertraut sind: das Warten, ob im Ohrensessel, bei Spaziergängen oder am Schreibtisch, und das Redigieren, das Kürzen, das unermüdliche Feilen am Wortmaterial bis zu dem Punkt, an dem jedes Wort unveränderbar an dem ihm gemäßen Platz zu sein scheint – in Thomas' Fall auf bisweilen hunderten von Bögen, auf denen, wie um die Phasen des Ausharrens zu illustrieren, zwischen den Versen Additionen zu finden sind, die Schulden, die bei Schlachter, Bäcker, Milchmann von Laugharne berechnet wurden. Aus der Zeile »And then, before the downpouring rain« wird die Zeile »And then before the sea rage breaks and bucks«, aus dieser wird der Vers »Let me then before the blazing night«, aus diesem entsteht wiederum »And then before the tornado break«, bevor die Worte »Yet, though I cry with tumbledown tongue« am Ende stehen bleiben dürfen. Das Gedicht, in das sie Eingang finden, ist eines der schönsten von Dylan

Thomas und Teil einer Reihe von Texten, die er anlässlich seines eigenen Geburtstages schrieb:

> Es war mein dreißigstes Jahr gen Himmel
> Das wachte auf als ich hörte vom Hafen und
>   Nachbarwald
>   Und vom muschelgeteichten und reiher-
>   Gepriesterten Strand
>   Des Morgens Locken
> Mit Gebeten des Wassers und Rufen der Seemöwe und
>   der Krähe
>   Und dem Pochen von Segelbooten an die netze-
>   verfitzte Wand
>   Daß ich gehe
>   Ohne zu stocken
>   Durch die noch schlafende Stadt hinaus ins Land.
>
>   Mein Geburtstag fing an mit den Wasser-
>   Vögeln und Vögeln geflügelter Bäume die flogen
>   meinen Namen
>   Über den Bauernhöfen und über den weißen Rossen
>   Und ich stand auf
>   Im Regenherbst
>   Und ging hinaus in einen Schauer all meiner Tage.
>   Flut wars und der Reiher tauchte als ich den Weg
>   nahm
>   Über die Grenze
>   Und die Tore
>   Der Stadt beim Erwachen der Stadt sich schlossen.

So lauten die ersten beiden Strophen; fünf weitere folgen, der Schluss klingt so:

> Und dort konnte ich meinen Geburtstag
> Verstaunen. Aber das Wetter wendete sich und die wahre
> Freude des lange toten Kindes sang brennend klar
> In der Sonne.
> Es war mein dreißigstes
> Jahr gen Himmel das dort stand im Sommermittag
> Ob auch unten die Stadt belaubt voll Oktoberblut lag.
> O daß meines Herzens Wahrheit
> Gesungen werden mag
> Auf diesem hohen Hügel auch noch in einem Jahr.

Dieses »Poem in October«, 1944 vollendet, ist in formaler Hinsicht höchst ausgefeilt, und zwar nicht nur wegen der subtilen Reime und Assonanzen, bedient es sich doch des syllabischen, also des silbenzählenden Prinzips, das vor allem dank der französischen Poesie, aber auch dank Dichterinnen wie der Amerikanerin Marianne Moore bekannt ist, das heißt: Die Anzahl der Silben der ersten Zeilen aller Strophen ist identisch, die aller zweiten ebenso, und so weiter. Thomas ist auch in dieser Hinsicht ein Meister, der über Monate nach der perfekten Form suchte. Allerdings war Thomas der Meinung, jedes Gedicht solle seine eigene Form finden, die Form solle ihm nicht aufgezwungen werden, die Struktur müsse ganz dem Wesen des Gedichts entsprechen und dürfe nichts Künstliches haben. Ich meine durchaus, dass diese Vorgabe überlieferte Formen nicht ausschließt, wenn man sie nicht als Fessel und Verpflichtung, sondern als erweiterten, ja befreienden formalen Möglichkeitsraum betrachtet, doch wird man bei Thomas kaum traditionelle Formen wie das Sonett finden, nicht solche Formen also, die in den Dreißigern und Vierzigern, als sein Werk entstand, als vorväterliches Erbe gesehen wurden, das abgeworfen zu werden verdiente. Dennoch stammt die großartigste, erschütternde Variation einer durchaus traditionellen Form, der Villanelle, von ihm, eine Anrufung des eigenen sterbenden Vaters, der Appell an den alten Mann, sich dem Tod nicht zu ergeben, sich vielmehr aufzulehnen gegen das drohende Dunkel: »Do not go gentle into that good night.«

Für die Form des Gedichts gilt also dasselbe wie für den Sinngehalt: Keines von beiden darf vorab festgelegt sein, um das Gedicht nicht seiner Freiheit zu berauben; Lyrik, fordert Thomas, solle von den Worten her geschrieben werden, nicht auf Worte hin, anders gesagt: Es wäre ein Missbrauch der Poesie, wenn eine vorab festgelegte Form oder eine Botschaft mit Worten bloß eingekleidet würde. Thomas sieht sich dabei keineswegs als experimenteller Dichter, er weist eine solche Bezeichnung genau wie den Surrealismus ganz im Gegenteil weit von sich, doch sei Dichtung, sagt er einmal, immer ein Abenteuer mit offenem Ausgang, eine Bewegung auf ein unabsehbares Ende zu. Genau das aber macht sie unersetzlich und aufregend, was sich, so sein Wunsch, auch auf den Leser überträgt, selbst dann, für Thomas gerade dann, wenn sie dunkel, unverständlich erscheint.

Das »Poem in October« selbst ist alles andere als obskur, es ist, bei aller Komplexität und Originalität seiner Bilder, geradezu leuchtend in seiner Klarheit – wie so oft, wenn sich Thomas der walisischen Landschaft zuwendet –, und wirklich gemahnt der Schwenk, mit dem das Oktobergeburtstagsgedicht beginnt, an den erstaunlichen Blick über die Küste bei Laugharne, den Thomas vom Boathouse und seiner kleinen Schreibklause genoss. Ein Blick, der in Wirklichkeit wie im Gedicht von Vögeln durchkreuzt wird, von Seemöwen, Krähen, später von Eulen, nicht zuletzt vom Reiher, der dem Vogelbeobachter Thomas, »by the sea's side, hearing the noise of birds«, von allen Vögeln der liebste zu sein scheint, jedenfalls taucht er an prominenten Stellen verlässlich auf – ob wie hier im »reiher-gepriesterten Strand« oder in einem anderen Geburtstagsgedicht mit dem schlichten Titel »Poem on his birthday«, wo der Reiher am Ende einer Vogelkette thront: »In the mustardseed sun,/ By full tilt river and switchback sea/ Where the cormarants scud,/ In his house on stilts high among beaks/ And palavers of birds/ This sandgrain day in the bent bay's grave/ He celebrates and spurns/ His driftwood thirty-fifth wind turned age;/ Herons spire and spear.« Den Abschluss dieser ersten Strophe, aber auch den der zweiten (»Herons, steeple stemmed, bless«) und dritten (»Herons walk in their shroud«) bestimmt dieser Vogel, der später abermals angerufen wird: »Oh let me midlife mourn by the shrined/ And druid herons' vows.« Fast erscheint der Reiher, so in die Nähe von Druiden und Priestern gerückt, als heiliger Vogel, ja als eine Art Totemtier von Dylan Thomas, das die nährende, notwendige Verbindung zur walisischen Landschaft symbolisiert. Jedenfalls legt dies eine lakonische Bemerkung in einem Brief nahe, den Thomas einem Freund nach dem Umzug in eine ungeliebte Londoner Unterkunft schickt: »No herons here.«

Zugleich markiert dieser majestätische Watt- und Watvogel, der im flachen Wasser in Ufernähe als sein eigener Speer auf Beute lauert, den Übergang von Land zum Meer und erinnert daran, wie sehr die Poesie Dylan Thomas' vom Meer geprägt, immer wieder Meereslobpreis ist – was dann erst recht nicht überrascht, wenn man weiß, dass der seinerzeit auch in Wales noch ungewöhnliche Vorname »Dylan«, den wohl der klassisch gebildete Vater auswählte, im Walisischen einen Meeresgott oder auch, pars pro toto, das Meer bezeichnet. »Ich wünschte«, schreibt Dylan mit neunzehn Jahren an seine erste Geliebte, »an einem sehr nassen Ort zu sein, am liebsten tief unten im Meer, grün wie ein Wassermann, mit violett-roten Krebsen auf meinen Schultern und dem Gerippe eines Wirtschaftsmagnaten, das Desdemona gleich an mir vorbeitreibt; ich selbst aber möchte über alle Maßen lebendig sein dort unten im Meer, so daß der Mond, der durch die Wellenkrusten scheint, von einem herrlichen Erbsengrün wäre.«

Kein Gott erklärt sich gern, aber es gibt, wie Sie schon gemerkt haben, eine Vielzahl poetologischer Aussagen von Dylan Thomas, die für mich von Bedeutung waren und sind. Das gilt auch für seine Einschätzung der eigenen Tätigkeit (und deren begrenzte Wirkung in der Welt), denn obwohl Thomas gelegentlich als Neuromantiker bezeichnet wird und der bardischen Tradition nahezustehen scheint, auch dem Bild des wilden Dichters so bilderbuchgleich entspricht, ist er doch keiner, der, hunderte Seiten von Entwürfen und seine eigenen Schilderungen des mühsamen Schaffensprozesses zeigen es, von göttlicher Eingebung und von Musenküssen schwafeln würde – ganz im Gegenteil, sagt er einmal, gehöre »Muse« ganz und gar nicht zu seinen Lieblingswörtern, eher schon »drome«, »doom« und »dolomite«. Poesie ist für Thomas auch ein Handwerk, und tatsächlich trägt ein wichtiges Gedicht von ihm den Titel »In my craft or sullen art«, »Mein Handwerk meine trotzige Kunst«. Es wird nie abschließend zu klären sein, was beim Schreiben eines Gedichts tatsächlich vor sich geht. Die Verlockung ist groß (und viele Dichter geben ihr nach), das Ganze als einen Akt des Empfangens, als ein Geschenk aus höheren Sphären zu verklären. Thomas liegt derlei fern, aber das heißt nicht, dass er dem Dichten jeden Zauber abspräche; ganz im Gegenteil beschwört er die magischen Seiten des Gedichts mit Nachdruck, verbindet sie jedoch mit dem handwerklichen Aspekt. Auch die Magie kostet Mühe, auch ihre Handgriffe wollen geübt sein: »Kein Dichter«, so Thomas, »würde intensiv der komplizierten Kunst des Dichtens nachgehen, hoffte er nicht, daß sich plötzlich der Zufall der Magie ereignen werde. Er *muß* Chesterton beipflichten, daß das richtig Wunderbare an den Wundern ist, daß sie manchmal geschehen. Und das beste Gedicht ist jenes, dessen erarbeitete unmagische Teile in Struktur und Intensität an diese Augenblicke des magischen Zufalls am nächsten herankommen.«

Die Erfahrung dieses Augenblicks sei eine geradezu körperliche, sagt Thomas, für den die Poesie »so orgiastisch und organisch wie Kopulieren« sein sollte – der Leser spüre, wie die Tränendrüsen zucken, wie die Kopfhaut juckt, ein Schauder durchs Rückgrat jagt. Man lese oder lausche einem Gedicht und habe plötzlich das Gefühl, ja, das ist es. Vom »Augenblicksfrieden, der ein Gedicht ist«, spricht er, und wirklich nehme zumindest ich die Erfahrung eines gelungenen Gedichts wirklich so wahr – als tröstend, beruhigend, der Zeit enthoben, als ein sekundenlang erreichter stabiler Zustand, eine ordnende Kraft inmitten der Wirrnis, die unsere Welt und unser Dasein sind. Und vielleicht ist es kein Zufall, dass dieser kurze Moment des Einverständnisses uns an die einzige Zeit in unserem Leben erinnert, in der er von Dauer schien, an die Kindheit nämlich. Deren Landschaft ist eine, in der sich noch wohlig und sicher schlafen ließ, wir wissen es alle und sehnen uns danach. Für eine Vielzahl von Dichtern bildet diese Landschaft ein unerschöpfliches Reservoir an Bildern, ist sie doch für fast alle die Zeit, in der die grundlegenden, auch für die eigenen Gedichte prägenden Eindrücke geschahen, und nur wenige würden, wie der hinreißend missmutige Philip Larkin, ihre Kindheit als »a forgotten boredom«, eine längst vergessene Langweiligkeit, abtun. Bei dem großen australischen Dichter Les Murray ist es die Region um die Milchfarm der Großeltern im Bunyah-Bezirk, die zur Urlandschaft wird und wo die von ihm beschriebene »Schlafveranda« stand, an der das Vieh sich rieb und an die der australische Busch angrenzte. Für Peter Huchel ist es ein Hof in Alt-Langerwiesch, für Johannes Bobrowski sein Sarmatien, und Seamus Heaney preist das kreatürliche Dasein einer Kindheit in Nordirland, wo nachts die Pferde hinter der Schlafzimmerwand zu hören sind und das Trinkwasser im Eimer in der Spülküche die Vibrationen in feinen Ringen abbildet, sobald ein Zug nicht weit weg vorüberfährt.

Kein Zweifel, dass für Dylan Thomas diese Kindheitslandschaft in Wales liegt, und das erklärt, dass gerade seine Geburtstagsgedichte von einer reinen, ganz und gar ungezwungenen Schönheit sind. Sie werden von einer Wehmut und einer Dankbarkeit getragen, die jeder nachempfinden kann, der eine geglückte Kindheit haben durfte, und selbst Thomas' urkomische Prosaschilderungen einer walisischen Weihnachtsfeier samt angetrunkener Tanten ist durchdrungen von dieser Grundwärme. »Ich bin das Schwein, das im dampfenden Wald seiner Vergangenheit nach bislang unbeachteten Trüffeln wühlt«, ließ Thomas vor einer Lesung wissen – aber natürlich tun dies fast alle Dichter. Eines seiner unvergesslichsten Kindheitsgedichte ist der Farm der Tante gewidmet, wo Thomas viele Tage verbrachte. »Fern Hill« hieß diese Farm, die auch in Thomas' Kurzgeschichten ein zentraler Schauplatz ist, und für das Gedicht, das ihren Namen im Titel trägt, waren rund zweihundert Arbeitsbögen nötig. Thomas schickte »Fern Hill«, dieses »Gedicht für Abend und Tränen«, noch kurz vor Erscheinen seines vierten Bandes *Deaths and Entrances* ans Verlagshaus Dent, weil es ihm essenziell für Stimmung und Wesen des gesamten Buches schien. So beginnt »Fern Hill« in einer deutschen Übersetzung:

Als ich jung war und leicht unter den Apfelzweigen
Um das schwingende Haus und fröhlich grün wie das
 Gras,
Sternennacht über dem dunklen Grund,
Ließ rufend aufgehen mich die Zeit
Golden in brausenden Tagen ihrer Augen,
Und geehrt bei den Karren war Fürst ich der
 Apfelstädte
Und außerzeiten verfügte ich Gänseblümchen und
 Gerste
In die Schleppe von Bäumen und Blättern
Auf Strömen des windabgeworfenen Lichts.

Und als ich grün und sorgenlos war, berühmt bei den
 Scheunen
Auf dem frohen Hof und sang wie die Farm mir
 Zuhause war,
In der Sonne, die jung nur ein einziges Mal ist,
Ließ die Zeit mir Spiel und mein Sein,
Golden im Vermögen ihres Erbarmens
Und grün und golden war ich Jäger und Hirte, die
 Kälber
Sangen zu meinem Horn, auf den Hügeln kläfften die
Füchse klar und kalt,
Und verhalten erklang der Sabbat
In den Kieseln der heiligen Flüsse.

»Fern Hill« ist ein Gesang auf jene verlorene Welt, zu der sich nie zurückkehren lässt und die doch in der Erinnerung (und in diesem Gedicht) fortlebt, eine Feier der unschuldigen Lust an den Dingen, an Tieren, Pflanzen, Wetter, die sofort auf den Leser überspringt, weil die beschriebene Erfahrung universal und Thomas' rhetorisches Spiel mit Wiederholungen und Klangfarben derart kunstvoll ist. Der Schriftstellerin Edith Sitwell, von der Thomas gefördert wurde und die sich von »Fern Hill« begeistert zeigte, antwortete er 1946 in einem Brief: »Die Freude zu teilen, die Sie angesichts des Freudengedichts, Fern Hill, bekundeten, ist für mich eine neue Freude und so wirklich wie jene, die letztendlich die Worte hervorbrachte, aus einer niemals zu Grabe zu tragenden Kindheit im Himmelreich oder in Wales.« Aber natürlich fehlt nicht das Erwachen, das Ende aller Unschuld, die Vertreibung aus dem Paradies, »the farm forever fled from the childless land«, wenngleich im Gesang, mit dem das Poem aufhört, die Möglichkeit enthalten ist, diese verlorene Welt immer und immer wieder zurückzuholen, für den Frieden eines Augenblicks: »Oh as I was young and easy in the mercy of his means,/ Time held me green and dying/ Though I sang in my chains like the sea.« Erinnern wir uns, dass der walisische Name »Dylan« gleichbedeutend mit »Meer« ist, so singen in dieser letzten Zeile beide zugleich, Meer und Dichter, und die Ketten des Dichters, der das Meer ist, werden bedeutungslos, denn dem Meer, jeder weiß es, lassen sich keine Ketten anlegen. So endet das Gedicht mit Trotz und Trost, bei all dem unabänderlichen Verlust, der auch in anderen Gedichten registriert wird: »Was there a time when dancers with their fiddles/ In children's circuses could stay their troubles?/ There was a time they could cry over books,/ But time has set its maggot on their track.« Da ist sie wieder, die Made, der niemand entkommen wird.

Dylan Thomas überstand den Zweiten Weltkrieg, den er als persönliche Beleidigung wahrnahm, als Dokumentarfilmautor und auch, wie üblich, dank seiner ausgefeilten Borge- und Betteltechniken, doch vor allem gelang es auch weiterhin, Bücher zu publizieren, nicht zuletzt, wie er stets gehofft hatte, in den USA, wo eine große und begeisterte Leserschaft heranwuchs. Es folgten Tourneen durch die Vereinigten Staaten, die, schon während sie stattfanden, legendäre Züge annahmen und Thomas, hätte er besser wirtschaften können und weniger Probleme mit dem britischen Finanzamt gehabt, monetäre Sorglosigkeit vergönnt hätten. Er traf auf William Faulkner, Henry Miller, Robinson Jeffers, Robert Lowell, Charlie Chaplin und viele andere, schockierte und amüsierte die amerikanische Öffentlichkeit und begeisterte das Publikum mit seiner Vortragskunst. Wer einmal auf Band seine »rich fruity old port wine of voice« gehört hat, wie eine Freundin seine Stimme beschrieb, weiß, warum ihr eine geradezu aphrodisierende Wirkung nachgesagt wurde. Der Dichter E. E. Cummings soll nach einem New Yorker Vortragsabend stundenlang allein und erschüttert durch New York gelaufen sein.

Sosehr Thomas die Zuneigung genoss, er war doch aus rein wirtschaftlichen Gründen gezwungen, diese aufreibenden und letztlich seine Gesundheit vollends zerstörenden Reisen zu unternehmen. Und es ergab sich, dass die wachsende Popularität, sein immenser Erfolg in den USA mit dem Nachlassen seiner künstlerischen Energie einherging. Konnte er als Neunzehnjähriger einer Freundin noch freudig verkünden, er habe hunderte von Gedichten verfasst und schreibe mit einer Geschwindigkeit von zwei Zeilen pro Stunde, verriet er fünf Jahre später schon, dass er für ein Gedicht zwei Monate benötige, so schrieb er direkt nach dem Krieg nur noch jeweils ein Gedicht pro Jahr; die Auftaktzeile des Gedichts »In the White Giant's Thigh« (»Through throats where many rivers meet, the curlews cry«) beschäftigte ihn drei Wochen, das ganze Gedicht mehr als ein Jahr. Auch in den fünf Jahren vor seinem Tod stellte er gerade einmal sechs Gedichte fertig – dazu allerdings auch das Hörspiel *Unter dem Milchwald*. Diese stetige Verlangsamung muss unsagbar qualvoll gewesen sein für einen derart wortsüchtigen Dichter, und in dieser Lage eilte er in den USA von Lesung zu Lesung – »Ich bin kaum mehr am Leben«, ließ er seine Frau wissen, »ich bin bloß eine Stimme auf Rädern«. Und in einem anderen Brief beschreibt er, wie die Aussicht, selber wieder Worte zu verwenden, belastender wurde, je mehr Worte er Abend für Abend portweinstimmig deklamierte oder dekantierte; wie seine Angst zunahm, »dass ich nie wieder unschuldig genug sein werde, um sie zu berühren und zu verwenden. Ich kehrte verängstigt und überreizt nach Hause zurück. Da stand sie, meine Hütte auf einer Klippe, voll von Bleistift und Papier, Dingen zum Anstarren, Platz, um zu atmen und zu fühlen und zu denken. Aber ich konnte nicht ein Wort schreiben.« Es mag sein, dass Thomas zeitlebens einem populären Dichterbild zu entsprechen wünschte, nicht nur mit seiner Sprache, sondern auch in seinem Auftreten als Poet erkennbar sein wollte; und man könnte vielleicht sogar behaupten, dass seine Lebenstragödie darin besteht, dass er ein Dichter wurde, dem nicht mehr zu schreiben gelang, und der deshalb die Rolle des Dichters zu spielen gezwungen war. Enge Freunde, auch Caitlin, sahen nur allzu genau, was geschah; das Bild des öffentlichen Dichters strahlte immer heller, die Gewissheit, nicht länger dichten zu können, nahm in demselben Maße zu. Wenn der »Augenblickfrieden des gelungenen Gedichts« sich nur einmal im Jahr, vielleicht nie mehr einstellt, aber alles ist, wonach man strebt, ist die Katastrophe kaum abzuwenden. Der glückliche Augenblick der Poesie ist ja wirklich ein Rausch, ein durch Klang, Rhythmus, Metapher herbeigeführter rauschhafter Zustand, aber das Wunder ist, dass man in ebendiesem Moment des Berauschtseins so klar zu sehen scheint wie niemals zuvor. Dass dieser Rausch allzu oft zum Wechselspiel mit stimulierenden Substanzen führt, mit den »künstlichen Paradiesen«, wie

Baudelaire sie nannte, ist bekannt, aber die Gefahr ist offensichtlich, dass mit dem Ausbleiben des Kunstrausches das toxische Hilfsmittel der Kunst nicht länger dient, den Künstler aber umso sicherer vernichtet.

»Warum«, heißt es in einem Briefentwurf, der die Mäzenin, an die sich die Zeilen richteten, nie erreichte,

> zurre ich mich immer zu diesen schwachsinnigen Trauerknoten zusammen, verbinde meine Augen mit Lügen, wickle mich in meine Blasmusik, nähe mich in einen Sack ein, beschwere diesen mit Schuld und Roheisen und werfe mich dann quiekend ins Meer, so dass ich mich immer wieder herauskämpfen und voller Panik entfesseln muss, einem geschwätzigen Meeresschnecken-Houdini gleich, dann keuchend aufwärts quelle und aale, plappernd und schwarze Blasen blubbernd, weg von all den Klauen und Kneipen und Brüsten des Fußangelmeeresbodens? Tiefdunkel dort unten, wohin ich den traurigen Sack meiner selbst schmeiße, in den glibberigen Oktopusarmenvierteln des Meeres, ist solch ein Tangtreiben und solch ein Gezeter alter Planktonsäufer, solch ein Muschelgemauschel und Gebrabbel abgewrackter und geselliger Hydrographen, die mit Polypen und Fiesengarnelen aneinandergeraten. […] Während ich mich freitrete von meinem Schaustellersacklein, schreie ich: »Oh, eines Tages wird der letzte der Tage kommen und ich werde mich nimmermehr abrackern, ich werde mich hier unten hin und her wiegen, in Handschellen und mit Augenbinde, dahinschliddern mit meiner rundumgewickelten Musik und dem Sack, der mir folgt durch den Schlick, mit all den anderen selbstzerstörerischen Entfesselungskünstlern in ihren

Käfigen, die getränkt von Leid ertrinken, und ich, mit meinem eigenen, bohrenden, allein und eins mit den harten, behaglichen, verdammten Seepferdchentoten, weine unter meinen Tonnen.«

Erschütternd, wie hier der große Magier Dylan Thomas nurmehr als kläglich gescheiterter Houdini erscheint und die letzte Zeile von »Fern Hill« als Verdammnis wiederkehrt – er singt nicht länger in seinen Ketten wie das Meer, liegt vielmehr verstummt, gekettet am Grund dieses Meeres. Seltsam überdies, wie der Meeresbedichter, der Dichtermeergott ein Echo jenes Briefes zu Papier bringt, den er exakt zwanzig Jahre zuvor an die Jugendgeliebte als kokette Unterwasserfantasie mit erbsengrünem Mond komponiert hatte. Und man kommt nicht umhin, sich den großen Dylan Thomas in seinen letzten Tagen in New York, als Stammgast der »White Horse Tavern«, genial, zerrüttet, verzweifelt komisch und unendlich traurig, nicht mehr als Trinker vorzustellen, sondern als einen längst Ertrunkenen.

All das war nun, meine Damen und Herren, fast schon eine Liebeserklärung. Falls sie zu deutlich ausfiel, bitte ich um Nachsicht. Wer werden bald erneut Gelegenheit haben, über die Poesie zu sprechen – dann vielleicht mit weniger Promille, aber auf keinen Fall nüchterner.

Weltenformeln

Zweiter Bamberger Poetikvortrag, vor allem über Inger Christensen

»das Gedicht,/ das frei/ die Zukunft/ entfaltet/
wie einen Fallschirm/ aus Seide und Stille«
(Brief im April)

Es ist schon so, meine Damen und Herren, dass Gedichte auf zwei Arten genossen werden können, werden wollen – einmal beim stillen Lesen, einmal beim Vortrag, der, das erfährt man immer wieder, auch solchen Menschen einen Zugang zur Lyrik verschaffen kann, die nach einer qualvollen Schulzeit ein für alle Mal mit ihr abgeschlossen zu haben glaubten. Und wirklich eröffnet die Rezitation ja nicht nur die musikalischen Qualitäten eines Gedichts, worunter auch die schroffen klanglichen Brüche zu zählen wären, sondern lässt sämtliche Bedeutungsnuancen klarer hervortreten.

Beim ersten Bamberger Vortrag zur Poetik machten wir die Bekanntschaft mit der üppigen, fruchtigen Portweinstimme eines walisischen Sprachmagiers. Dabei gehört ein bühnentaugliches Organ nicht zu jedermanns Grundausstattung, ist auch keinesfalls zwingend erforderlich, und so manche Gedichtinterpretation von ambitionierten Schauspielern birgt ganz im Gegenteil die Gefahr von überbordender, geradezu zerstörerischer Rhetorik. Es gibt eben so viele Arten zu lesen, wie es Dichterinnen gibt, und ich selbst kenne solche, die vor Publikum kaum verständlich in sich hineinmurmeln, als wären sämtliche Plosivlaute und Diphthonge noch in der Phase des Aufwachens vor dem ersten Kaffee, staunenswerte Kunstnuschler, die dennoch mit ihrem Vortrag den Versen etwas Entscheidendes hinzufügen – oder ihnen auf anregende Weise widersprechen. Und schließlich gibt es solche Dichter, die ohne Extrovertiertheit, ohne jeden Effekt vortragen, dies aber auf eine Art, die ihre Stimme für immer, auch beim nachmaligen einsamen Blättern im Buch, mit ihren Versen verbindet.

Ich erinnere mich an einen der Sommer, als das Berliner Poesiefestival noch nicht in der Abgeschiedenheit der Akademie der Künste stattfand, sondern mitten auf dem rummeligen Potsdamer Platz – und damit nicht nur vor der überschaubaren Zahl williger Lyrikconnaisseure, sondern auch vor zufällig anwesenden Eisschleckern und Kinogängern, denen Gedichte herzlich egal sind. Die dänische Dichterin Inger Christensen, damals längst weltberühmt und fortgeschrittenen Alters, stand auf der großen Bühne und hatte eben begonnen, aus ihrem Langgedicht *alphabet* vorzutragen, hatte gerade die allererste Zeile, natürlich im dänischen Original, dem Juliabend anvertraut – die Übersetzung, »die aprikosenbäume gibt es«, wurde auf eine Leinwand projiziert –, als das Johlen einer Gruppe von poesieabstinenten Biertrinkern irgendwo weit hinten im warmen Halbdunkel sie unterbrach. »Die Aprikosenbäume!«, lallten und johlten die Saufbrüder immer wieder, lachten, grunzten und konnten sich gar nicht wieder einkriegen, während die Christensen stoisch, vollkommen in sich ruhend, geradezu ehrfurchtgebietend weiter vortrug: »die aprikosenbäume gibt es«, las sie, und: »die farne gibt es; und brombeeren, brombeeren/ und brom gibt es; und den wasserstoff, den wasserstoff«, las weiter und weiter, bis der gesamte Potsdamer Platz von Sommerdunkel und dänischen Lauten erfüllt war und die hintersten, von Alkoholnebel verschleierten Reihen längst staunend, ergriffen, verzaubert in hochprozentiger Stille versunken waren. So also hatte eine zierliche, ältere Dame im Kostüm und mit eisschollendicken Brillengläsern, ganz allein auf der Bühne, nur mit ihrer Stimme und ihrer Poesie, vollkommen furchtlos, den mächtigen Berliner Schultheissdrachen gebändigt.

Inger Christensen stammte aus Vejle in der Region Süddänemark im Osten Jütlands, einer Stadt, die am Ende eines Ostseefjords liegt, arbeitete nach ihrem Studium zunächst als Lehrerin, später als freie Autorin, seit den frühen Sechzigerjahren nämlich, als kurz nacheinander ihre ersten beiden Gedichtbände erschienen, die, im Original natürlich auf Dänisch, die schlichten Titel *Licht* und *Gras* trugen, heiratete und wurde geschieden, hatte einen Sohn. Ihr Lebensmittelpunkt war Kopenhagen, aber weltweit wurde sie willkommen geheißen und verehrt. Neben ihren Gedichten, die selbstverständlich das Fundament ihres Werkes bilden, übersetzte sie Kleist, Handke, Born, Bobrowski und Hildesheimer ins Dänische, verfasste Hörspiele, darunter ein überaus amüsantes mit dem kuriosen Titel *Massenhaft Schnee für die darbenden Schafe*, das auch ins Deutsche übersetzt wurde, dazu Opernlibretti und Romane, etwa *Azorno* oder auch den Künstlerroman *Das gemalte Zimmer* über Andrea Mantegna, dessen Hauptgestalt allerdings der fürstliche Sekretär Marsilio Andreasis ist, der in seinen den Roman einleitenden Tagebüchern notiert, »dass ich mit Mißbehagen die gegenwärtigen Zustände betrachte, wo jedenfalls jeder zweite Sekretär und bald jeder fünfte Jurist und Mediziner, dazu eine nicht geringe Anzahl von Schreinern und anderen vernünftigen Leuten auf unseren Märkten und Plätzen umherspringen und einander ihre gerade erst geschriebene Lyrik um die Nase schwenken«. Denkbar, dass hier Inger Christensen mit verstellter Stimme und feiner Ironie spricht, die auf einem großen Berliner Platz nicht umherspringen musste, um unvergesslich zu werden, die ganz hinter ihrer Poesie verschwand und in den ersten Januartagen des Jahres 2009 vierundsiebzigjährig in ihrer Heimat starb.

Was für Dylan Thomas das Gehöft »Fern Hill« seiner Tante war, wurde für Christensen, Tochter eines Schneiders, das sogenannte »Schneiderhaus« unweit von Vejle und mit Blick auf die Förde, in dem die Familie ihre Sommer verbrachte und das sie in einem Essay liebevoll beschreibt:

> Wenn wir nur »ins Sommerhaus hinüber« kamen, dann war der Sommer gerettet. Dann hatten wir ein richtiges Sommerland zu erobern. Und wir hatten ein Haus. [...] Die Solidarität, die gemeinsame, freiwillige Arbeit in Haus und Garten war einleuchtend, weil sie selbstverständlich war – [...] wir machten ganz einfach *alle* bei allem mit: Bäume fällen, aus Eisenbahnschwellen Treppen bauen, Äpfel pflücken, Gartenmöbel anstreichen, Kies ausstreuen, den Bootssteg ins Wasser setzen, Kaffee trinken, Ball spielen, die Fahne hissen, singen und auf der Schaukel in dem Baum mit den Augustäpfeln schaukeln.

Wie Thomas, »prince of the apple towns«, war Christensen also dänische Prinzessin eines kindlichen Apfelreichs, und man ahnt, dass die Kindheit, das Kindsein und auch das Kindbleiben für sie eine ähnlich wichtige Rolle gespielt haben muss wie für ihn und andere Dichter – auch in ihrer Lyrik. Weil die Kindheit für sie gleichbedeutend mit Fantasie ist, weil sie vom Möglichkeitssinn und nicht von praktischen Erwägungen bestimmt wird, ist eine kindliche Vorstellung von der Welt Grundlage auch für die Dichtung. Die Fantasie, sagt Christensen, sei der Bericht darüber, was geschehen könne, nicht das, was ist, sie ähnele einer Brücke, die vorgreift ins Gelände und dieses absucht – oder eben, fährt sie fort, den Kindern, die bei keinem Bordstein zu hüpfen sich verkneifen können, die ja ebenfalls stets vorauseilen und bei ihrer Rückkehr zu den Erwachsenen aufregender und geheimnisvoller machen, was die anderen erst ein bisschen später hinter der nächsten Kurve oder jenseits des Waldes zu sehen bekommen werden. Erwachsene hielten diese kindlichen Berichte für Übertreibungen, aber, so Christensen: Kinder »kennen die Wirklichkeit. In ihren Spielen transponieren sie die Wirklichkeit. Ihr Wissen davon, dass sie Macht über die Dinge haben müssen, um die Zukunft zu finden, ist auf grundlegende Weise von ihrer Ohnmacht gelenkt.« Den Begriff des Spiels findet man gleich in mehreren der theoretischen Texte, die Christensen über die Lyrik geschrieben hat, auch in ihren Gedichten, aber schon in dieser Passage wird deutlich, dass es sich beim Spiel um keinen unschuldigen, erst recht nicht müßigen Zeitvertreib handelt, dass man das Spiel also keinesfalls mit einer bloßen Spielerei verwechseln sollte. »Dichtung«, heißt es in dem Essay *Reden, sehen, tun*, sei »ein Spiel, vielleicht ein tragisches Spiel – das Spiel, das wir mit einer Welt spielen, die ihr eigenes Spiel mit uns spielt«.

Diese Vorstellung vom notwendigen, existenziellen Spiel der Poesie teilt Christensen mit so unterschiedlichen Dichtern wie dem Engländer W.H. Auden und dem Franzosen Max Jacob, und es ist offensichtlich, dass ein solches Spiel die ernsten Themen nicht ausschließt, dass es sie, ganz im Gegenteil, nur umso virtuoser zu behandeln versuchen wird. Wo Dylan Thomas in jugendlichem Wettstreit ein Gedicht mit dem Titel »And death shall have no dominion« zu Papier brachte, gibt es von Christensen einen Text mit dem Titel »Gedicht vom Tod«, das ebenfalls jenen großen Unbekannten in den Titel bittet.

»Ich bin wie ein Kind das mit/ Trauer gefüttert wird«, lesen wir da – »ich hebe meinen Arm/ kann aber nichts schreiben// ich bin wie ein Vogel der seine/ Artgenossen vergessen hat/ öffne meinen Schnabel/ kann aber nichts singen.« Und wirklich ist Christensens Gedicht über den Tod ebenso eines über eine Schreibkrise, führt es Sterben und Schweigen, Stille und Weiß, das leere Blatt Papier und das Verschwinden zusammen. Dass diese Schreibkrise in perfekten Versen und mit eindringlichen Bildern zur Sprache findet, ist natürlich höchst paradox und erinnert uns an das grundlegende Dokument einer Schreibkrise in der Moderne, an Hugo von Hofmannsthals berühmten Brief des Lord Chandos, in dem die Worte diesem Adligen wie modrige Pilze im Munde verfallen. Man wird diesen Vergleich eines vermeintlich Sprachlosen ein Leben lang nicht vergessen können.

Dennoch: Die panische Angst davor, nicht mehr schreiben zu können, kennt jeder, der sich ausschließlich der Poesie verpflichtet hat. Die einen Dichter treibt diese Angst in einen traurigen Alkoholtod in New York, für andere hingegen ergibt sich gerade aus der Krise ein erregender Neuanfang; dass dies auch bei einem selbst so sein möge, ist die Hoffnung jedes Dichters, der einmal jenen verhängnisvollen Pilzgeschmack auf der Zunge zu haben glaubte. Für Inger Christensen jedenfalls barg der Anblick des bohrend weißen Blattes den Keim für das Gedicht, das sie weltberühmt machen sollte und das nach wie vor als Höhepunkt ihres Schaffens gilt – es ist das lange Poem *alphabet*, dessen vermeintlich schlichte erste Worte Sie bereits gehört haben. Allerdings werden sie noch einmal wiederholt und bilden so, in einer einzigen Zeile, das gesamte erste Kapitel: »die aprikosenbäume gibt es, die aprikosenbäume gibt es.« Vier simple Wörter, wenngleich ein Wort wie »Aprikosenbäume« sogleich ganze Landschaften von Wärme und

Süße hervorzurufen vermag, vier Wörter, die eindringlich genug sind, um sich zu behaupten gegen das sie umgebende, erschreckende Weiß der Seite, auf der sie stehen. Und natürlich markieren die Aprikosenbäume mit ihrem Anfangsbuchstaben auch den Beginn des titelgebenden Alphabets, das die folgenden Abschnitte strukturieren wird, über B, C, D und so weiter. Dieses lange Gedicht, das 1981 erstmals publiziert wurde, entstand, so hat die Verfasserin später erzählt, »auf eine besondere Art und Weise, die vielleicht Licht auf den Zusammenhang zwischen Zahlen, Poesie und Sprache werfen kann. Wie alle, die sich ab und zu mit der Unlesbarkeit konfrontiert sehen, vielleicht gerade, weil die Lesbarkeit überhaupt existiert, erlebte ich das, was man eine Krise nennt. Warum überhaupt schreiben, wenn die Unlesbarkeit bloß anhält? Und auf einer anderen Ebene: warum schreiben, wenn die Menschheit ihre eigenen Ausrottungsmittel anhäuft und so aussieht, als sehnte sie sich nicht danach zu lesen, sondern danach, sich über die Grenze hinwegzuwerfen, in die große Unlesbarkeit hinein.«

Diesen nur zu gut nachvollziehbaren »Fieberzustand«, wie sie es nennt, überwindet Christensen durch einen »Vorgang des Einsammelns«, durch das Sammeln von Sprache also, von Substantiven wie den Aprikosen, aber auch von Brom, Dioxin und weniger erquicklichen Dingen. Aber ist das Wort denn ein Ding, selbst wenn es sich sammeln lässt? Selbstverständlich nicht, so Christensen: »Nein, natürlich kann ich nicht ›Rose‹ sagen, und sogleich, Hokuspokus, entsteht eine Rose in der sichtbaren Welt. Dergleichen kommt nur in der Welt des Märchens vor, wo die Dinge umgehend geschehen, sobald das richtige Wort genannt wird: Hokuspokus, und die Rosenhecke blüht, Sesam, öffne dich! und die Berge tun sich auf, Tischlein, deck dich! und die Leibgerichte der ganzen Welt stehen bereit, ›Und Gott sprach: Es werde Licht. Und es ward Licht.‹« Und doch ähnelt Christensens Überwindung der Schreibkrise, das Bezwingen des weißen Papiers, durch die Nennung der Aprikosenbäume und all dessen, was auf sie folgt, ebenjenem schöpferischen Akt, dem »fiat lux«, das Christensen nicht umsonst hier erwähnt. Das *alphabet* ist ein ähnliches Schöpfen aus dem Nichts heraus, ex nihilo, ein Anschöpfen gegen das Nichts – und damit zumindest ein bescheidenes Echo der Genesis. Vielleicht waren die Berliner Säufer deswegen schlagartig still – man ist ja allzu selten Zeuge, wenn eine Welt entsteht. Und ein wahres Weltgedicht ist dieses *alphabet*. Dem »Es werde« oder dem »fiat« der Heiligen Schrift entspricht dabei jene Formel, die Christensens gesamtes Langgedicht prägt, dieses »gibt es«, das die Sammelarbeit strukturiert, ganz so wie das Alphabet selbst es tut. Und doch klingt ein »gibt es« so ganz anders, weil ihm nichts Gebieterisches, Göttliches, nichts Herrisches eignet. Es ist eine Weltenschöpfung nicht aus der Allmacht, sondern aus der Ohnmacht heraus, eine Kreation in tiefster Verunsicherung, eine überlebenswichtige Weltenformung. »Wo vorher nichts war, ist jetzt etwas«, sagt Christensen in einem poetologischen Essay, aber man spürt in diesem Satz eher Beglückung und Erleichterung als Triumph – und wirklich ist dies die beherrschende Empfindung, ist ein Gedicht beendet und für gut befunden worden, bis das nächste Gedicht geschrieben werden muss.

So klingt der dritte Abschnitt in der deutschen Nachdichtung, die, wie fast alle übersetzten Bücher Christensens, als prachtvolle Ausgaben im Münsteraner Verlag Kleinheinrich erstveröffentlicht wurden: »die zikaden gibt es; wegwarte, chrom/ und zitronenbäume gibt es; die zikaden gibt es;/ die zikaden, zeder, zypresse, cerebellum«, wobei die Zikaden im Dänischen »cikaderne«, die Wegwarte »cikorie« und die Zitronenbäume »citronetræer« heißen und, wie es dem dritten Abschnitt gebührt, allesamt mit dem Buchstaben C beginnen. Hatte der erste Teil eine einzige Zeile, der zweite zwei, hat dieser dritte bereits drei, und man könnte meinen, dass sich dieses simple additive Verfahren nun Seite um Seite fortsetzen wird. Tatsächlich aber wird nach und nach ein zweites, das Poem gemeinsam mit dem Alphabet strukturierendes Prinzip deutlich, denn verblüffend rasch wächst in den folgenden Abschnitten die Anzahl der Zeilen. Das sechste, dem F gewidmete Kapitel weist bereits dreizehn auf:

> den fischreiher gibt es, mit seinem graublau gewölbten
> rücken gibt es ihn, mit seinem federschopf schwarz
> und seinen schwanzfedern hell gibt es ihn; in kolonien
> gibt es ihn; in der sogenannten Alten Welt;
> gibt es auch die fische; und den fischadler, das
> > schneehuhn
> den falken; das mariengras und die farben der schafe;
> die spaltprodukte gibt es und den feigenbaum gibt es;
> die fehler gibt es, die groben, die systematischen,
> die zufälligen; die fernlenkung gibt es und die vögel;
> und die obstbäume gibt es und das obst im obstgarten
> > wo
> es die aprikosenbäume gibt, die aprikosenbäume gibt,
> in ländern wo die wärme genau die farbe im fleisch
> erzeugen wird die aprikosenfrüchte haben

Es ist die sogenannte Fibonacci-Folge, derer sich Christensens alphabetisches Spiel bedient, benannt nach jenem auch unter dem Namen Leonardo Pisano bekannten Mathematiker, der in der ersten Hälfte des dreizehnten Jahrhunderts am Hof des Stauferkaisers und Jagdfalkenliebhabers Friedrich II. wirkte. Fibonacci beschreibt eine Zahlenfolge, die mit 1 und 2 beginnt, bei der jedes folgende Glied aber die Summe der beiden vorangegangenen darstellt; auf die 2 folgt also tatsächlich die 3, weil 1 plus 2 eben 3 ergibt, auf diese aber bereits die 5, also 3 plus 2, sodann 8, 13, 21 und so weiter und so fort. Man hat es, mit anderen Worten, schon nach wenigen Schritten mit recht hohen, sehr bald unüberschaubaren Summen zu tun – und es ist kein Zufall, dass Fibonacci seine Folge anfangs nutzte, um die rasche Vermehrung von Kaninchen mathematisch zu fassen. Christensen beendet angesichts dieser wundersamen Zeilenvermehrung ihr *alphabet* nicht mit dem Z, wie es zu erwarten wäre, das jedoch den Umfang jeden Buches gesprengt hätte, sondern mit dem Buchstaben N – und folglich mit einem Kapitel, das bereits stolze 610 Zeilen umfasst. Aber, muss man sich fragen, ist es nicht gerade dies, die schiere Unmöglichkeit, bis zum Ende zu sammeln, was die Fülle des Daseins erkennbar und *alphabet* zu einem wahren Weltgedicht macht?

Christensen, die neben Chemie und Medizin auch Mathematik studierte, ist nicht die einzige Dichterin, welche die Eleganz der Mathematik bewundert und sie für die Lyrik zu nutzen versteht. Hans Magnus Enzensberger hat sich gleich in zwei Büchern dieser Geistesdisziplin zugewandt, ganz wie der schwedische Dichter Lars Gustafsson, der mit *Gegen Null* eine höchst anregende mathematische Etüde publizierte, nicht müde wurde, unmögliche Schönheiten wie jene der Wurzel aus minus 1 zu preisen, und zudem ein herrliches Gedicht den Primzahlen widmete. Ein Versuch, deren Welt zu kartografieren, indem er die ersten, einstelligen als dunkle Festungen beschreibt, von Fürsten aus alter Zeit erbaut und lange Schatten werfend, die später folgenden immer seltener erscheinen lässt, bis der Reisende über weite Ebenen hinwegreiten muss, um überhaupt noch irgendwo eine am fernen Horizont zu erkennen. Auch Eugenio Montale war der Ansicht, »die Physik und die Mathematik« seien »der Poesie so außerordentlich ähnlich«. Christensen selbst wiederum zitiert Novalis' Diktum, »daß es mit der Sprache wie mit den mathematischen Formeln sei«, und auch sie äußert sich in einem Vortrag zu den rätselhaften Primzahlen: »Die Primzahlen, ob wir sie nun zu Unglückszahlen oder zu Glückszahlen ernennen, haben offenbar etwas, das an uns appelliert, so dass wir in diesen einmaligen, unerklärlich selbständigen Zahlen ein Bild derselben Zufälligkeit des Unglücks und des Glücks sehen, die wir selber in unserem Leben als verständnislose Individuen in einem Universum erleben müssen, das im übrigen mit seinen eigenen Regeln einverstanden scheint.« Vollends einsichtig wird die Verbindung von Mathematik und Poesie, wenn man an die Dichter des französischen *Oulipo* denkt (ein Kürzel für »L'Ouvroir de Littérature Potentielle«, also eine »Werkstatt für Potenzielle Literatur«), etwa an Jacques Roubaud. Es braucht ja keine derart offensichtlich mathematische Gedichtform wie die von den Troubadouren erfundene und auf ungemein vertrackte Weise mit der Zahl 6 spielende Sestine – eine herrliche Schikane, die auch Oskar Pastior, ebenfalls Mitglied von *Oulipo*, am Herzen lag –, um zu erkennen, dass die lyrischen Formen, ihre Metren und Strophenprinzipien, mit der abstrakten Schönheit der Zahlenwelt korrespondieren. Mit ihrer Kombination aus ABC und Fibonacci-Folge hat Inger Christensen eine perfekte Form gefunden, die keiner traditionellen Vorgabe aus früheren Epochen folgt, die tatsächlich nur dieses eine Mal und nur in diesem einen Langgedicht zu ihrer Bestimmung finden kann, hier aber Inhalt und Struktur auf ideale Weise verknüpft. Wie, fragt die Dichterin in einem Essay selbst, »wie bekommt man Form und Inhalt dazu, in- und miteinander zu leben und heranzuwachsen, wie es z.B. mit dem Wachsen der Pflanzen in der Natur der Fall ist?« Christensens Antwort auf diese Frage ist ihr *alphabet*, und zugleich ist die kühne formale Lösung ihr Ausweg aus der besagten Krise, rettet also gerade die Struktur, der Mechanismus, der kreative Zwang, dem sich zu überlassen sie entschieden hat, sie vor dem weißen Papier und der Stille, die in ihrem »Gedicht vom Tod« so beängstigend Präsenz annahmen.

Inger Christensens verdienstvoller Übersetzer, der vor einigen Jahren verstorbene Hanns Grössel, der einen Großteil des dänischen Werkes im deutschen Sprachraum berühmt, unter Lyrikern geradezu populär gemacht hat, war, ich erwähne dies nebenbei, privat einer ganz anderen lyrischen Form verfallen, die bereits im ersten Vortrag kurz gestreift wurde, als wir über Nonsens und lyrische Albernheiten sprachen. Ich hatte das Vergnügen, Hanns Grössel beim Lyrikertreffen in Münster kennenzulernen, wo wir einige Stunden lang im Grunde nur über eines sprachen – über Limericks nämlich, die auch Dylan Thomas liebte. Tatsächlich schien Grössel, ein herzlicher, großer Mann, ein unendliches Reservoir dieser fünfzeiligen, gereimten, immer komischen, oft absurden und derben Gedichte zu haben, die man vor allem aus dem englischsprachigen Raum kennt, wenngleich die Verbindung zur irischen Stadt Limerick ungeklärt ist, und die gerade im Englischen so effektiv sind. Einen nach dem anderen brachte er zu Gehör, während ich nur einen einzigen auswendig beitragen konnte zu unserem Nachmittag in Münster, einen Limerick nur, der allerdings auch mein liebster ist und von einem Meister der albernen Zunft, von Edward Lear nämlich, stammt. Er geht so:

> There was an old man from Peru
> Who dreamed he was eating his shoe.
>   He woke with a fright
>   In the middle of night
> And found it was actually true.

Ich wage diesen kleinen Exkurs nicht nur, um an den Charme, die Zugänglichkeit und die Meisterschaft Grössels zu erinnern, sondern auch, weil die Grundformel des Limerick, die Tatsache also, dass die große Mehrheit aller Limericks mit der Formel »There was« beginnt, »Es gab da«, an die zuvor genannten Schöpfungsformeln von Genesis und *alphabet* erinnern; ganz wie »es werde« und »es gibt« ist dieses »There was« eine Geste der Bestimmtheit, markiert es den Akt des In-die-Welt-Bringens durch eine Dichterin oder eine Erzählerin – etwas wird gesetzt, gleich und unmissverständlich am Anfang, ein für alle Mal, und ist damit vorhanden und wahr, jedenfalls für die Dauer der Lektüre oder des Lauschens. Allerdings ließe sich das »There was« des Limerick, der ja eher bei den Kneipenbesuchern und Garnspinnern und Rundenschmeißern zu Hause ist, geradezu als komische Kehrseite der feierlich-schöpferischen Formeln bezeichnen; seine Heimat ist nicht die Kanzel, sondern der Tresen, und wenn es aus einer Wolke heraus gesprochen wird, dann aus einer von Zigarettenrauch.

Eine weitere traditionelle Kurzform, diesmal aus dem fernen Osten, kommt mir in den Sinn, wenn ich an das *alphabet* von Inger Christensen denke, das Haiku nämlich, das Sie alle kennen werden, jenes dreizeilige und siebzehnsilbige Gebilde, dessen mittlere Zeile sieben, dessen Rahmenzeilen je fünf Silben aufweisen müssen – zumindest ist dies die formale Grundregel, der man im Westen folgt, die ehrwürdige japanische Tradition ist weitaus komplexer. Es ist eine Form, die auch hierzulande zu erstaunlicher Popularität gefunden hat und die von weit mehr Menschen gepflegt wird, als es Lyrikleser gibt. Auch ich allerdings schreibe gelegentlich Haikus. Das führte vor einigen Jahren dazu, dass mein Telefon klingelte und der Herr in der Leitung sich als Präsident der Deutschen Haikugesellschaft mit offenbar abertausenden Mitgliedern vorstellte, mich für die Vereinszeitung um ein kurzes Interview zum Thema bat. Wir führten unser Gespräch und verabschiedeten uns. Nur zwei Tage später aber klingelte mein Telefon erneut, und es meldete sich, als ich abhob, ein Herr, der sich gleichfalls als Präsident zu erkennen gab, nunmehr der Deutschen Gesellschaft für Haikus, ebenfalls, wie ich erfuhr, mit tausenden von Gefolgsleuten, und auch er bat um ein Gespräch. Ich habe die Sache nicht weiter verfolgt, muss mir die beiden Vereinigungen aber als erbittert miteinander konkurrierende Unternehmungen vorstellen, deren zwei Präsidenten als Papst und Gegenpapst auftreten.

Angesichts eines ausufernden Langgedichts wie dem *alphabet* ausgerechnet an eine der knappsten, reduziertesten Formen der Lyrik zu denken, mag stutzen lassen, aber wirklich scheint es mir eine Reihe von Ähnlichkeiten zu geben: Die beide prägende, ja geradezu bestimmende formale Strenge ist nur eine davon; wichtiger ist die Verbindung der jeweiligen Form zur Zahlenkunst, zur Mathematik, zu Fibonacci hier, zur strengen Silbenzählung dort – und man denke daran, dass wir es beim Haiku erneut mit den von Gustafsson und Christensen gleichermaßen verehrten Primzahlen zu tun haben, denn nicht nur die 5 und die 7 der Silbenanzahl in den Zeilen, auch die Gesamtzahl der Gedichtsilben, 17 also, bildet eine solche Primzahl. Aber mehr noch: Beide, das *alphabet* wie das japanische Haiku eines Meisters wie Bashō oder Issa, laden uns zur Betrachtung des Kleinen, des Unscheinbaren ein, sind dem Erfassen und der Feier noch des winzigsten der Naturphänomene verpflichtet, ob es sich um Aprikosenbäume oder eine den Berg Fuji erklimmende Schnecke handelt, beide sind sie Weltgedichte auch in dem Sinne, dass sie sich nicht auf die individuellen Belange und Befindlichkeiten sowie den Alltag des Autors selbst konzentrieren, sondern im Gegenteil über das große Ganze nachdenken,

Universales zu greifen und zu formen versuchen. Das Haiku ist ja, philosophisch betrachtet, aus dem Zen-Buddhismus hervorgegangen, und die Ehrerbietung gegenüber der Natur, die Versenkung in die vielfältigen Erscheinungen der Welt, ja das Einswerden des Betrachters mit dem Gegenstand – das sind durchaus Züge, die man auch im *alphabet* finden kann. Nicht zuletzt jedoch vertrauen beide, Christensens Langgedicht wie das Haiku, auf den Leser als Mitschöpfer, als kreativen Partner. Beide sind eine Aufforderung zum Weiterdenken und ermuntern zum Wiedererlernen des kindlichen Staunens, »mit dem wir«, so Christensen in einem Essay, »geboren werden und das uns dazu bringt, das ganze als sinnvoll zu empfinden«; beide wünschen von ihren Lesern die Bereitschaft, neue Zusammenhänge zu entdecken, sich zu wundern, die Phänomene zu hinterfragen. Das Haiku mit seinen Nennungen von Naturgegenständen, Jahreszeiten, Situationen entfaltet erst seine ganze Pracht, wenn der Leser die Zusammenhänge selbst herstellt, sich geradezu versenkt in diese siebzehn Silben – wie es eine Gruppe von Schülern Bashōs mit seinem berühmtesten Dreizeiler über den Frosch und den alten Teich tat. Und Christensens *alphabet*? Dass es mit dem Buchstaben N und dem langen, ihm gewidmeten Abschnitt endet, hat formale Gründe, jedes weitere Kapitel würde zu lang – formale Gründe, die, ich deutete es an, den Reichtum der Welt in überaus glücklicher Weise abbilden. Und doch: Mag das Gedicht auch abbrechen, so hört es doch nicht auf. Denn wir Leser wissen ja, wie jedes Kind es weiß, dass auf das N weitere Buchstaben folgen, dass da noch viel mehr an Welt ist. Mit dem ABC und Fibonacci hat Christensen eine unwiderstehliche, unaufhaltsame Dynamik in Gang gesetzt; wir sind, nun, da die Autorin schweigt, plötzlich selbst mit dem Weiß der Seite konfrontiert, geradezu gezwungen, das Gedicht weiterzudenken, weiterzuschreiben, über das N hinaus, denn die Okapis gibt es ja auch, die Peroxide, Quappe, Rauke und Sandfloh, von Tamarinde, ultraviolettem Licht und Vielfraß ganz zu schweigen. Der Leser übernimmt die Weltenformel, die Christensen für ihn notiert hat, er wird als Mitschöpfer des Gedichts ins selbstständige Staunen entlassen, das ein unendliches Staunen ist, weil Fibonacci und die Vielgestalt der Welt es so wollen. Und so ist es auch kein Zufall, dass der Buchstabe, mit dem die eigene Schöpfung beginnen soll, der Buchstabe, der auf das N zu folgen hätte, das O ist – jener Vokal, der als gedehnter Laut aus dem Munde von Kindern und Kindsköpfen das reine Staunen ausdrückt: Oh!

Das schönste Gedicht Inger Christensens, das 1991 und damit genau zehn Jahre nach *alphabet* erschien, erfindet keine neue Form, sondern greift eine sehr traditionelle Struktur auf, und zwar nicht irgendeine, vielmehr die neben der Sestine komplizierteste von allen. Es handelt sich um einen Sonettenkranz, der auch im deutschsprachigen Raum gelegentlich noch gepflegt wird, einen Zyklus also von insgesamt fünfzehn Sonetten, die allesamt klassisch gebaut und gereimt sind. Die außerordentliche Schwierigkeit des Unternehmens entsteht dadurch, dass sämtliche Sonette miteinander verknüpft sind: Die vierzehnte, also letzte Zeile des ersten Sonetts ist die erste des zweiten, die letzte Zeile des zweiten Sonetts entspricht der ersten Zeile des dritten Sonetts – und so weiter bis zum vierzehnten Sonett, dessen letzte Zeile identisch ist mit der allerersten Zeile des Auftaktsonetts: Eine elegante Kreisbewegung, die aber erst mit dem fünfzehnten Gedicht, dem sogenannten Meistersonett, wahrhaft zur Vollendung findet – denn dieses krönende Sonett besteht aus sämtlichen vierzehn Anfangszeilen der vorangegangenen Sonette. Ich hoffe, Sie konnten mir folgen; jedenfalls werden Sie ahnen, dass das Projekt, einen Sonettenkranz zu verfassen, gründlich schiefgehen kann – dann nämlich, wenn man sich genötigt sieht, Reime und Zeilen nur deshalb einzusetzen, damit der Kranz komplettiert ist, wenn man, kurz gesagt, die Form lediglich zu erfüllen versucht und sie nicht mit souveräner Leichtigkeit nutzt, um das Gedicht zur Erfüllung finden zu lassen.

Christensens Sonettenkranz ist der beglückendste, der jemals geschrieben wurde, denn die Leichtigkeit, mit der er vor unseren Augen entsteht, entspricht so ganz dem Titel: *Das Schmetterlingstal*, so heißt er auf Deutsch, was im dänischen Original noch bezaubernder ist, werden die Schmetterlinge bei unseren nördlichen Nachbarn doch »Sommervögel« genannt: *Sommerfugledalen*. So klingt das erste Sonett in der Fassung ihres Stammübersetzers Hanns Grössel:

> Sie steigen auf, die Schmetterlinge des Planeten,
> wie Farbenstaub vom warmen Körper der Erde,
> Zinnober, Ocker, Gold und Phosphorgelb,
> ein Schwarm von chemischem Grundstoff
>   hochgehoben.
>
> Dieses Flügelflimmern – ist es nur eine Schar
> von Lichtteilchen in einem Gesicht der Einbildung?
> Ist es die geträumte Sommerstunde meiner Kindheit,
> zersplittert wie in zeitverschobenen Blitzen?
>
> Nein, es ist der Engel des Lichts, der sich selbst
> als schwarzen Apollo mnemosyne malen kann,
> als Feuervogel, Pappelvogel und Schwalbenschwanz.
>
> Mit meiner umschleierten Vernunft sehe ich sie
> wie leichte Federn im Pfühl des Hitzedunstes
> in der mittagsheißen Luft des Brajčinotals.

Sie hören schon heraus, dass Grössel auf Reime verzichtet, was das gute Recht jeden Übersetzers ist, wenn zu befürchten ist, dass durch eine Nachahmung der strengen Form das Gedicht selbst zu Schaden kommt, es jede Leichtigkeit und Selbstverständlichkeit verliert und die Form zur Schablone verkümmert. Brajčino liegt in Mazedonien; wichtiger aber als dieser konkrete Ort sind die Motive, die hier zum ersten Mal anklingen – die »Schmetterlinge des Planeten«, die mit Formen, Farben und Namen von nun an gefeiert werden, die Erinnerung, die Kindheit und die »Nessel des Kindheitslandes«, wie es im zweiten Sonett heißt, aber auch das Dunkel, das sich im schwarzen »Apollo« andeutet und im dritten Sonett an Intensität zunimmt, denn nicht umsonst trägt das Werk den Untertitel *Ein Requiem*: »Aus der unterirdisch bitteren Höhle herauf,/ wo das erste Traumgewürm des Kellerdunkels/ und all die Grausamkeit, die wir am liebsten verbergen möchten,/ den Boden unter die Tiefe des Gemüts legt,// herauf steigt Morpheus, der Totenkopfschwärmer«, lesen wir also, und Christensen fragt sich und uns: »Ist es die von meinem Leben überholte Trauer,/ die das Berggebüsch mit seinem Duft verdeckt?« Und wirklich wurzeln ja Blühen und Duft, fährt das vierte Sonett fort, im Schatten und im Moder, und all die Klarheit kommt, so heißt es, aus »einer wilden und labyrinthischen Unvernunft«. Es folgen Erinnerungen an einen Sommertag in Skagen, an den Paarungsflug des Geißkleebläulings, während ein Menschenpaar im Sand liegt, »so zahlreich […] wie nun zwei nur sein können«; es folgen Falter wie der Große Frostspanner – und wirklich: Welcher Zauber liegt doch in den Namen, wie viel Präzision und Schönheit kann ein Gedicht gewinnen, wenn die Bezeichnung nicht im Allgemeinen bleibt, sondern bestechend ist und genau! Der Schmetterling gilt ja seit der Antike als Verkörperung der Seele, und natürlich durchwirkt den Kranz die gesamte Überlieferung, auch der Mythos von Amor und Psyche, die Vorstellung von Verpuppung und Auferstehung, welcher der Tod vorangehen muss, der auch im hellen Licht bei Brajčino herbeitritt und schaut. Deshalb, so die Dichterin, spiele sie Waldweißling, spiele sie Perlspanner und »verschmelze Wort mit Phänomen«. Deshalb kommt sie auch hier auf das Spiel, das Staunen, das Erschaffen zurück: »So daß ich dem Tode antworten kann, wenn er kommt:/ ich spiele Braunauge, darf ich hoffen,/ daß ich das Bild des ewigen Sommers bin?« So geht es über das dreizehnte Sonett zum Schluss des vierzehnten, der wiederum, so will es die Form, an den Anfang zurückkehrt: »Ich sehe, daß der Staub sich ein wenig hebt,/ sie steigen auf, die Schmetterlinge des Planeten.« And death shall have no dominion, möchte man mit Dylan Thomas ausrufen: Und dem Tod soll kein Reich mehr bleiben. Norbert Hummelt, ein zeitgenössischer Dichter und Übersetzer, hat vor einiger Zeit das Kunststück vollbracht, Christensens Sonettenkranz abermals ins Deutsche zu bringen und dabei der strengen Form Genüge zu tun, ohne das Gedicht zu beschädigen. Hier also ist das abschließende Meistersonett in seiner Übersetzung, die ich Ihnen sehr ans Herz lege:

> Da steigen sie, die Falter des Planeten
> In des Brajĉinotales heißer Mittagluft
> Aus ihrem bittern Erdloch hochgebeten
> Hat sie das Berggebüsch, mit seinem Duft.
>
> Als Bläuling, Trauermantel, Admiral
> Als Pfauenauge flattern sie umher
> Und taumelnd tun sie so, als ob im All
> Ein Leben wäre und nichts stürbe mehr.

Was für ein Seelenzauber wird mir hier geboten
Mit Friedensanhauch, der mich süß betrügt
Und Sommerahnung von verschwundnen Toten?

Mir sagt mein Ohr mit seinem tauben Klingen:
Das ist der Tod, der dich mit Augen blickt
Im Flügelschlag von allen Schmetterlingen.

Sicher haben Sie es selbst schon bemerkt, meine Damen und Herren: Auch in diesem großen Gedicht kommen Form und Welt auf geradezu magische Weise zur Deckung, denn was wäre ein Sonett mit seinen beiden Vierzeilern und den beiden Dreizeilern anderes als zwei Falter mit ihren Flügeln, zwei Quartettflügel hier, zwei Terzettflügel da? Wirklich, Inger Christensen führt auch hier mit leichtester Hand vor, wie man sich der alten und äußerst robusten Zwangsjacke der Tradition nicht ergibt, sondern sie selbstbewusst als Flughilfe nutzt.

Inger Christensen hat oft den Wunsch formuliert, so zu schreiben, wie ein Baum Blätter treibt, und tatsächlich ist es das Wunder ihrer Poesie, dass sie bei aller Komplexität und Virtuosität ganz und gar ohne Zwang scheinen, sich mit vollkommener Natürlichkeit entwickeln, vielmehr: entpuppen. Kunst, so hat sie es formuliert, solle mit derselben Notwendigkeit entstehen wie Bienenstöcke, Lerchengesang und Kranichtanz, und sie hat darauf hingewiesen, dass die Fibonacci-Folge aus ihrem *alphabet* nicht nur bei Leonardo Pisanos Kaninchen zu bemerken ist, sondern auch beim Wachstum der Sonnenblumen und anderer Pflanzen. »Es sieht wirklich so aus«, bemerkt sie, »als hätten die Pflanzen ihre eigene Art und Weise gefunden, Gedichte zu schreiben.« Umgekehrt bedeutet dies natürlich, dass kein Künstler und kein Mensch den geringsten Anlass zu Überheblichkeit hat, wenn doch alles, was er tut, reine Naturäußerung wie alles andere ist. Wir alle seien ja, so Christensen, ein Teil der Natur, wenn auch jener Teil, der die Natur (und sich selbst) betrachten und über sie nachsinnen kann.

Tatsächlich wäre das Politische bei Inger Christensen weniger in ihren gleichwohl pointierten und scharfen Aussagen zu industrieller Akkordarbeit und den allgemeinen Produktionsverhältnissen zu finden, vielmehr in ihrem Nachdenken über das Verhältnis des Menschen zur Natur, das heute prekärer scheint denn je. Wenn die nukleare Vernichtung des Planeten etwa im *alphabet* ein stets sichtbarer Hintergrund bleibt, rückt dies das Gedicht keineswegs in historische Fernen, hat sich doch an der wesenhaften Destruktivität des Menschen nichts geändert; die Natur zu zerstören gelingt ihm auch ohne Wasserstoffbombe mühelos, die Natur und damit sich selbst, der sich anmaßt sich über sie zu erheben: »Als Art«, seufzt Christensen, »nehmen wir eine immer mehr besserwisserische Haltung zur Natur als Gesprächspartner ein.« Die aktuelle und beinahe modische Spielart der »ecopoetry« – sie hat in Christensens Lyrik längst zur Vollendung gefunden. Vielleicht ist ja mit Demut eine Haltung am besten bezeichnet, welche die Dichtung der alten Haikumeister ebenso bestimmt wie das Werk Christensens, die den Menschen zwar als Bewusstsein der Erde sieht, es aber für angeraten hält, sich in Bescheidenheit zu üben, denn wir kehren ja in die Erde zurück, zerfallen in die Elemente, aus denen alles besteht – eine bloße Zufälligkeit, wenn auch eine durchaus bemerkenswerte. »Bei unserem Wissen von der Chemie und den elektrischen Ladungen des Universums ist es ein Wunder«, sagt Christensen,

> daß ich kein Stein bin, und es ist ein Zufall, daß ich keine Makrele bin und mich unter einer Bohrplattform in der Nordsee vermehren muß. Ich bin in den Stuhl des

Staunens gesetzt. Da sitze ich wie ein kleines Kind und sage: ich bin ein Stein, oder ich bin ein Fisch, der mit Tausenden von Fischen Seite an Seite schwimmt. Obwohl jedermann sehen kann, daß ich einem Menschen ähnele, ein Mensch *bin*. Aber alles kann ich sein. Diese Eigentümlichkeit ist das Primäre. Wir können Wissen über den Stein, den Fisch, uns selbst sammeln. Und wir können von diesem Wissen Gebrauch machen. Aber dieses Wissen kann im eigentlichsten Sinne nur das höchste Wissen vertiefen, das wir bereits haben, wenn wir sagen: Ich bin ein Stein. Ich bin ein Fisch. Ich bin ein Mensch.

Sie spricht es nicht aus, aber Christensen scheint hier, ganz wie in ihrer Lyrik, älteste Texte und Gedanken zum Mitklingen zu bringen, treibt nicht nur Blätter, sondern schickt auch Wurzeln tief hinab zu früheren Zeiten und Kulturen. Im fünfzehnten Buch der *Metamorphosen* des Ovid, jenem poetischen Urbuch der Mythologie, tritt in einer entscheidenden, langen Passage Pythagoras auf, der nicht nur Philosoph und Mathematiker, sondern auch überzeugt von der Seelenwanderung war; von ihr lässt Ovid ihn sprechen:

> Aber die Seele stirbt nicht, und stets ihren früheren Wohnsitz
> Lassend, lebt sie und wohnt, empfangen von anderem Hause.
> [...]
> Alles wandelt sich, nichts vergeht. Es schweift unser Geist, kommt
> Hierher von dort, von hier dorthin, und dieser und jener

> Glieder bemächtigt er sich, geht über aus Tieren in Menschen-
> leiber und wieder in Tiere, und niemals geht er zugrunde.
> Wie das schmiegsame Wachs sich formt zu neuen Gebilden,
> So nicht bleibt, wie es war, die gleiche Gestalt nicht behält, und
> Doch das selbe verbleibt, so lehre ich, ist auch die Seele
> Immer die selbe, doch wandert sie stets in neue Gestalten.
> [...]
> Keinem bleibt seine äußre Gestalt, die Verwandlerin aller
> Dinge, Natur, sie läßt aus dem Einen das Andere werden.
> Glaubt mir, nichts in der ganzen Welt geht wirklich zugrund, es
> Wandelt sich nur, erneut sein Gesicht. Und geboren zu werden,
> Heißt, etwas andres als vorher zu sein, beginnen, und sterben,
> Enden, das selbe zu sein. Mag dies und jenes von hierher
> Dorthin getragen auch werden, im Ganzen ist alles beständig.

Kaum ein Zweifel, dass Christensen diese Passage zutiefst vertraut war, vielleicht gar am Herzen lag. Und nicht erst, wenn Ovid ein paar Seiten später von den »Raupen im Feld, die die Blätter dort mit den grauen/ Fäden umspinnen« spricht und darauf hinweist, dass diese Raupen alsbald ihre Gestalt »mit der des grabmalschmückenden Falters« vertauschen, wenn also auch bei Ovid Tod, Verpuppung, Wiedergeburt im Schmetterling zusammenfallen, sind wir wieder mit allen Sinnen in Brajčino, in Christensens Schmetterlingstal, dessen Anfang ja ein Ende und dessen Ende ein Anfang ist, sind wir erneut im zyklischen Werden und Vergehen und bei dem Staub, der sich glanzvoll erhebt, zurück ins Licht.

Wir werden auch bei unserer nächsten Zusammenkunft Gelegenheit haben, über Mythos, Tradition und das höfliche Zurücktreten hinter die Welt zu sprechen, über die Kostbarkeit der Dinge – aber auch über Masken, Rollenwechsel und das Prosagedicht. Christensens daseinserfassende und -erweiternde Weltenformelpoesie wird dann nicht mehr im Mittelpunkt stehen, aber vergessen werden wir weder sie noch die Dichterin mit ihrer Brille und ihrem unprätentiösen, aber bezwingenden Auftreten, die gerade in ihren letzten Jahren die Öffentlichkeit mied und samt Katze in Kopenhagen lebte und schwieg, sich, was ihre Veröffentlichungen angeht, rar machte. Gott sei nicht tot, sagte Inger Christensen einmal: »Gott ist das Gespräch, das der Mensch mit dem Universum führt, oder umgekehrt: das Gespräch, das das Universum mit dem Menschen führt, um zum Bewußtsein seiner selbst zu gelangen. Ich muß mir vorstellen (Mensch, der ich bin), daß das Universum gerne etwas über sich selbst wissen will.« Es wäre wohl ein Irrtum zu glauben, dass die Dichterin verstummte, aber wir, die Leser, durften nicht länger Zeugen ihres Gesprächs sein. Auch das aber hat seine Richtigkeit, denn so, wie das *alphabet* abbricht, um von uns weitergedacht zu werden, ist es an jedem einzelnen staunenden Kind, das Gespräch zu vertiefen.

Im Königreich der Dinge

Insbesondere über Zbigniew Herbert. Dritter Bamberger Poetikvortrag

Mag die Rückkehr in die Vergangenheit dem Körper versagt sein, so reisen wir in Gedanken, erst recht in unseren Träumen, doch ununterbrochen zurück, verbringen womöglich weit mehr Zeit dort als im Hier und Jetzt mit seinen Unwägbarkeiten. Gedichte versuchen, diesem delikaten Grenzverkehr eine Form zu geben, die dem Aufenthalt im Erinnerten eine Anmutung von Dauer verleiht. Der irische Nobelpreisträger William Butler Yeats sprach vom »Land der Sehnsucht meines Herzens«; für ihn war es die »Lake Isle of Innisfree«, eine Kindheitsinsel, der er eines der berühmtesten irischen Gedichte überhaupt widmete, für andere hingegen ist es Lemberg, jene Stadt im Westen der heutigen Ukraine, deren offizielle Schreibweise eigentlich Lviv lautet, die aber im Polnischen auch als Lwów bekannt war und nach wie vor ist, die also schon mit ihren Namen auf die bewegte und oft, nicht zuletzt aufgrund der Taten unserer deutschen Vorfahren, düstere Geschichte dieser Region verweist.

> [...] es gab zu viel
> Lemberg, es paßte in kein Gefäß,
> sprengte die Gläser, ergoß sich aus
> Teichen, Seen, rauchte aus allen
> Schornsteinen [...]
> es gab zu viel Lemberg, und jetzt gibt's die Stadt
> überhaupt nicht, sie wuchs unaufhaltsam, und
>   die Schnitte

    der Scheren, die kalten Gärtner waren
    erbarmungslos

»Nach Lemberg fahren«, so heißt das längere Gedicht, dem diese wenigen Zeilen entnommen sind und das man eigentlich in ganzer Länge und gleich mehrfach vortragen müsste, so gelungen, so berührend ist es. Geschrieben hat es Adam Zagajewski, der heute, nachdem er, wie so viele Polen seiner, aber nicht nur seiner Generation, jahrelang fern der Heimat verbringen musste, in Krakau lebt, und den erbarmungslosen, kalten Gärtnerscheren stellt er die leuchtenden Bilder der Kindheit und der Sehnsucht entgegen. So errichtet er seiner Geburtsstadt nicht nur ein poetisches Denkmal, er errichtet im Grunde die ganze, staunenswerte Stadt selbst in seinem Gedicht, eine Stadt, die es gab und doch so nie gab, die nach wie vor existiert, zur Freude einer wachsenden Zahl von Besuchern, und die doch nie wieder sein wird, wofür sie einst stand:

    [...] und jetzt nur in Eile
    packen, ständig, täglich
    und atemlos fahren nach Lemberg, es ist ja
    vorhanden, ruhig und rein wie
    ein Pfirsich. Lemberg ist überall.

Adam Zagajewski ist sowohl Nachkomme als auch Teil der großen polnischen Lyrikmoderne. Wollte man sie preisen, und man kommt überhaupt nicht umhin, dies zu tun, so wären selbstverständlich Czesław Miłosz, Wisława Szymborska und Tadeusz Różewicz zu nennen, die eine Generation vor Zagajewski zu dichten begannen, und zugleich wäre zu betonen, dass auch die zeitgenössische, viel jüngere Lyrik Polens von einer schier atemberaubenden Vielfalt und Lebendigkeit ist, dass also die Poesie, so stellt es sich nicht nur mir dar, seit den grundlegenden Texten der Genannten sich einer ungebrochenen Wertschätzung erfreut und immer neue Meisterinnen und Meister hervorbringt. Es trifft sich, dass in Lemberg nicht nur Zagajewski, der etwas Jüngere, sondern auch Zbigniew Herbert geboren wurde, der das Quartett der großen Modernen neben Miłosz, Szymborska und Różewicz komplettiert. Vor allem ihm, meine Damen und Herren, ist dieser dritte Bamberger Poetikvortrag gewidmet.

Wer einmal im ehemaligen Lemberg gewesen ist, der weiß, wie greifbar die Geschichte dort ist, wie man sie mit jedem Atemzug aufzunehmen meint, ob in der historischen Altstadt, in den Kirchen, den kaiserlichen und königlichen Repräsentationsbauten oder auf dem großen jüdischen Friedhof. Anmut und Grauen liegen dicht beieinander, zumal wenn man die aktuellen Auseinandersetzungen im Osten der Ukraine bedenkt. Und erst recht wird die unbehagliche, ja verstörende Präsenz der Historie, die, um einen anderen, aus einer ähnlich zerrissenen Region stammenden Dichter zu zitieren, »ihr blutiges Messer leckt«, wahrnehmen, wer weiterreist Richtung Czernowitz in der Bukowina. Auch hier wüteten deutsche Soldaten, doch zugleich wird Czernowitz immer als vielsprachige, offene Stadt bekannt bleiben, die eine verblüffende Zahl von Dichtern und Autoren hervorbrachte, Rose Ausländer, Gregor von Rezzori, Immanuel Weissglas und natürlich Paul Celan, um nur die bekanntesten zu nennen. Von Lemberg nach Czernowitz fahren die schweren Züge aus sowjetischer Zeit, in denen die Fenster mit weißen Stickdecken verhängt sind und am Ende jedes Korridors ein Samowar in seine Selbstgespräche vertieft ist, und so lange dauert die Reise zwischen den gar nicht einmal so weit voneinander entfernten Städten Lemberg und Czernowitz, so mühevoll und ächzend schleppen sich die

Züge durch die offenbar unendliche Ebene, dass man ins Nachdenken gerät, jedes Detail wahrnimmt und lange betrachten kann, weil nichts vorbeieilt und verschwindet, ja, man kann gleichsam zusehen, wie die Kartoffeln erst ausgegraben, sodann gekocht und gleich anschließend verzehrt werden, und doch ist man dem Ziel nur wenig näher gekommen. Dank all dieser Umstände – historischen, geografischen und verkehrspolitischen – haftet dieser Landschaft und ihren Städten etwas beinahe Mythisches an. Das passt durchaus zu dem Dichter, dem wir heute lauschen wollen.

Ovid, der römische Sänger der Mythen und der Verwandlungen, wurde schon bei unserem letzten Beisammensein erwähnt; seine Figuren sind es, die uns auch in Herberts Werk immer wieder begegnen, dazu allerlei weiteres Personal aus der griechischen und römischen Antike bis hin zum Kaiser Marc Aurel. Wir alle wissen und bedauern ja, dass den alten Göttern, selbst dem Kriegsgott, sogar der Siegesgöttin, in unseren profanen Klingelton-und-Hashtag-Tagen nur mehr ein Dasein auf Turnschuhen und Schokoriegeln vergönnt ist, dass man den mythischen Figuren allerhöchstens noch auf Speisekarten begegnet, wenn beim Besuch des örtlichen griechischen Restaurants mit seiner hellenisierenden 80er-Jahre-Einrichtung, ganz egal in welcher Kleinstadt, aber stets in Bahnhofsnähe, zuverlässig, sagen wir: Hacksteak Agamemnon, Putenbrust Ikarus und Rinderroulade Pasiphae angeboten werden.

Zbigniew Herbert billigte den alten Figuren von Anfang an mehr als dieses kümmerliche Dasein zu, was ihm schnell den Ruf eintrug, der »Klassiker« unter den zeitgenössischen polnischen Dichtern zu sein, was als Lob, durchaus aber als eines mit gewissem Giftgehalt verstanden werden kann. Wahr ist in jedem Fall, dass Herbert kein Bilderstürmer ist, kein Zerstörer des Hergebrachten, dass ihm ein Streben nach Originalität um jeden Preis wesensfremd ist – was ihn nicht daran hindert, in seiner Poesie, auch in seiner Metaphernkunst, überaus originell zu sein, nur stellt er seine Kühnheit nicht zur Schau. Herbert selbst gibt freimütig zu, dass Tradition für ihn kein Teufelswerk ist: »Eine der Todsünden der zeitgenössischen Kultur ist, dass sie klein und gemein die direkte Konfrontation mit den höchsten Werten vermeidet«, schreibt er in dem Essay »Animula«: »Hinzu kommt die arrogante Annahme, dass wir ohne Vorbilder, ästhetische wie moralische, auskommen können, weil unser Dasein in der Welt ein vermeintlich besonderes und mit nichts zu vergleichen sei. Deshalb weisen wir die Hilfe der Tradition zurück und taumeln in unserer Einsamkeit herum, wühlen in den dunklen Winkeln der trostlosen kleinen Seele. Es gibt die falsche Auffassung, dass die Tradition einem Vermögen ähnle, einer Erbschaft, die man automatisch und ohne jeden Aufwand erhält, und darum sind jene, die ererbten Wohlstand und unverdiente Privilegien ablehnen, gegen die Tradition. Tatsächlich aber erfordert jeder Kontakt mit der Vergangenheit Anstrengung, Mühe, noch dazu schwierige und undankbare Arbeit, denn unser kleines ›Ich‹ jammert und sperrt sich gegen sie.« Skeptisch wird Herbert im Gegenteil dann, wenn Begriffe wie Avantgarde und Fortschritt ins Spiel kommen, ob dies in Bezug auf gesellschaftliche oder künstlerische Fragen geschieht, wobei als sicher gelten darf, dass seine Abneigung ihren Ursprung in den fortschrittsgläubigen, totalitären Ideologien hat, deren fatale Konsequenzen er bezeugte und auch selbst erlitt: Geboren 1924 als Sohn eines Bankdirektors, erlebte er 1939 als Jugendlicher die Besetzung seiner damals noch polnischen Vaterstadt Lwów zunächst durch sowjetische Truppen, dann, nur wenige Jahre später, durch die Deutschen. Herbert ging, wenn auch heimlich, weiter zur Schule, machte seinen Abschluss, beteiligte sich aber auch am polnischen Widerstand. Nach den Massenmorden und Zerstörungen durch Wehrmacht, SS und Gestapo und kurz vor der endgültigen Rückkehr der Roten Armee zog Herbert mit seiner Familie zunächst nach Krakau, 1949 schließlich nach Toruń, ehemals Thorn, um dort, später auch in Warschau, zu studieren. Obwohl er neben Theater- und Musikkritiken auch schon Gedichte in Zeitschriften publiziert hatte, meist unter wechselnden Pseudonymen, arbeitete er zunächst bei der polnischen Nationalbank und anderswo; sein erster Gedichtband konnte, ermöglicht durch die Tauwetterperiode unmittelbar nach Stalins Tod, erst relativ spät erscheinen, nämlich 1956, als Herbert bereits zweiunddreißig Jahre alt war. Diesem, der den Titel *Lichtsaite* trug, folgte schon im Jahr darauf ein zweiter, *Hermes, Hund und Stern*, der den alten Götterboten schon auf dem Umschlag vor sich herschickt, und sein rasch wachsendes literarisches Renommee ermöglichte ihm von nun an Reisen ins Ausland, ob nach Schottland, Belgien, Italien oder in die Niederlande, vergönnte ihm auch längere Auslandsaufenthalte, so in Paris von 1963 bis 1965, später in Berlin und den USA, wenngleich Herbert seiner Heimat, anders als etwa Miłosz, nie unwiderruflich den Rücken zuwandte und stets nach einigen Jahren nach Polen zurückkehrte.

Es gibt Gedichte, in denen Herberts eigene Biografie aufblitzt, in denen uns etwa der Schüler Zbigniew in seiner Heimatstadt Lemberg gegenüberzutreten scheint. »Der Lehrer für Naturkunde« heißt eines dieser Gedichte, und indem ich Ihnen das Gedicht vorlese, stelle ich Ihnen, nach Erich Fried und Hanns Grössel, zugleich einen weiteren jener Übersetzer europäischer Lyrik vor, die so wichtig nicht nur für den literarischen Austausch, sondern auch für das gegenseitige Verständnis und damit von immenser gesellschaftlicher und politischer Relevanz waren und nach wie vor sind. Übersetzer, meine Damen und Herren, sind mächtige Menschen, auch wenn ihre Namen nur selten neben dem des Verfassers vermerkt werden. Die deutsche Übertragung stammt von Karl Dedecius:

> An sein Gesicht
> kann ich mich nicht erinnern
>
> er pflegte stehenzubleiben
> hoch über mir
> auf langen gespreizten Beinen
> ich sah
> das goldene Kettchen
> den aschgrauen Rock
> den mageren Hals
> daran angeheftet
> die tote Krawatte
>
> er zeigte uns als erster
> das Bein eines krepierten Frosches
> das von der Nadel berührt
> heftig zusammenzuckte
>
> er führte uns
> durch den goldenen Kneifer
> ins intime Leben
> unseres Urgroßvaters
> des Pantoffeltierchens
>
> er brachte
> ein dunkles Korn
> und sagte: Mutterkorn

von ihm ermuntert
bin ich im zehnten Lebensjahr
Vater geworden
als nach spannungsvoller Erwartung
die ins Wasser getauchte Kastanie
einen gelben Keim zeigte
und alles zu singen anhob
ringsum

im zweiten Kriegsjahr
erschlugen den Lehrer für Naturkunde
die Strolche für Geschichte

wenn er in den Himmel gekommen ist –

vielleicht spaziert er jetzt
auf langen Strahlen
in grauen Strümpfen
mit riesigem Netz
und grüner Botanisiertrommel
die lustig baumelt

doch wenn er nicht hinaufgekommen ist –

wenn ich auf dem Waldpfad
einem Käfer begegne
der auf einen Sandhügel klettert
trete ich näher
scharre mit den Füßen
und sage
– guten Tag Herr Lehrer
erlauben Sie dass ich Ihnen helfe –

> ich hebe ihn vorsichtig hinüber
> und sehe ihm lange nach
> bis er verschwindet
> im dunklen Lehrerzimmer
> am Ende des Korridors aus Laub

Ein Nachruf, eine Ehrung für einen jener stets zu wenig gewürdigten, dabei doch alle zukünftigen Entwicklungen der ihnen Anvertrauten so unwiderruflich bestimmenden Gestalten, denen jeder von uns einen anderen Namen zu geben wüsste. Keine traditionelle Form ist in diesem Gedicht zu entdecken, keine Reime, keinerlei Extravaganzen, aber doch eine Präzision im Aufbau und in der Setzung der Zeilen samt ihren Längen und Brüchen, die augenfällig macht, warum die Bezeichnung »freier Vers« bei wahrhaft meisterlicher Lyrik fehl am Platze ist. Man hat Gedichte mit traditionellen und solche mit freien Formen mit Schnitzen einerseits und Modellieren andererseits verglichen, wobei bei dem einen etwas schon im Material Vorhandenes freigelegt wird, beim anderen das Material erst Form annimmt durch den Künstler; in diesem Sinne wäre Herbert eher plastisch modellierend denn mit dem Messer herausarbeitend tätig. Wie die Form, so drängen sich auch die Bilder, ganz wie von Herbert gefordert, nicht auf in ihrer Originalität, sind aber dennoch effektiv, so sparsam sie eingesetzt werden, wenn nicht gar, bei aller Natürlichkeit, die ihnen anmutet, verblüffend: Die tote Krawatte, der Laubkorridor zum Lehrerzimmer, aber auch der genau kalkulierte Schock, den der Einbruch des Historischen beim Leser verursacht, wenn die Intimität zwischen Lehrer und Schüler durch die »Strolche für Geschichte« ein für alle Mal zerstört wird. Es ist ein unvergessliches, anrührendes, von Wehmut oder vielmehr einer Art von melancholischer Heiterkeit geprägtes Gedicht. Und so greifbar, fast fleischlich der alte Naturkundelehrer vor uns steht, so klar wird doch auch dies: Dass Herbert nicht nur in einem Käfer den Lehrer zu sehen vermag, sondern auch glaubt, von jedem Käfer etwas lernen zu können, dass er als Dichter bereit ist, dem Käfer wie allem anderen lange nachzusehen, noch dem vermeintlich Geringsten im Wissen um seine Unschätzbarkeit mit genauer Beobachtung, ja mit ausgesuchter Höflichkeit und vollendeter Gentlemangeste gegenüberzutreten, denn sein »erlauben Sie dass ich Ihnen helfe« gilt dem Lehrer wie dem Käfer, die eins sind, und muss auch allen anderen Lebewesen gegenüber gelten: Sie haben den Vortritt, verehrte Hummel. Nach Ihnen, Doktor Engerling. Herberts poetischer Gestus ist einer der Bescheidenheit – in dem Sinne, dass er sich selbst, als zufälligen Autor dieser Gedichte, als eher unwesentlich betrachtet, dass er als Person hinter die Poesie zurückzutreten versucht: »Die romantische Konzeption vom Dichter, der seine Wunden bloßlegt, der das eigene Unglück besingt«, sagt Herbert, »hat heute immer noch, trotz der Wandlung der Stile und des literarischen Geschmacks, viele Anhänger. Man glaubt, die betonte Selbstbezogenheit, das Manifestieren seines wunden Ich sei des Künstlers heiliges Recht.« Und er fährt fort mit einem Satz, der für Tafeln und Erzplatten gemacht scheint: »Gäbe es eine Schule der Literatur, müßte man in ihr vor allem die Beschreibung der Gegenstände üben und nicht die der Träume.« Wenn Dylan Thomas das hehre Dichterbild mit Zoten und Knittelversen ironisierte und Inger Christensen die Künstlerin hinter einer großen Brille versteckte – bei Herbert wird das Absehen von sich selbst und den biografischen Zufällen, von wenigen Ausnahmen abgesehen, zum Programm. Und ganz im Sinne der eben gehörten Forderung nach einer am Gegenstand orientierten Poesieschule widmet sich Herbert in seiner Poesie häufig den Dingen, schreibt er, was als

Dinggedichte bezeichnen mag, wer dies möchte – ob er sich einer Klapper oder einem Kiesel widmet oder ob er Zeilen über Stühle verfasst, die, so heißt es, einst »schöne, blütenfressende Tiere« waren, nun aber erstarrt sind: »Die Verzweiflung der Stühle offenbart sich im Knarren.«

Mit diesen Überzeugungen steht Herbert in einer Reihe mit Dichtern, die sich, bei allen stilistischen Unterschieden, der Welt und ihren Erscheinungen verpflichtet fühlen, die Lyrik weder als Medium für die eigenen Befindlichkeiten noch als Seifenkiste für moralische Ansprachen zur Weltverbesserung verstehen – denken Sie an Rilke mit jenen seiner *Neuen Gedichte*, die Flamingos oder einer Gazelle gewidmet sind, denken Sie an William Carlos Williams, der »No ideas but in things« forderte, was wie eine Paraphrase des Herbertschen Diktums in englischer Sprache anmutet, oder auch, dies keinesfalls zuletzt, an den französischen Dichter Francis Ponge, dessen zweiter oder dritter Gedichtband den programmatischen Titel *Parti pris des choses* (auf Deutsch: *Im Namen der Dinge*) trug und der sich also ganz auf die Offenbarungen konzentrierte, die in diesen Dingen zu finden sind, der sich in eine Kerze vertiefte, in Austern, Schnecken, Seife, Kiefernwälder, Waschkessel und Moos, die »Garnele in allen ihren Zuständen« zu erfassen versuchte und auch Aprikose und Ziege ehrte. Tatsächlich trägt Zbigniew Herberts drittes Buch von 1961 einen nicht unähnlichen Titel, nämlich *Studium des Gegenstandes*, und es wäre verlockend, die Texte ausführlich miteinander zu vergleichen, die tatsächlich beide, Ponge und Herbert, einem Kieselstein abgewonnen haben, diesem Geringsten unter unseren Fußsohlen: Der Kiesel sei »sich selber gleich/ auf seine Grenzen bedacht// genau erfüllt/ vom steinernen Sinn«, schreibt Herbert und fügt hinzu: »Kiesel lassen sich nicht zähmen/ sie betrachten uns bis zum Schluss/ mit ruhigem sehr klarem Auge«. Und Ponge wiederum ergänzt: »Glanzlos am Boden, wie der Tag glanzlos ist im Vergleich zur Nacht, verleiht ihm die Welle in dem Augenblick, da sie ihn erfaßt, Leuchtkraft. [...] Für einen Augenblick gleicht nun das Äußere des Kieselsteins seinem Inneren: sein ganzer Körper erstrahlt in jugendlichem Glanz.« Er nenne, sagte Herbert bei einer Gelegenheit, die Dinge nur zärtlich beim Namen, und vielleicht tut man recht, neben der Bescheidenheit und dem Respekt die Zärtlichkeit als eine der Grundtugenden der Herbertschen Poesie festzuhalten.

Dieser genaue Blick auf die Petitessen am Wegesrand, die für Dichter wie Herbert die wahren Schätze sind (und ich darf hinzufügen: auch für mich selbst), mag als Widerspruch erscheinen zu dem Klassiker, als der Herbert bezeichnet wurde, zu seinem Interesse an den großen alten Mythen und den grundlegenden Geschichten der Antike – aber nur auf den ersten, allzu flüchtigen Blick, zumal wenn man bedenkt, dass in einem der frühesten und nach wie vor berühmtesten Dinggedichte der Poesiegeschichte Gegenstand und Mythos zusammenfallen. Ich denke natürlich – und sehen Sie es mir nach, wenn ich dem gewaltigen Epos einige Seiten entnehme und diese als eigenständiges Gedicht präsentiere – an Homers Beschreibung des Schildes des Achill in der *Ilias*, an jene Hexameter, die schildern, wie Hephaistos, der Götterschmied, die Rüstung des griechischen Recken Detail um Detail und mit wahrhaft olympischer Meisterschaft schmiedet, im Auftrag der dem Vorgang beiwohnenden Meernymphe Thetis, also Achills Mutter:

> Erst nun formte der Meister den Schild, den großen und starken,
> Ganz ihn verzierend, und legte darum einen schimmernden Reifen,

> Dreifach und blank, verbunden mit silbernem
> Tragegehänge.
> Schichten zählte man fünf an dem Schild, und oben
> auf diesem
> Schuf er zierliche Bilder viel mit erfindsamem Geiste
> [...].

So beginnt die, wahrhaftig: Schilderung, und was nun Hephaistos auf dem Schild erschafft und schildert, ist allerlei: Zunächst die Erde, das Meer, den Himmel, die Sonne, dazu alle Sterne und Sternbilder; es folgen zwei Städte in sämtlichen Details, mit Menschen, Hochzeitsfesten, Gelagen, es folgen eine Belagerung, Schlachten, Flüsse und Rinderherden, Kämpfe am Ufer und dazu das vom Blut rote Flusswasser – womit der Krieg um Troja, das große Geschehen des Epos also, als Miniatur gespiegelt wird in den Zieselierungen eines Schildes. Der humpelnde Götterschmied fügt Felder mit Schnittern hinzu, Äcker, Weinberge, Gärten, er erschafft Reigen und Tänze. Und wunderbarerweise, dies ist die Kunst, gibt es in dieser von übermenschlicher Hand gestalteten Welt trotz des kalt-glänzenden Materials weit mehr als nur visuelle Attraktionen: Die Kunstfertigkeit ist eben deshalb göttlich zu nennen, weil sie auch Farben evoziert, das Wasser folglich auch im Silber blutrot ist; es sind die Klänge von Instrumenten zu hören, Düfte sind da und geschmackliche Reize. All dies schildert Homer *en détail* über viele Zeilen, bevor Hephaistos den Schmiedehammer beiseitelegen kann:

> Aber sobald er den Schild nun vollendet, den großen
> und starken,
> Schmiedete gleich er den Panzer, der heller noch
> strahlte als Feuer [...]

> Als er nun alle die Waffen gefertigt, der rühmliche Künstler,
> Nimmt er sie auf und legt sie der Mutter Achillens zu Füßen.
> Sie aber stieß wie ein Falke vom schneebedeckten Olympos
> Nieder, die schimmernden Waffen des Gottes Hephaistos im Arme.

Nur nebenbei sei darauf hingewiesen, wie grandios und mit welch dramatischer Intensität Homer hier mit extremer zeitlicher Dehnung und Beschleunigung spielt – mitten im achtzehnten Gesang, im Tumult und Kampfgeschehen vor Troja, nachdem Aias die griechischen Truppen in die Schlacht geführt hat, von den Trojanern zurückgeschlagen wird, während Patroklos' Leichnam ins Lager der Griechen zurückgebracht wird, schwenkt Homer in die göttliche Schmiede und verlangsamt die Dynamik des Geschehens ins schier Unerträgliche, schwelgt in den Details, malt aus, beschreibt – um dann, auf lediglich zwei Zeilen und damit in kühnster Verknappung, die Mutter des Achill wie einen Falken »vom schneebedeckten Olympos« zurück zur Erde stürzen zu lassen, zurück zu Staub und Blut und Geschrei, wo der Krieg um Troja weitertoben muss, nun, dank des Einschubs, noch grauenvoller und eindrücklicher als zuvor. Würde man gebeten, ein ähnlich effektives Beispiel für eine dramatische Stauchung, eine narrative Stauung zu nennen, es fiele einem wohl nur Herman Melvilles *Moby-Dick* ein, wo, nach rund zweihundert Seiten, kurz bevor der Ausguck Wale sichtet und just in dem Augenblick, als Kapitän Ahabs Holzbein auf Deck zu hören ist, der fanatische Waljäger näher tritt, der Erzähler eine Pause einlegt und auf dutzenden Seiten sämtliche Walarten aufführt und klassifiziert, von Pottwal, Glattwal und Finnwal bis zu Schwefelbauchwal und Butzkopf, um erst dann, als es fast nicht länger hinnehmbar ist, die Jagd auf das weiße Ungetüm fortzusetzen, mit drei knappen Worten wieder einsetzt mit der Handlung und dem nächsten Kapitel: »Es ist Mittag.« Und weiter geht die wilde, wogende Jagd.

Achill hat seinen Auftritt auch in einer Prosaminiatur Zbigniew Herberts, ohne Schild diesmal, dafür mit dem toten Leib der besiegten Amazonenkönigin Penthesilea. Anderswo in seinen Gedichten begegnen wir König Midas, in dessen Nähe die goldenen Hirsche auf ihren Waldwiesen schlafen; wir lauschen Zwiesprachen mit Athene, mit Apoll, verfolgen dessen Wettstreit mit dem unglücklichen Marsyas, eine Szene, in welcher der gehäutete Unterlegene erbärmlich schreit, während Apoll, »von Abscheu geschüttelt«, sein Instrument putzt; wir treffen auf den grausamen Wegelagerer Damastes, »eine schlichte Keule in Händen/ gekleidet in den Schatten des Wolfes«, Damastes, besser bekannt als Prokrustes, dessen berühmtes Streck-und-stauch-Bett, so der Mörder selbst, »der scheußlich vielfältigen Menschheit« eine einheitliche Form geben sollte, und der sich selbst keinesfalls als Verbrecher, vielmehr als »gelehrter Sozialreformer« präsentiert, womit Herberts Skepsis gegenüber ideologisch verbrämtem Fortschrittsglauben subtil Gestalt annimmt und mühelos ein Bogen vom mythischen Griechenland in die Ostblockstaaten der vorigen Jahrhunderthälfte geschlagen wird – denn jener Damastes hegt »begründete Hoffnung dass meine Bemühen andere aufgreifen werden/ und das so kühn begonnene Werk vollenden«. Wir Leser sind eingeladen, das Wörtchen »andere« durch einen beliebigen Namen zu ersetzen; die Auswahl an despotischen Weltenbeglückern ist und bleibt beträchtlich. Eines der bekanntesten mythologischen Gedichte Herberts indes ist jener Siegesgöttin gewidmet, die heute eine so demütigende Existenz auf den Turnschuhlaschen eines großen amerikanischen Sportartikelherstellers führt. Herbert hingegen beobachtet »Nike wenn sie zögert«, und die mächtige Göttin wirkt für einen Augenblick fast menschlich (wie ja die griechischen Gottheiten uns seit jeher auffallend ähnlich waren, vor allem in ihren Lastern):

> Am schönsten ist Nike
> wenn sie zögert
> die rechte Hand an die Luft gelehnt
> herrlich wie ein Befehl
> aber die Flügel zittern
>
> sie sieht
> den einsamen Jüngling
> der langen Spur
> des Kriegswagens folgen
> dem grauen Weg in der grauen Landschaft
> aus Felsen und kahlem Wacholder
>
> bald wird er sterben
> der Jüngling
> schon senkt sich die Waagschale
> seines Geschicks
>
> Nike hat große Lust
> sich ihm zu nähern
> seine Stirn zu küssen
>
> aber sie fürchtet
> dass er der die Süße
> der Liebkosung nie empfunden

wenn er sie kennenlernte
fliehen könnte wie die andern

während der Schlacht
also zögert Nike
und entschließt sich
in jener Haltung zu verharren
die ihr die Bildhauer beibrachten
beschämt ob des Augenblicks der Rührung

sie weiß
dass man im Morgengrauen
den Jungen finden muss
mit offener Brust
geschlossenen Lidern
und mit dem herben Geschmack des Vaterlands
unter der steifen Zunge

Sie haben längst bemerkt, dass es Herbert nicht im Geringsten um das Zurschaustellen eines bürgerlichen Bildungsschatzes zu tun ist, nicht darum, wie er einmal sagte, eine Seite aus dem mythologischen Handbuch zu kopieren oder einen ausgestopften und verstaubten Löwen über die Bühne zu zerren. Was ihn am Mythos interessiert, ist die Überzeitlichkeit, die existenzielle Essenz, bei Prokrustes, in der Gier des Midas, im ungleichen Duell zwischen Apoll und Marsyas, in der Grausamkeit des Siegers und dem Wimmern des Unterlegenen. Die Mythen lassen sich betrachten wie der Kieselstein, den Ponge und Herbert vor sich hatten, lassen sich drehen und wenden und studieren, und die scheinbar unvereinbaren Herbertschen Interessen, das an den gewöhnlichen Dingen und jenes an den alles andere als gewöhnlichen antiken Gestalten, treten in eine natürliche und fast selbstverständliche Beziehung, hört man, was Herbert in einem Film aus den Sechzigerjahren auf die Frage nach der Relevanz antiker Themen zu sagen hat (eine Frage, die Dichtern so oder ähnlich immer gestellt wurde und noch immer gestellt wird und die im Grunde, scheint mir, immer nur die Lyrik selbst in Zweifel zu ziehen unternimmt): »Ich betrachte«, antwortet also Herbert, »die Götter und Sagen als versteinerte Erfahrungen der Menschheit, also als Gegenstände.«

Stets leuchtet dabei in seinen Gedichten etwas auf, was er »das universelle Mitleid« nennt, für den Naturkundelehrer, für den Jungen mit offener Brust, denn es ist nie die Seite des Siegers, die er wählt, sondern die des Geschundenen; er schreibt, indem er den Blick auf Marsyas, nicht auf Apoll richtet. Schon diese Gewichtsverschiebung verdeutlicht, wie irreführend es ist, Herbert als Klassiker zu bezeichnen, zu gegenwärtig und durchaus menschlich werden ja selbst die Stühle, deren Verzweiflung sich »im Knarren« äußerte. In einer knappen Miniatur mit dem Titel »Klassiker« weist der Dichter selbst darauf hin – Cicero, gewiss, ein großer Stilist, nur falle ihm nie auf, »dass die Marmoräderchen in Diokletians Thermen geplatzte Blutgefäße von Sklaven aus den Steinbrüchen sind«. Herberts Mythen sind erfüllt von unserer Gegenwart, oder besser: Er führt uns die fortdauernde Gegenwärtigkeit der alten Mythen vor Augen. Und selbst die bekanntesten Geschichten der Antike erstrahlen in einem neuen Licht, wenn Herberts eindringlicher und empathischer Blick auf sie fällt; er habe, schreibt er in einem Text über die griechischen Sagen, schon als Kind »mehr Zärtlichkeit« für den einsamen und leidenden Minotaurus in seinem Labyrinth empfunden, der seit jeher als menschenfressendes Monster erscheint. »Es gibt keinen anderen Weg zur Welt als den Weg des Mitgefühls«, schreibt Herbert in einem Essay – und warum sollte der Weg nicht ein paar tausend Jahre zurückführen, um dann umso zielgerichteter in unserer Zeit anzukommen? Man könnte sagen, dass es die überzeitliche Ungerechtigkeit ist, die Herbert mit seinen mythologischen Gedichten zu korrigieren versucht – im Mythos selbst, indem er ihn neu wendet und formuliert, und in unserer Gegenwart, die er uns durch den Mythos erkennen lässt. Das gibt seinen Gedichten, auch wenn sie eigentlich nie einen tagespolitischen Bezug haben, keine Namen, Taten, Orte zeitgenössischer Missstände aufführen, einen zutiefst moralischen Zug. Zwar erhebt Herbert seinen Zeigefinger nie, legt ihn eher grübelnd an die Schläfe oder reibt sich mit ihm verwundert (oder verzweifelnd) die Augen, doch möchte man seine Parteinahme für die Übersehenen, die Zerdrückten, die Sprachlosen nicht politisch nennen, muss man doch den Wunsch herauslesen, die Poesie möge, wenn sie schon keine Veränderung herbeiführen könne, zumindest ein Balsam sein. Und man könnte eine Verwandtschaft sehen zu dem großen irischen Dichter und Nobelpreisträger Seamus Heaney, der von der »redress of poetry«, der in seinen *poetry lectures* nicht in Bamberg, vielmehr in Oxford, von der »Richtigstellung« der Poesie sprach, von ihrer Fähigkeit, eine Alternative, eine verborgene Möglichkeit zu formulieren, die der ernüchternden und ungerechten Wirklichkeit, der unentrinnbaren historischen Malaise ein »Gegengewicht« sein und so als »heilsames Ereignis« wirken könne. Dass Herbert neben Kunstgeschichte, Ökonomie und Philosophie auch Jura studierte, ist in dieser Hinsicht durchaus erwähnenswert – und sein Sinn für Gerechtigkeit spiegelt sich auch in den Prosaarbeiten, wenn er Partei für die Etrusker ergreift, deren Andenken die siegreichen Römer so erfolgreich auszulöschen strebten, wenn er als Liebhaber der gotischen Kathedralen gleichwohl an die Arbeiter in den Steinbrüchen erinnert, ohne die kein Turm und kein Seitenschiff je errichtet worden wäre, wenn er in der Manier eines Anwalts und mit effektiver juristischer Rhetorik eine wahrhaftige »Verteidigung der Templer« vor einem imaginären Gerichtshof hält oder die alten Troubadoure der Provence in Schutz nimmt gegen Forderungen der Obrigkeit nach frommen und systemkonformen Reimen zu Ehren des Papstes – auch dies übrigens ein eleganter Schwinger in Richtung der eigenen Zeitgenossen und eines Staates, dem an Herrscheroden auf Väterchen Stalin und andere gelegen war und der jede allzu eigenwillige Kunstäußerung als dekadent diffamierte.

Herbert mag in seiner Poesie absehen von sich selbst, von den eigenen Träumen und Leidenschaften, den Menschen aber verliert er nie aus dem Blick, selbst dann nicht, wenn er über Stühle schreibt. Ihn übersehen seine Zeilen so wenig wie den Käfer in seinem Laubkorridor. Und angesichts seiner Fähigkeit, mitzufühlen, teilzunehmen, sich in das Leben und das Leiden anderer hineinzudenken, ist es nicht überraschend, dass das Ich seiner Gedichte ein überaus wandelbares ist, er das Gedicht auch als Möglichkeit sieht, in die Haut anderer Personen zu schlüpfen, mit ihren Augen zu sehen und mit ihren Lippen zu sprechen. Herbert ist, kurz gesagt, auch ein Meister des Rollengedichts, wobei die Figur, die er am häufigsten aufruft, die des »Pan Cogito«, also des Herrn Cogito ist, eine Art *alter ego*, wenn man so will, und ganz sicher ein deutlich vernehmbares Echo seines Studiums der Philosophie und seiner Verehrung für René Descartes – wir erleben Pan Cogito beim Zeitunglesen, im Louvre, beim Betrachten einer Perle, eines Briefes, des Spiegels, oder beim Nachsinnen über Blut, Hölle, Erlösung, Leiden, Spinoza und Frauenzeitschriften. Herbert nimmt die Rolle eines Prokonsuls ebenso souverän an wie die des Kaisers Caligula, er spricht, wie schon gezeigt, als Damastes oder Prokrustes, und er stiehlt sich sogar in die berühmteste Shakespearsche Tragödie, um einer Nebenfigur Gehör zu verschaffen, der im Stück selbst nur wenige Zeilen am Ende des letzten Akts zugestanden werden, wenn sie auch das allerletzte Wort hat, mitten im Schweigen, das, wie bekannt, der Rest ist; die Rede ist von Fortinbras, »Prince of Norway«, der erst erscheint, als Hamlet und sämtliche Hauptpersonen erstochen, vergiftet, leblos auf der Bühne liegen. Herbert schenkt dem norwegischen Eroberer mit »Fortinbras' Klage«, so der Titel, etwas mehr Redezeit, als der Halbgott aus Stratford es tat:

> Allein geblieben Prinz können wir jetzt von Mann zu
>   Mann miteinander reden
> wenn du auch auf der Treppe liegst und so viel siehst
>   wie eine tote Ameise
> das heißt die schwarze Sonne mit den gebrochenen
>   Strahlen
> Niemals konnt ich an deine Hände denken ohne zu
>   lächeln
> und nun da sie auf dem Stein liegen wie abgeschüttelte
>   Nester
> sind sie genauso schutzlos wie vorher Das eben ist das
>   Ende
> Die Hände liegen gesondert Der Degen gesondert
>   Gesondert liegen
> Kopf und Beine des Ritters in weichen Pantoffeln
>
> Du wirst ein Soldatenbegräbnis haben wenn du auch
>   kein Soldat warst
> das ist das einzige Ritual auf das ich mich etwas
>   verstehe
> Es wird keine Kerzen geben und keinen Gesang
>   sondern Lunten und Donnerstag über das Pflaster
>   geschlepptes Trauertuch Helme beschlagene

Stiefel Artilleriepferde Trommelwirbel Wirbel ich
    weiß schön ist das nicht
das wird mein Manöver sein vor der
    Machtübernahme
man muss diese Stadt an der Gurgel fassen und ein
    bisschen rütteln

So oder anders du musstest fallen Hamlet du taugtest
    nicht für das Leben
du glaubtest an die Kristallbegriffe und nicht an den
    menschlichen Lehm
du lebtest in ständigen Krämpfen und jagtest in
    Träumen Chimären
du schnapptest gierig nach Luft und musstest dich
    gleich erbrechen
kein menschliches Ding gelang dir nicht einmal das
    Atmen

Jetzt hast du Ruhe Hamlet du tatest das Deine
nun hast du Ruhe Der Rest ist nicht Schweigen doch
    mein
du wähltest den leichteren Teil den effektvollen Stich
aber was ist schon der Heldentod gegen das ewige
    Wachen
mit kaltem Apfel im Griff auf erhöhtem Stuhl
mit Sicht auf den Ameisenhaufen und auf die Scheibe
    der Uhr

Leb wohl mein Prinz mich erwartet das
    Kanalisationsprojekt
und der Erlass in Sachen der Dirnen und Bettler
ich muss auch ein bessres Gefängnissystem erfinden

> denn wie du richtig meintest Dänemark ist ein
> Gefängnis
> Ich gehe zu meinen Geschäften heut Nacht wird der
> Stern
> namens Hamlet geboren wir kommen nie mehr
> zusammen
> was von mir bleibt wird kein Stoff für eine Tragödie
>
> Wir können uns weder Willkommen noch Abschied
> sagen wir leben auf Archipelen
> und dieses Wasser die Worte was sollen was sollen sie
> Prinz

Kaum anzunehmen, dass der Dichter Herbert die Positionen des Real- und Machtpolitikers Fortinbras teilen würde, aber vielleicht könnte man sagen, dass sein Augenmerk bei aller Wertschätzung der »Kristallbegriffe« sehr wohl dem »menschlichen Lehm« und ganz bestimmt sogar dem Leben gilt. Vor allem aber vertraut der Lyriker, anders als der Tatmensch aus Shakespeares Norwegen, durchaus auf die Sprache; die Worte, sie »sollen was« bei Herbert, dem eine auf sich selbst bezogene, über sich selbst nachdenkende Lyrik, ein reines Sprachspiel, eine *l'art pour l'art*, stets suspekt war. »Jenseits des Ichs des Künstlers«, so Herbert, »erstreckt sich eine schwere, dunkle, aber reale Welt. Man darf nicht aufhören zu glauben, daß wir diese Welt ins Wort fassen, ihr Gerechtigkeit widerfahren lassen können. Sehr früh, denn fast zu Beginn meiner literarischen Arbeit, wurde mir klar, daß ich meinen Gegenstand außerhalb der Literatur zu suchen hatte. Das Schreiben als stilistische Übung fand ich unfruchtbar.« Herbert ist der Auffassung, dass ein gelungenes Gedicht immer, wie er sagt, »die Wirklichkeit zu berühren trachtet«. Das erklärt nicht nur seine Parteinahme für die Dinge, »parti pris des choses«, sondern auch seine ausgeprägte Reiselust, und da Herbert zeitlebens der bildenden Kunst nahestand, fallen mitunter alle drei Vorlieben zusammen – etwa wenn Herbert die Niederlande besucht, um als Dichter, Kunsthistoriker und Reiseautor über die geliebten holländischen Maler nachzudenken. *Stilleben mit Kandare* heißt das Buch, das daraus entstand, und natürlich sind es genau jene Stillleben der alten Meister, die ihn anziehen, die Ernsthaftigkeit, ja die Inbrunst, mit der Blumen, Vasen, Äpfel, Zinnteller und abgegriffene Münzen aus der Wirklichkeit auf die Leinwand geholt wurden, kleine Metallscheiben, in denen er alle Möglichkeiten eingeschlossen sieht, Gutes wie Böses, Leidenschaften und Verbrechen, und man ist versucht, den Bogen von einer Münze des Goldenen Zeitalters zurück zum Schild des Achill zu schlagen, beide mit einer ganzen Welt im Innern, die es nur herauszuarbeiten, kenntlich zu machen gilt. Herbert sieht »das Wappentier der Armut, die Ziege«, und er schwelgt in Anekdoten wie jener, dass der Maler Gerard Dou tagelang nichts als Besen und Bürsten malte, jedes einzelne Haar darin würdigte. »Ich bin also«, schreibt Herbert, »in Holland, dem Königreich der Dinge, dem Großherzogtum der Gegenstände. […] Ich habe mir die Frage gestellt, warum man gerade in diesem Lande mit besonderer Fürsorglichkeit und beinahe religiöser Achtung das Häubchen der Urgroßmutter, die Wiege, den Gehrock aus schottischer Wolle des Großvaters, das Spinnrad aufbewahrte. Die Zuneigung zu den Dingen war so stark, daß man Abbildungen und Porträts der Gegenstände bestellte, um ihr Dasein zu bestätigen und ihre Dauer zu verlängern.« Herbert bewundert diese Zuneigung, spricht an einer Stelle gar von Demut, er hebt die Genauigkeit im Umgang mit den Sujets hervor, lobt auch das Selbstverständnis der Maler als Handwerker – und wir haben keinerlei Schwierigkeit, die Verbindungen zu seinen Gedichten zu sehen. Ihm nahe ist die Überzeugung der holländischen Maler, nicht zu unterscheiden zwischen dem Erhabenen und dem Gewöhnlichen, zwischen dem Großen und dem Kleinen, die Stillleben gelten ihm als Resultat und als Ausdruck der Freiheit, die die Gesellschaft jener Zeit in den Niederlanden genoss und Darstellungen von einem fernen, besseren Jenseits unnötig machte.

Vergessen wir aber nicht: Es ist ein Idealzustand, eine Utopie, die Herbert hier entwirft, trotz der historischen Anmutung, wenn der Offenheit der Maler gegenüber der dinglichen Welt im Hier und Jetzt die Freude und die Offenheit des Publikums an der Kunst entspricht, ja ihr Verlangen nach ihr. In jedem Fall aber illustriert die Schilderung, wie sehr Herbert selbst an der Kunst als Mittel der Kommunikation, des Austauschs, gelegen ist, und wie wenig sinnvoll es ihm erscheint, die Kunst unter Glas zu konservieren oder sie auf einem Marmorsockel zu positionieren. Auch hierin hat Herbert Verwandte und Mitstreiter unter den Dichtern seiner Zeit, und man könnte, unter anderem, den israelischen Dichter Jehuda Amichai nennen, dem Herbert nicht umsonst ein Gedicht widmete und der nicht weit von hier, nämlich in Würzburg, geboren wurde, die Stadt seiner Geburt ebenso verlor wie andere ihr Lemberg. Eines seiner Gedichte trägt den Titel »Touristen« und endet mit folgender Szene:

> Einmal saß ich auf den Treppen neben dem Tor zum Davidsturm, die zwei schweren Körbe stellte ich neben mich. Dort stand eine Touristengruppe um ihren Führer, und ich diente ihnen als Markierungszeichen. »Seht ihr diesen Mann mit den Körben? Etwas rechts von seinem Kopf befindet sich ein Bogen aus der Römerzeit. Etwas rechts von seinem Kopf. Aber er bewegt sich, er

bewegt sich!« Ich dachte mir: Die Erlösung kommt nur, wenn man ihnen sagt: Seht ihr dort den Bogen aus der Römerzeit? Es spielt keine Rolle, doch daneben, etwas nach links und unter ihm, sitzt ein Mann, der Obst und Gemüse für seine Familie gekauft hat.

Kein Wunder jedenfalls, dass Zbigniew Herbert, dieser wirklichkeitssüchtige Dichter, den klassischsten der Klassiker, den bereits zitierten Homer, in einem Hörspiel so sprechen lässt: »Es gibt nichts Schöneres, mein Sohn. Die Fladen mit Zwiebeln duften besser als Marmor. Und ein Kohlkopf ist mir lieber als ein ionisches Kapitell.« Anders gesagt: Einen Anspruch auf Unvergänglichkeit hat nur, wer den vergänglichen Duft von Zwiebeln und die Schönheit des Kohlkopfes zu schätzen weiß. Wer eine so feine Nase und ein so genaues Auge wie Herbert hat, wird sie sogar in den marmorkalten, uralten Mythen wahrnehmen, aber daneben auch den Schweiß, die Angst, die Erleichterung, die helle und reine Freude. Und erst das macht auch seine Gedichte wahrhaft zu Klassikern.

Götter und Landstreicher

Vierter Bamberger Poetikvortrag, nicht zuletzt über Eugenio Montale

»Nun ist der Weg, auf den ich rückwärts schaue, länger/ als der mich weiterführt, der Geißenpfad/ dahin, wo wir wie Wachs zergehen werden,/ und nicht die Binsen lindern aufgeblüht das Herz,/ sondern das Gertenkraut, das Blut der Gottesäcker.«

(Stimme im Flug der Blässhühner)

Wenn der Gelehrte und Theologe Origines die Seligen am Tag des Jüngsten Gerichts durch die Tore des Himmels nicht etwa schreiten, sondern rollen lässt, dann deshalb, weil die Kugel die perfekteste aller Formen ist und die glücklichen Seelen Origines zufolge wie Kugeln geformt sein müssen. Ähnliche Perfektion sprechen wir dem Kreis mit seinen dreihundertsechzig Grad zu, und vielleicht tun wir dies auch deshalb, weil für uns Irdische die reibungslose Rückkehr zu den Anfängen, die Heimkehr, ob es jene des Odysseus oder unsre eigene ist, nie derart ideal vonstattengeht wie in der Geometrie mit ihren schimmernden Zirkeln, sie vielleicht sogar ein Ding der Unmöglichkeit ist. Um in dieser letzten meiner vier Bamberger Reden zur Poetik wenigstens einen Abglanz von Perfektion zu erhaschen, möchte ich also ansatzweise eine Kreisbewegung vollführen, schlage einen Bogen zum Anfang unserer Betrachtungen und wähle dabei eine Sprache, die bislang nicht zu hören war, doch sofort den stets ersehnten Süden empfinden lässt, sodass wir uns nun der vierten und letzten Himmelsrichtung zuwenden:

> La forza che urgendo nel verde calamo guida il fiore,
> guida la mia verde età; quell'impeto che squassa le
>   radici degli alberi
> è per me distruzione.
> E muto non so dire alla rosa avvizzita
> che questa febbre invernale piega anche la mia
>   giovinezza.

Sie haben ganz recht: Die Zeilen sind schon einmal zu Gehör gebracht worden, allerdings im englischen Original mit einem charmanten walisischen Einschlag. Klaus Martens hat diese fünf Auftaktzeilen aus einem Gedicht von Dylan Thomas so ins Deutsche übertragen:

> Die Kraft die durch die grüne Kapsel Blumen treibt
> Treibt meine grünen Jahre; sie sprengt der Bäume
>   Wurzeln,
> Ist mein Zerstörer.
> Und stumm kann ich nicht der queren Rose sagen,
> Wie dasselbe Winterfieber meine Jugend beugt.

Die italienische Fassung wiederum stammt von keinem Geringeren als Eugenio Montale, dem neben Giuseppe Ungaretti einflussreichsten Dichter der italienischen Moderne, der regelmäßig aus dem Englischen übersetzte, Prosa von Hemingway, Faulkner und Melville, sodann Gedichte von Dickinson, Hopkins, Hardy, Yeats, und der selber von bedeutenden Dichtern wie Robert Lowell ins Englische geschmuggelt wurde. Von Dylan Thomas hat Montale nur dieses eine Gedicht übertragen und sich eher verhalten zu dessen Werk geäußert – Thomas dränge voran, schlage ununterbrochen Funken, eröffne dem Leser aber nie die wahren Geheimnisse seines gälischen

Geheimlabors. Ein Grund für Montales Zurückhaltung gegenüber Dylan Thomas könnte freilich darin zu finden sein, dass er ihm leibhaftig begegnet ist und diese Zusammenkunft einigermaßen verstörend gewesen sein muss. In meinem ersten Vortrag hatte ich verschwiegen, dass Thomas neben den Reisen in die Vereinigten Staaten auch eine nach Italien unternahm, im Juli 1947 dank einer Gönnerin einige Wochen in Florenz verbrachte, wo auch Montale sich aufhielt. Über den British Council wurden die beiden Poeten verkuppelt, und Montale lud den Waliser ein, ein paar italienische Intellektuelle zum gemeinsamen Abendessen zu treffen, zur *cena*, nicht ahnend natürlich, dass ein Dinner mit Intellektuellen zu jenen Dingen gehörte, die Thomas am tiefsten verabscheute. Als Montale ins Hotel kam, um Thomas abzuholen, war dieser nicht nur hoffnungslos betrunken, sondern hatte sich überdies im Schrank eingeschlossen, um dem drohenden Essen zu entgehen, weigerte sich lange und standhaft, bevor er schließlich doch zur Trattoria gebracht werden konnte. Es wurde, um es kurz zu machen, kein entspannter Abend, und als Montale am folgenden Tag den englischen Dichter Stephen Spender traf, fasste er die Begegnung auf Französisch mit den folgenden Worten zusammen: »Monsieur Thomas est un homme tres étrange« – Herr Thomas sei ein überaus seltsamer Mensch.

Tatsächlich lassen sich kaum gegensätzlichere Persönlichkeiten als Montale und Thomas vorstellen – hemmungsloser und allen Ausschweifungen sich hingebender Bohemien der eine, eher bürgerliche Erscheinung und Kaffeehausstammgast, später Senator auf Lebenszeit der andere; stets kränkelnd der Italiener, vital, aber mit allen Krankheiten kokettierend der Waliser. Schaut man jedoch genauer hin, so entdeckt man eine Reihe von Gemeinsamkeiten, die, hätten die Dichter nur weitere Gelegenheiten gehabt, durchaus Anlass hätten sein können für einen freundschaftlichen, lebhaften Austausch, ob bei Bier oder bei Espresso. Beiden wurde nämlich von Kritikern vorgeworfen, ihre Verse absichtlich zu verdunkeln, unverständlich zu machen. Montale war, neben Ungaretti und Salvatore Quasimodo, einer jener Lyriker, auf die der abwertend gemeinte Begriff *ermetismo* gemünzt worden war, auch wenn Montale, wie Thomas, stets beteuerte, keineswegs hermetisch sein zu wollen, und um literarische Bewegungen sowieso einen großen Bogen machte. Sodann waren Thomas wie Montale leidenschaftliche Vogelbeobachter, und wo bei Thomas der Reiher erscheint, widmet Montale dem Eisvogel, dem Auerhahn, dem Blässhuhn und vor allem dem Wiedehopf unvergessliche Zeilen. Und schließlich gehören beide ganz unzweifelhaft zu den großen Meeresdichtern des Jahrhunderts, ist beider Lyrik überhaupt nicht vorstellbar ohne das permanente Rauschen und Wogen im Hintergrund, hier des Atlantiks, dort des Mittelmeers. »Mediterraneo« heißt eine lyrische Sequenz in neun Abschnitten, und in jedem dieser Teile nähert sich Montale aufs neue dem Meer, dem uralten, dessen grüne Glocken und dessen Stimmen aus einer Vielzahl von Mündern ihn berauschen, ihm die Sinne schwinden, ihn zum Stein werden lassen; das Meer ist der strenge Vater, dem der Sohn grollt und dem er doch verfallen ist, und der Dichter bekennt, dass er die eigene Sprache nach der Sprache des Meeres zu formen begehrt, dem Meer die »salzgeborenen« Worte zu entreißen wünscht. »Mediterraneo« findet sich in Montales erstem Buch, das 1925 erschien und den schönen Titel *Ossi di seppia*, also Tintenfischknochen, trägt, mit den markanten weißen Schulpen dieser seltsamen Kreaturen das Meer schon vor dem ersten Gedicht sinnlich und strahlend ins Bild hebt. »In Ossi di seppia«, sagte Montale später, »wurde alles vom gärenden Meer angezogen und verschluckt.«

Der Salzwind, den auch wir Leser sogleich tief in unsere Lungen aufnehmen, entspringt, wie der ganze Debütband, der Küste Liguriens. Montale wurde 1896 in Genua geboren – sein Vater Domingo war ein Geschäftsmann, der mit Schiffereiprodukten handelte –, verbrachte aber als Kind und sogar noch als junger Erwachsener seine Sommer in Monterosso in Cinque Terre im Landhaus der Familie, gemeinsam mit dem Vater, den fünf älteren Geschwistern und der Mutter Giuseppina. Montale beschreibt dieses Kindheitssommerhaus (ganz wie Inger Christensen ihr dänisches »Schneiderhaus«) in einer Erzählung, die den Titel »Das Haus mit den zwei Palmen« trägt, widmet sich der ligurischen Küste auch in seinen Essays, vor allem aber in den Gedichten. Ligurien besitze eine unwirtliche, raue, die Sinne täuschende Schönheit, schwärmt Montale viel später in einem Vorwort zur schwedischen Ausgabe seiner Gedichte, und instinktiv habe er sich bemüht, Zeilen zu erschaffen, die an jeder Faser des ligurischen Bodens zu haften vermocht hätten. So auch in dem Gedicht »Ende der Kindheit«, das von Hanno Helbling ins Deutsche übersetzt wurde:

> Zwischen Weinlaub und Pinienschatten
> erhoben sich Felsen,
> kahle, bucklige Anhöhen;
> ritt da ein Mann
> auf dem Maultier vorüber,
> war er in frischer Bläue geprägt
> für immer – und im Erinnern.
> [...]
> Doch hatten die Wege uns wieder
> zum Haus am Meere geführt, zur umhegten Zuflucht
> unserer staunenden Kindheit,
> fand eine rasche Erwiderung jede

Regung der Seele,
Zuspruch von außen, die Dinge empfingen
Namen, die Welt eine Mitte.
Wir lebten in der unberührten Zeit,
da Wolken keine Zahlen sind noch Zeichen,
sondern geliebte Schwestern auf der Reise.
[...]
Schwindet doch selbst
der Erdstrich der Kindheit, die einen Innenhof
auskundet, als wär er die Welt!
Auch für uns kam die Stunde des Forschens.
In einem Ringelreihen starb die Kinderzeit.
[...]
Die schöne Zeit, sie flog wie die Barken dahin
meerwärts mit vollen Segeln.
Ja, wir schauten verstummt auf die Stunde,
die näherkam; das gewaltsame Leben;
dann, in geheuchelter Ruhe,
über furchigen Wassern,
mußte ein Wind sich erheben.

Auch hier kommt man kaum umhin, an Dylan Thomas zu denken, genauer: an dessen großes Gedicht »Fern Hill«, das eine ähnliche Bewegung vollzieht von der magischen Beschwörung der Kindheit, dem Aufrufen der prallen, sinnlichen, prägenden Eindrücke bis hin zum Verlust und zum unabwendbaren Verstreichen der Zeit, der Vertreibung aus dem Paradies. Nicht nur, fällt mir dabei auf, dass drei der hier vorgestellten Dichter ein Haus am Meer besaßen, dass drei von ihnen prägende Tage in Landhäusern verbrachten, als sie aufwuchsen – alle teilen darüber hinaus die Ansicht, dass es essenziell für den Dichter sei, Kind zu bleiben. So auch Montale.

The force that through the green fuse drives the flower
Drives my green age [...]

Es kommt mir immer mehr so vor, meine Damen und Herren, als sei das geheime Thema dieser Bamberger Vorträge, ohne dass ich mir dies zu Beginn vorgenommen hätte, das Alter gewesen, oder sagen wir: der Übergang von den grünen Jahren, die Thomas besingt, zu denen mit Laub- und Haarverlust, zum Winterfieber, was bei einem Vortragenden, der unumkehrbar auf die fünfzig zuhält, vielleicht sogar nachvollziehbar ist. Der Dichter sei ein Gott, erklärte der herrliche amerikanische Lyriker Wallace Stevens in einem seiner Aperçus, die unter dem Titel *Adagia* publiziert wurden, um sich sogleich zu korrigieren: Nein, der junge Dichter sei ein Gott, der alte Dichter hingegen sei ein Landstreicher. Und Gottfried Benn widmete einen ganzen Vortrag, den er 1954 in Stuttgart und München hielt, dem Thema »Altern als Problem für Künstler«, führte darin all jene an, die entgegen dem romantischen Mythos ein wahrhaft gesegnetes, bisweilen gar biblisches Alter erreichten, darunter Michelangelo, sagte in Bezug auf diesen aber auch Folgendes – dass nämlich »ein großer Mann seine bisher geübte Methode und Technik, seiner Inhalte Herr zu werden, nicht mehr weiter verwenden konnte, vermutlich weil sie ihm selber überlebt und konventionell geworden vorkamen, dass er aber für seine neuen Inhalte keine neuen Ausdrucksmittel mehr besaß und nun abbrach und die Hände sinken ließ«. Und benennt Benn hier nicht wirklich eine Urfurcht des Künstlers – nämlich an einem bestimmten Punkt im Alter vor der furchtbaren Wahl zu stehen, entweder zum Nachahmer seines jüngeren Selbst werden oder aber verstummen zu müssen?

Die vier Dichter, die ich für unsere Zusammenkünfte ausgesucht habe, stehen, sehe ich jetzt, auch für vier grundsätzliche

Varianten des Alterns oder aber des Versuchs, die »staunende Kindheit« zu bewahren: Mit Dylan Thomas, der ja stets betonte, unweise bleiben zu wollen, haben wir den allzu jung gestorbenen Dichter, der sich dem Alter mit dem frühen Tod radikal versagt. Inger Christensen wurde alt, ließ aber, könnte man mutmaßen, an einem bestimmten Punkt, ganz wie Benns Michelangelo, die Hände sinken. In Zbigniew Herbert haben wir jenen beneidenswerten Dichter, der bis ins Alter mit Konstanz und Brillanz weiterarbeitete, in Gedichten und Essays unverkennbar er selbst, aber kaum je repetitiv. Und nun, am Schluss, treffen wir auf Eugenio Montale, der stolze fünfundachtzig Jahre alt werden durfte und über sein Werk so urteilte: Er habe seine frühen Gedichte im Frack geschrieben, seine späten hingegen im Schlafanzug. Tatsächlich gehört Montale zu jenen Dichtern, die langmütig genug sind, um zwischen den einzelnen Bänden viele Jahre verstreichen zu lassen, und die vor allem von Buch zu Buch neue Wege einzuschlagen verstehen – von den erwähnten *Ossi de seppia* von 1925 über das Buch *Le occasioni* von 1939 und *La bufera e altro*, das 1956 erschien, bis hin zu den Alterswerken wie zum Beispiel *Satura* von 1971. Die langen Pausen lassen sich teils damit erklären, dass Montale, auch nach Erhalt des Literaturnobelpreises 1975, als Kritiker mehrere Artikel pro Woche für den *Corriere della Sera* schrieb, doch scheint mir in den großzügigen Intervallen vor allem die Sorge zum Ausdruck gebracht, das Kind im Dichter nicht altern zu lassen, dem von Benn benannten Dilemma zu entgehen. Tatsächlich war die Überraschung der Leserschaft groß, als *Satura* erschien, denn Montale präsentiert sich in diesen Schlafanzuggedichten dem Alltag nah, entspannt, oft fast anekdotisch. Zwar finden sich auch längere Gedichte wie jene mit »Xenia« überschriebenen, in denen Montale so berührend wie humorvoll seine verstorbene Ehefrau adressiert. Immer aber sind es Betrachtungen,

Gelegenheitsgedichte, die von Gelassenheit und Ironie getragen sind, selten mit Strenge verfasste Verse; als Beispiel möge ein Dreizeiler dienen, der den Titel »Piròpo, abschließend« trägt, wobei mit »piropo« vor allem im spanischsprachigen Raum ein Kompliment, eine Schmeichelei gemeint ist:

> Wunderbar, deine Arme. Wenn
> ich sterbe, komme, mich zu drücken, aber
> ohne den Pullover.

Der Unterschied zu den früheren Gedichten ist wirklich verblüffend, zumal wenn Sie sich erinnern, dass Montale mit seinen ersten beiden Bänden als hermetisch kritisiert worden war. Dabei war diese Charakterisierung immer schon irreführend, denn mögen Montales klassische Gedichte auch Ansprüche an den Leser stellen, so sind sie doch alles andere als dunkel, sind sie, ganz im Gegenteil, von einer Leuchtkraft und einer Klarheit, die ihresgleichen suchen. Lassen Sie uns, um dies zu illustrieren, in das vielleicht bekannteste und nach wie vor, jedenfalls in meinen Augen, herrlichste Gedicht seines Debüts hineinhören, ein Gedicht, das geradezu programmatischen Charakter hat, indem es die poetologischen Vorstellungen des Autors in einprägsame, sinnliche Bilder überführt. Schon der Titel könnte italienischer kaum sein; »I limoni«, »Die Zitronen«, heißt dieses Gedicht, von dem ich Ihnen zumindest den Anfang, übersetzt von Hanno Helbling, und den Schluss, übertragen von Christoph Ferber, vorlese:

> Die preisgekrönten Dichter, weißt du, sie
> bewegen sich bloß unter den Gewächsen
> mit seltenen Namen: Buchsbaum, Liguster, Akanthus.
> Ich für mein Teil, ich mag die Wege, die

in Gräben münden, grasbedeckt, bei Tümpeln,
halb ausgetrockneten, die Buben fangen
dort etwa einen kümmerlichen Aal;
ich mag die Gänge längs den Straßenrändern,
hinab durch das Röhricht und
hinein in die Gärten, zu den Zitronenbäumen.
[...]
Reichtum wird auch uns Armen hier zugeteilt,
Düfte von den Zitronenbäumen.
[...]
Es ist jene Stille, in der man
in jedem menschlichen Schatten, der sich entfernt,
eine erschreckte Gottheit erblickt.

Doch die Täuschung vergeht, und die Zeit
führt uns zurück in die lauten
Städte [...]
Bis eines Tages ein halb
offenes Tor zwischen Bäumen eines Hofes
auf das Gelb der Zitronen zeigt;
bis das Eis des Herzens zerschmilzt
und die Brust von Gesängen
erschallt aus den Goldtrompeten
der Sonne.

Montale weiß, wo die wahrhaft poetischen Themen zu finden sind – nämlich direkt vor der Tür, bei den Tümpeln, an den Gräben, wenn man nur neugierig genug an ihnen entlanggeht oder, wie Inger Christensens Kinder, den Erwachsenen voranhüpft und zwischen der Welt des Wunderbaren und jener tristen der Erwachsenen mit ihren ermatteten Sinnen als Bote vermittelt.

Eugenio Montale gehört – mit Borges, Larkin und anderen – zu den großen Bibliothekaren der Poesiegeschichte, denn 1929 wurde er zum Direktor des Gabinetto Vieusseux in Florenz ernannt, auch deshalb, weil seine antifaschistische Einstellung wohlbekannt war. Aus demselben Grund wurde er nur wenig später von den Faschisten wieder abgesetzt. Tatsächlich hatte Montale bereits 1925, als Mussolinis Bewegung bedrohlich zu werden begann, das von dem Philosophen Benedetto Croce initiierte Manifest antifaschistischer Intellektueller mitunterzeichnet und sollte bis zum Sturz des Diktators seiner Haltung treu bleiben, in innerer Emigration und stets bereit, Verfolgten wie dem Dichter Umberto Saba und dessen Frau beizustehen, Trost zu spenden. Dass eine solche Opposition zum Regime nicht ohne Risiko war, liegt auf der Hand, und tatsächlich war der Verleger von Montales erstem Buch, den *Ossi di seppia*, Mitte der Zwanzigerjahre von Faschisten derart malträtiert worden, dass er 1926 im Pariser Exil an den Folgen starb. Mit dem Sturm, »la bufera«, der zum Titel von Montales drittem Band wurde, ist nicht zuletzt die Diktatur sowie der durch sie entfesselte Weltkrieg gemeint. Noch in einem späteren Essay über Faschismus und Literatur hat Montale nichts als Verachtung für die Unterstützer Mussolinis übrig: »Eine einzige Frau wurde in die italienische Akademie aufgenommen; sie hatte lang und breit die schönen Hände des Duce im *Corriere* beschrieben!« In den Gedichten hingegen wird die düstere Zeit nur gelegentlich direkt benannt; im Grunde sind es lediglich zwei Gedichte, die als Kommentare zum aktuellen Weltgeschehen gelten dürfen; eines von ihnen stellt den maßgeblichen Akteur jener Zeit schon im Titel, »La primavera hitleriana«, »Der Hitlerfrühling«, aus. Es beschreibt den Einzug Hitlers 1938 in Florenz und beginnt mit einem erschreckenden, geradezu apokalyptischen Bild: Weiße Falter wirbeln als Wolke um die Lampen und die Mauern, fallen zu Boden und werden zu einem Laken, auf dem, so heißt es, »der Fuß/ wie über Zucker knirscht«. Die Szenerie wird keinesfalls beruhigender, wenn mit Beeren verzierte Zicklein in den Auslagen der Metzger erscheinen und die »Ungeheuer« ihren Hexensabbat beginnen, doch endet das Gedicht zumindest mit einem Ausblick auf weniger grauenerregendes, frühes Licht auf dem warmen südlichen Kies. Im zweiten Gedicht, »Der Traum des Gefangenen«, meint man sehr deutlich sämtliche Inhaftierten der totalitären Regimes des zwanzigsten Jahrhunderts zu erkennen, wenngleich dieses Gedicht weit weniger an die Zeit gebunden ist, in der Montale es schrieb und die doch unverkennbar seinen Hintergrund bildet: »Hier wechseln Nacht und Morgenschein durch kleine Zeichen«, so beginnt es, die Tristesse eines Gefängnislebens präzise einfangend, und es endet mit drei Zeilen, welche die existenzielle Unsicherheit, das Ausgeliefertsein an eine unfreundliche oder gleichgültige Macht, aber auch die nicht sterbende Hoffnung in auswegloser Lage auf unnachahmliche Weise zusammenfassen – »noch immer weiß ich nicht, ob ich beim Feste/ Koch oder Mahlzeit bin. Welch langes Warten,/ und auch mein Traum von dir ist nicht zu Ende.«

Trotz seiner klaren Haltung, vielleicht aufgrund der bürgerlichen Diskretion, die ihn Abstand nehmen ließ von politischen Bewegungen und der Mitgliedschaft in einer Partei, galt Montale manchem nach Ende der Diktatur als unzeitgemäß – möglicherweise auch deshalb, weil *Le occasioni* noch vor Beginn des Krieges publiziert worden war und *La bufera e altro*, das Montale selbst als sein bestes Buch bezeichnete, erst in den Fünfzigerjahren erscheinen sollte. Trotz dieser Pause, die durch Epochenwechsel und Neubeginn an Gewicht gewann, blieb Montale der große Neuerer der italienischen Poesie, als der er mit seinem Debüt angetreten war: »Ich wollte der Beredsamkeit unserer alten höfischen Sprache den Hals umdrehen, selbst auf die Gefahr hin, gegen-beredt zu wirken«, bemerkte er später über die *Ossi di seppia*, die ja auch auf die überbordende Rhetorik und den Prunk eines D'Annunzio reagierten. In einer Sprache wie dem Italienischen, in der es schon beim Kauf von Brot und Käse kaum zu vermeiden ist, zu reimen, verzichtet Montale auf traditionelle Stilmittel und Formen, versucht geradezu, jeglichen Reim zu meiden; Reime, dekretierte er in einem der späten Schlafanzuggedichte, seien »lästiger als die ältlichen/ Fräulein des Heiligen Vincenz: sie klopfen an die Tür/ und betteln um Eintritt. Undenkbar sie abzuweisen,/ doch nur wenn sie draußen bleiben, sind sie erträglich.« Auch das Sonett, diese italienischste aller Formen, wird man bei Montale nur ausnahmsweise entdecken. Sprödigkeit statt Belcanto also, eher Dissonanz denn reiner Wohlklang, eben: Gegen-Eloquenz, und doch ist Montales Werk von größter Musikalität geprägt, ja setzt er selbst in einem Essay die Poesie mit der Musik gleich. Das verwundert nicht bei einem Autor, der als junger Mann eigentlich Opernsänger zu werden wünschte und dem übereinstimmend nachgesagt wurde, einen wunderbaren Bariton zu haben. Beim *Corriere della sera* war Montale später unter anderem für Musikkritiken zuständig, und es ist nur folgerichtig, dass sich in seinem Werk auch Begriffe aus der Musiktheorie finden, etwa in einem Zyklus, der mit »Motetten« überschrieben ist, in diesem Fall also auf die geistliche Vokalmusik verweist – ein Zyklus übrigens, der neben einer ganzen Reihe eindrücklicher Bilder (ein Frosch, der am Teiche seine Leier dreht; Sterne, die als Funken unter den Hufen »von entfleischten Pferden« gesehen werden) eines der Gedichtenden bereithält, die den Leser mit ihrer Seltsamkeit lange beschäftigen, gar verunsichern, wenn, in Klammern gesetzt, als Nachsatz oder

Zusatz, »zu Modena, in den Bogengängen [...] ein betreßter Sklave zwei Schakale/ hinter sich an der Leine gehen« lässt.

Wer Montale dennoch einen Traditionalisten nennen wollte, hätte von ihm selbst wohl keinen Widerspruch erwarten müssen, war er doch skeptisch einer Avantgarde gegenüber, die in der Neuerung einen Selbstzweck sah, der französischen eines Éluard ebenso wie der italienischen eines Marinetti; mit Pasolini, den er in einem Gedicht, auf Shakespeares *Was ihr wollt* anspielend, als »Malvolio«, als Übelwollenden anspricht, verband ihn später eine herzliche Abneigung. Montale graut es vor dem »Terror der Ismen«, wie er es nennt, und er lehnt den Versuch, mit der Zeit zu gehen, der eigenen Zeit zu entsprechen, entschieden ab. Nach seinem Verständnis sucht die Poesie ganz im Gegenteil das Überzeitliche, das Grundsätzliche, doch wäre es ein Missverständnis zu glauben, dass der Dichter sich deshalb von seiner Zeit abkehrte, wie es ja auch Montale nie tat, weder zu Zeiten des Faschismus noch danach – »es bedeutet einfach«, erklärte er in einem Interview, »das Bewusstsein und den Willen zu haben, das Vergängliche nicht gegen das Wesentliche einzutauschen«. Umgekehrt hieße das natürlich, dass die wahrhaft gelungenen Werke vergangener Zeiten zeitgenössisch bleiben, auch für uns Spätere, ganz wie Montales »Traum des Gefangenen« – und wie die alten Mythen für Zbigniew Herbert nichts an Aktualität verloren hatten. Wenn ich an anderer Stelle einmal schrieb, Fortschritt sei das, was man aus dem Rückgriff macht, so muss mir zweifellos Montale vor Augen gestanden haben, der dies nachgerade mustergültig vorführt, der selbstbewusst den Dialog mit den Klassikern sucht, eben weil sie seine unmittelbaren Nachbarn sein könnten.

Aber lassen Sie mich einige Beispiele nennen. Wenn Montale in seinen Liebesgedichten die Adressatinnen hinter Masken und Namen wie »Arletta« oder »Volpe« verbirgt, dann stellt er sich in eine Linie von Poesie, die zu Petrarcas Sonetten an Laura zurückführt. Und wenn eine dritte, ja die wichtigste Angesprochene den ungewöhnlichen Namen »Clizia« trägt, so erinnert uns das einmal mehr diskret, aber unmissverständlich, an den großen Römer Ovid, dem wir im Laufe dieser Vorträge schon mehrfach begegnet sind, was nur beweist, wie sehr Ovid mit seinem mythischen Ur- und Wunderwerk die europäische Dichtung, und nicht nur sie, bis heute prägt. Der Name Clizia indes leitet sich von Clytie her, Tochter der Tethys und unglückliche Geliebte Apolls, der wir im vierten Buch der *Metamorphosen* begegnen, wo sie aus Eifersucht zur Verräterin wird und sich in eine Blume aus der Familie der Heliotropen, also der Sonnenwenden, verwandelt: »Fest mit dem Boden verwuchs, so sagt man, ihr Leib, und die Todes-/ blässe ließ ihre Farbe zum Teil sich wandeln in bleiches/ Grün; ein Teil ist rot. Eine veilchenähnliche Blüte/ Deckt das Gesicht. Sie wendet, obwohl die Wurzel sie festhält,/ Stets der Sonne sich zu und bewahrt, auch verwandelt, ihr Lieben.« So sagt es Ovid, und Montale lädt ihn als grundierende Bassstimme in seine eigene Partitur.

Wenn Montale in einem »Hirtengedicht«, so der Titel, bei einem Dämmerungsgang durch Dornbüsche die Hasen pfeifen oder eine letzte Herde »im Dunst ihres Atems« vorbeiziehen lässt, dann werden damit die Eklogen, also die Hirtengedichte des Vergil angerufen, mehr noch: in Zeilen wie diesen dehnt sich der Augenblick unversehens und vereint Gegenwart und Antike in einer einzigen Landschaft. Der Dichter schließlich, den Montale ausdrücklich als Bezugs- und Fluchtpunkt erwähnt und dem er sich immer wieder in Gespräch und Essay mit Ehrerbietung und Bewunderung nähert, ist natürlich Dante, niemand sonst, und Montale konterte die Frage, welche Haltung nachgeborene, auch heutige Dichter zu Dante haben könnten oder sollten, mit der denkwürdigen Sentenz, dass es, verglichen mit Dante, überhaupt gar keine Dichter gebe.

Der einzige andere Lyriker, dem Montale ähnlich viel Aufmerksamkeit und Papier widmet, ist kein antiker, sondern ein moderner Klassiker, wenn auch kein Italiener; es ist der in den USA geborene, aber in England und mit englischem Empfinden wirkende T. S. Eliot, dessen Name anfangs, als ich Montales Tätigkeit als Übersetzer aus dem Englischen erwähnte, bereits fiel. Und nicht nur erschien im Gegenzug zu Montales übersetzerischer Mühe dessen eigenes Gedicht »Arsenio« in einer englischen Übertragung in Eliots Zeitschrift *Criterion* – man geht ganz grundsätzlich nicht fehl, in dem englisch-amerikanischen und dem italienischen Dichter wenn nicht verwandte Seelen, so doch durch mehrere Grenzen getrennte Geistesfreunde zu sehen. Beide empfanden sich als Erben und Vertreter einer langen europäischen Kulturtradition, griffen mit Ehrfurcht, aber durchaus mit Sendungsbewusstsein auf sie zurück; wie Montale war Eliot ein Bewunderer und Kenner Dantes – und umgekehrt fanden seine poetologischen Vorstellungen in Montale einen Gleichgesinnten, insbesondere Eliots Konzept von einem »objective correlative«, das Montale an mehreren Stellen seines essayistischen Werks zustimmend zitiert und als Konzept erkennt, das von ihm selbst zwar nicht so benannt, aber im Laufe seiner produktiven Jahre in ähnlichem Geiste entwickelt worden war. Eliot hatte seine Vorstellungen schon 1919 dargelegt, in einem Essay über Shakespeares *Hamlet* (dessen Fortinbras, Sie erinnern sich, mit Zbigniew Herberts Stimme zu uns gesprochen hat), ein Werk, das ihm, verglichen mit anderen Shakespearschen Tragödien, als keinesfalls perfekt, ja sogar als misslungen erschien, worüber sich natürlich trefflich streiten ließe; er erklärte Shakespeares vermeintliches

Scheitern eben mit dem Fehlen jenes »objective correlative«, das wir Eliot nun selbst erläutern lassen sollten:

> Der einzige Weg, ein Gefühlserlebnis künstlerisch zu gestalten, besteht im Auffinden einer »gegenständlichen Entsprechung«, mit anderen Worten: einer Reihe von Gegenständen, einer Situation, einer Kette von Ereignissen, welche die Formel dieses *besonderen* Erlebnisses sein sollen, so daß, wenn die äußeren Tatsachen, die sinnlich wahrnehmbar sein müssen, gegeben sind, das Erlebnis unmittelbar hervorgerufen wird. Untersucht man eine von Shakespeares gelungeneren Tragödien, so findet man dies genaue Gegenstück; man findet, daß der Gemütszustand der schlafwandelnden Lady Macbeth durch eine geschickte Häufung von Sinneseindrücken in der Einbildung vermittelt worden ist; Macbeths Worte, als er vom Tode seiner Gattin hört, treffen uns, als wären, im Ablauf der Ereignisfolge, diese Worte automatisch von dem letzten Ereignis der Reihe ausgelöst. Die künstlerische »Unausweichlichkeit« liegt in dieser vollkommenen Entsprechung zwischen dem Äußeren und dem Gefühl [...].

Was in dieser deutschen Standardübersetzung mit »gegenständliche Entsprechung« wiedergegeben ist, wurde anderswo mit »objektives Korrelat« übertragen, und wirklich sind es ja beide Bedeutungen, die im Adjektiv des Originals enthalten sind – das Objekt, der Gegenstand also, wie auch die Objektivität. Und wenn Montale, in einem Essay über Eliot, sich einverstanden erklärt und hinzufügt, dass im Gedicht nicht Ideen ausgedrückt werden sollten, sondern, dank der Kunstfertigkeit und des Arrangements des Dichters, die emotiven Grundlagen von Ideen, dann bekennt er sich mit Eliot, meine ich, zu gleich zwei dichterischen Überzeugungen: Erstens zu jener von Poe und Baudelaire sich herleitenden, wonach das Gedicht keine Gottesgabe, kein Musengeschenk sei, sondern eine zwar kühne, aber genau abgewogene und kalkulierte Konstruktion, also, in diesem Sinne, tatsächlich objektiv und von keinerlei Gefühlsschwankung des Verfassers belastet; und zweitens zu jener, die auch dem Imagismus des Eliot-Freundes Ezra Pound zugrunde liegt, nach der es beim Schreiben eines Gedichts immer vorzuziehen sei, etwas zu zeigen (nämlich einen Gegenstand, eine Situation, ein Ereignis, ein Bild oder eben, so bei Pound, ein *image*), als etwas zu behaupten (nämlich die Idee oder auch das mit abstrakten Begriffen benannte, aber nicht gezeigte, also nicht im Leser hervorgerufene Gefühl).

Lassen Sie uns ein letztes Gedicht von Eugenio Montale wählen, in dem Außerordentliches gezeigt wird, der Leser durch Bilder und formale Einfälle mit größter Raffinesse hindurchgeleitet wird, eines seiner berühmtesten Gedichte zumal, das dem Band *La bufera e altro* von 1956 entnommen ist und ein Wesen in den Mittelpunkt rückt, das Sie schon aus dem frühen Gedicht über die Zitronenbäume kennen, wo es die Jungen in einem Tümpel oder Graben fingen, in Wahrheit aber ein Wesen, das in Montales gesamtem Werk immer wieder auftaucht, glitschig und mysteriös – »L'anguilla«, heißt das Gedicht, »Der Aal«:

> Der Aal, die Sirene
> der kalten Meere, die vom Baltikum her
> in unsere Meere gelangt,
> in unsere Mündungen, in die Flüsse,
> die sie in der Tiefe, durch entgegengesetztes
> Strömen, hinaufschwimmt,

> von Zweig zu Zweig und von Haar zu Haar, feiner,
> inwendiger immer, stets näher am Herzen
> des Steins, durch kleinste
> Schlammadern dringend, bis eines Tages
> ein Licht aus den Kastanienbäumen
> ihr Aufzucken in Pfützen
> stehenden Wassers erhellt,
> in den Gräben, die von den Apenninhängen
> hinabführen bis in die Romagna;
> der Aal, Liebespfeil
> auf der Erde, Fackel und Peitsche, die einzig
> noch unsere Schluchten und die ausgetrockneten
> pirenäischen Bäche
> zu Befruchtungsparadiesen zurückführen;
> die grüne Seele, die das Leben
> dort sucht, wo nur Hitze
> und Öde drückt, und der Funke, der sagt,
> alles beginne, wenn's schon
> zu verkohlen scheine, begrabenes Holzscheit;
> die kurze Iris, Zwilling der Iris, die deine Lider
> einfassen und die du intakt unter den
> Menschenkindern, in Schlamm gefangen
> wie du, aufschimmern läßt,
> glaubst du, sie sei dir nicht Schwester?

Auch dies ist auf seine Art ein Meergedicht, nimmt es doch in der Ostsee seinen Anfang, vor allem aber scheint der Text selbst die Eigenschaften von Wasser anzunehmen, fließt er förmlich dahin und besteht aus nur einem einzigen langen Satz, der vom Aal, der am Anfang steht, zur Schwester führt, dahinströmt, sich ergießt – oder sollte man sagen: sich schlängelt, geradezu vorandrängt, wie ein Aal es täte, wie der Aal des Gedichtes es ja tut? Unterteilt wird der eine Satz, der das Gedicht ist, lediglich von drei Semikola, und jedes von ihnen lässt nur kurz innehalten, bevor es das Gedicht weiterreißt, das erst mit dem Wort »Schwester« zur Ruhe findet. Es ist, nebenbei bemerkt, eine grundsätzliche Schwierigkeit für den Übersetzer, dass der Aal im Italienischen, ganz wie »sorella« (Schwester) und »iride« (Iris) und anders als im Deutschen, weiblich ist, doch lässt sich diese Irritation durch die auch im Deutschen weibliche und glücklicherweise gleich zu Beginn genannte Sirene auffangen.

Der irische Lyriker Paul Muldoon mutmaßt in einem Vortrag, dass eine Verbindung bestehe zwischen Montales »Aal« und dem von ihm übertragenen Gedicht von Dylan Thomas, das Sie kennen und dessen Einfluss auf Montale folglich größer wäre als vermutet. Und wirklich lässt sich die »Kraft die durch die grüne Kapsel Blumen treibt« auch im Aal bewundern, der gleichfalls grünen Seele, die durch Bäche und Rinnsale eilt. Auch lässt die Wanderung des Aals, der ewige Zyklus seiner Wanderung zurück zu »Befruchtungsparadiesen«, wieder und wieder, weil doch »alles beginne, wenn's schon/ zu verkohlen scheine«, abermals an Pythagoras denken – »alles wandelt sich, nichts vergeht« –, und auch an Inger Christensens Schmetterlingstal, in dem der Staub immer wieder zurück ins Licht findet, zu einem Neubeginn, ganz wie das begrabene Holzscheit Montales.

Was mir aber noch verblüffender erscheint, ist dies: Schon der Originaltitel drängt den des Italienischen Kundigen mit seinem Klang Assoziationen auf, scheint ihm ein anderes Wort in den Mund legen zu wollen. *L'anguilla, l'anguilla* – je öfter man das laut vor sich hin spricht, desto deutlicher tritt eine andere Bedeutung hervor. Spielt man ein wenig mit den Buchstaben, entdeckt man: »anguilla« ist ein Anagramm von »la lingua«, der Aal teilt folglich sämtliche seiner Buchstaben mit denen der Sprache – ist es da noch ein Wunder, dass das Motiv des Aals das gesamte Werk Montales durchzieht, dass ein Wesen, das sich allein durch winzige Verschiebungen seiner Bestandteile in die Sprache selbst zu verwandeln versteht, geliebt wird von diesem ligurischen Sprachneuerer? Hinzu kommt, dass »la lingua« im Italienischen nicht nur »die Sprache«, sondern auch »die Zunge« bedeutet – und es fällt nicht schwer, die Bewegungen unseres Sprachorgans mit denen eines Aals zu vergleichen, schlängelnd, züngelnd. So, verbunden mit der Zunge, mit der Sprache, erscheint auch die »Sirene« vom Anfang des Gedichts plötzlich weniger paradox; denn so unmittelbar reizvoll das mythische Bild ist, haben die Sirenen doch stets durch ihren unwiderstehlichen Gesang die Seefahrer ins Meer zu locken verstanden, wohingegen der Aal, wie bei Fischen üblich, stumm ist. Stumm, wenngleich nicht sprachlos – und ist nicht das Fragezeichen, mit dem das Gedicht endet (und wie wunderbar ist es, ein Gedicht mit einem Fragezeichen enden zu lassen), eigentlich eine abstrakte, eine zeichenhafte Darstellung des sich windenden Aals selbst?

Dass Montale mit den *Satura*-Gedichten, die fünfzehn Jahre später auf den »Aal« und *La bufera* folgten, dass also jene im Schlafanzug, nicht im Frack verfassten Verse des alten Montale teils auf Ablehnung stießen – er wird es mit Fassung und Humor getragen haben. Und wer weiß, ob er sich nicht beizeiten an die Lektüre erinnerte, die er Jahrzehnte zuvor, in seinem Tagebuch von 1917, dem *Quaderno genovese*, festgehalten hatte – die Lektüre von Goethes Gesprächen mit Eckermann. Goethe selbst übersetzte ja nicht nur Lord Byrons *Manfred* und verehrte seinen Shakespeare, er beschäftigte sich darüber hinaus mit indischer Dichtung, ließ sich von Hafis' persischen Gesängen zu seinem *West-östlichen Divan* anregen und übertrug eine

Reihe chinesischer Gedichte, wenn auch auf dem Umweg über das Englische. Seine nie versiegende Neugier, die Beschäftigung mit dem Unvertrauten ließ Goethe immer wieder literarisches Neuland entdecken, und in jenen Gesprächen mit Eckermann merkt Goethe an, dass bei besonders begabten Menschen noch im hohen Alter »eine temporäre Verjüngung« zu beobachten sei – abermals ist dies »der Funke, der sagt,/ alles beginne, wenn's schon/ zu verkohlen scheint«. Auch er selbst, so Goethe, erlebe eine »wiederholte Pubertät«, wie er es nennt, und wir verstehen: So sehr man selbst zu bleiben im Wandel – das wäre die Kunst; eine Kunst, die man von Goethe lernen könnte, und von Montale ebenso.

Lassen Sie mich zum Schluss nicht nur ein letztes Mal für die Einladung nach Bamberg danken, natürlich auch für Ihre Aufmerksamkeit, sondern zudem, nach all dem Reden über das Alter, das wahre Geheimnis mit Ihnen teilen, eingedenk der grünen Aalseele: Wer Gedichte schreibt, bleibt ewig jung. Und wer sie liest, auch.

Pietro Aretino:

Dimmi, o Farnese mio, padre coscritto

Lass mich, Farnese, Stadtvater, dich fragen
(der du so ehrenvoll dein Fleisch und Blut
verkuppelt hast für einen roten Hut):
Dank welcher Stele ließe sich wohl sagen,
du solltest Papst sein? Bist nach Faktenlage
übler als Crassus, feige, Glaubensfeind,
trägst alle Schlechtigkeit in dir vereint,
hast Christus tausendmal ans Kreuz geschlagen.
Würdig des Papsttums zeigst du dich dann schon
mit einem schmeichlerischen Angesicht,
hässliche Harpyie, Gift- und Stachelvieh:
Du als das Oberhaupt der Religion
versetztest jeden undankbaren Wicht
und jede Hure Roms in Euphorie –
    und hättest, wüsstest du nur wie,
mitsamt deinen Tyrannen unverzagt
Gott selbst bereits vom hohen Thron verjagt.

Anmerkungen zu den Texten

Unterm Sprachskalpell
Dankesrede anlässlich der Verleihung des Georg-Büchner-Preises am 28.10.2017 im Staatstheater Darmstadt. Abgedruckt in: *Frankfurter Allgemeine Zeitung*, 30.10.2017.

Versuch über Pässe
Entstanden als Briefwechsel mit dem nordmazedonischen Dichter Nikola Madzirov als Teil des Projekts *Fragile – Europäische Korrespondenzen* der Literaturhäuser im deutschsprachigen Raum. Veröffentlicht zunächst auf der Seite fragile-europe.net, abgedruckt in: *die horen* Nr. 265, Wallstein Verlag, Göttingen 2017.

Mit gelben Quitten hänget
In: *Süddeutsche Zeitung*, 20.3.2020. In dieser Fassung gesendet vom *MDR* am 20.3.2020.

Belladonna, Digitalis
Eines von drei Gedichten für die »Hölderlinnacht« im Schauspielhaus Stuttgart, die am 7.11.2020 hätte stattfinden sollen. Abgedruckt in: *Spuren*, Marbach 2020.

Der glückliche Augenblick
Festvortrag, gehalten am 8.11.2019 bei der Akademischen Jahresfeier der Akademie der Wissenschaften und der Literatur Mainz. Abgedruckt in *Sinn und Form* 3/2020. Separat publiziert in der Schriftenreihe der Mainzer Akademie.

Rosenknospen und Kamelknochen
In: *Frankfurter Allgemeine Zeitung*, 12.9.2020. Dank an Navid Kermani und Tobias Sick.

Wuddwudd, Hupphupp, upupup
Vortrag, gehalten anlässlich der 86. Hauptversammlung der Goethe-Gesellschaft in Weimar am 13.6.2019. Publiziert im Jahrbuch der Goethe-Gesellschaft.

ephesusghasele
In: *A New Divan. A lyrical dialogue between East & West* (herausgegeben von Barbara Schwepcke und Bill Swainson), Ginkgo, London 2019. Ins Englische übersetzt von Iain Galbraith und Robin Robertson.

Vom Tau der reichen Sprache
In: John Keats, *Endymion. Eine poetische Romanze* (übersetzt von Mirko Bonné), Verlag Das Kulturelle Gedächtnis, Berlin 2018.

Ein zarter Balg
Abgedruckt in der Festschrift zum 60. Geburtstag von Heinrich Detering 2019, herausgegeben von Maren Ermisch und Kai Sina.

ovid: erysichthon
Nach dem achten Buch der *Metamorphosen*. Unveröffentlicht.

Aus dem Munde des Altertums
Rede, gehalten am 14.6.2018 bei einer Tagung der Winckelmann-Gesellschaft in der Vertretung des Landes Sachsen-Anhalt in Berlin. Abgedruckt in *Sinn und Form* Nr. 5, Berlin 2018.

Ruf der Eule
Unter dem Titel »Jedes seiner Barthaare war ein Sensor für das Wunderbare« abgedruckt in: *Frankfurter Allgemeine Zeitung*, 8.8.2018.

Ein Prosapferd für Max Jacob
Dankesrede anlässlich des Prix Max Jacob. Von Alexandre Pateau ins Französische übersetzt, doch nie gehalten, da die Preisverleihung im März 2020 wegen der Corona-Krise abgesagt wurde.

Lob des Spreewals
In: *Tagesspiegel*, 11.6.2016.

Das offene Geheimnis
In: *DIE ZEIT*, 7.9.2017.

Hinterm Schilfpalast
Vortrag, gehalten anlässlich des 150. Geburtstages von Stefan George am 28.6.2018 im Literaturhaus Stuttgart. Unveröffentlicht.

Mucken
Beruht auf einem Interviewfilm für die Ausstellung *Laß leuchten! Peter Rühmkorf zum Neunzigsten* der Arno Schmidt Stiftung im Altonaer Museum, Hamburg (21.8.2019–20.7.2020).

Drache, Phönix, Einhorn
Entstanden ursprünglich im Auftrag des Goethe-Instituts in Hanoi als Reisetagebuch während eines Vietnamaufenthalts im April und Mai 2017, mit Fotos von Maritta Iseler. Unveröffentlicht.

Der Rausch und die Herrlichkeit
Vortrag, gehalten am 15.12.2020 im Rahmen der Poetikdozentur der Universität Bamberg. Unveröffentlicht.

Weltenformeln
Vortrag, gehalten am 13.1.2021 im Rahmen der Poetikdozentur der Universität Bamberg. Unveröffentlicht. Dank an Norbert Hummelt.

Im Königreich der Dinge
Vortrag, gehalten am 14.1.2021 im Rahmen der Poetikdozentur der Universität Bamberg. Unveröffentlicht.

Götter und Landstreicher
Vortrag, gehalten am 19.1.2021 im Rahmen der Poetikdozentur der Universität Bamberg. Unveröffentlicht. Dank an Federico Italiano.

Pietro Aretino: *Dimmi, o Farnese, mio padre coscritto*
In: Roberto Zapperi, *Die Päpste und ihre Maler*, München 2014.